FLIC DE CONVICTION

Charles Pellegrini

FLIC DE CONVICTION

Mémoires

Éditions Anne Carrière

Du même auteur :

À chacun sa mort, Édition° 1, en collaboration avec Étienne de Monpezat, 1990.
Demain la guerre civile, Édition° 1, 1991.
Le FIS, un danger pour la France, Édition° 1, 1992.
Le RAID, des hommes discrets, Éditions Anne Carrière, 1994.
Neuilly, samedi 15 mai, 7 h 28, Éditions Anne Carrière, 1995.
Greenpeace, la manipulation, Éditions Anne Carrière, 1995.

ISBN : 2-84337-076-0

« L'expérience est une lanterne accrochée dans le dos et qui n'éclaire que le chemin parcouru. »

CONFUCIUS

Avant-propos

Je ne voulais pas écrire ce livre. Pour ne pas être le énième flic à raconter sa vie et parce que je pensais que cela ne pouvait plus intéresser grand monde. Mon éditeur m'a convaincu du contraire.

Je n'ai gardé aucune archive personnelle, aucun de ces documents que l'on photocopie sans vergogne, au cas où... Pas même ceux qui me concernaient directement. J'ai donc dû parcourir le fil de mes souvenirs, et, parce que toute vie est une chaîne, je suis remonté à ma plus tendre enfance. Si j'ai décidé de la relater brièvement, c'est parce que je crois au déterminisme : elle n'a pas été sans influence sur le reste de mon existence, tant professionnelle que privée, et, à ce titre, elle mérite de figurer dans cet ouvrage.

J'ai vu le jour, quelques mois avant la Seconde Guerre mondiale, à La Goulette, une ville de garnison tunisienne où mon père, sous-officier dans l'infanterie coloniale, avait été affecté. C'est à l'âge d'un an que mes yeux découvrirent la beauté austère qui compose la toile de fond de mon enfance à Togna, un hameau perché sur les hauteurs de Solenzara, en Corse, où j'ai passé les treize premières années de ma vie, et notamment les six que dura la guerre. Une guerre dont nous ne percevions que le lointain écho, mais qui nous concernait de près puisque mon père dut s'absenter durant de longues années pour des raisons impérieuses.

Cette époque m'a laissé quelques souvenirs que mon esprit curieux et observateur de petit garçon a enregistré comme des flashes photographiques. J'ai été témoin, vers 1943-1944, de quelques scènes de la vie ordinaire en temps de guerre : les Allemands de la Wehrmacht, qui cueillaient le raisin de nos vignes, mirent le feu lors de leur départ à leur camp de planches, ce qui eut pour effet de provoquer un gigantesque incendie dans le maquis. Je me rappelle également ces soldats italiens, blessés dans une embuscade tendue par le bataillon de Choc, qui affluaient dans notre village pour se faire soigner par les femmes, compatissantes malgré leur aversion pour l'envahisseur. Je revois aussi, image indélébile, le petit garçon que j'étais, les yeux écarquillés sur le ciel de cet été 44 quand, à la nuit tombée, les immenses projecteurs antiaériens de la base de Ghisonaccia prenaient dans leur faisceau les rares avions allemands qui osaient s'aventurer encore au-dessus de la Corse. Tous les soirs, comme au spectacle, la famille, adultes et enfants mêlés, se réunissait sur le balcon de notre maison de Sari-di-Porto-Vecchio qui dominait la plaine, pour observer cet étrange ballet. La dernière image de cette guerre, je la dois à mon grand-père, l'ancien poilu de 14-18, qui n'hésita pas, à l'instar de tous les hommes du village, à vider son précieux stock de cartouches en tirant des salves de joie, à la proclamation de l'armistice.

Tout cela, indéniablement, marque. Néanmoins, il convient de relativiser le « traumatisme » que cela a pu représenter. Car cette enfance en marge de l'histoire s'est écoulée, sereine, au creux du plus beau et du plus attachant pays qui soit.

La Corse de mon enfance – telle que je la retrouve à chacun de mes retours au pays –, fidèle aux superlatifs et aux clichés de circonstance, est bel et bien cette « montagne dans la mer », ce « jardin aux mille parfums », cette « terre de contrastes » que vante la prose sur papier glacé. Elle l'est d'autant plus que j'ai grandi à l'ombre de ces aiguilles de Bavella qui se dressent vers le ciel telles des flèches de cathédrales, pourpres au lever du jour, perdues dans l'opacité des brumes au crépuscule. Depuis le cimetière de Sari niché à flanc de coteau, la mer, à l'horizon, s'orne de trois confettis, trois autres îles : celle de Montecristo, l'île d'Elbe et celle de Capraia.

Mais la Corse n'est pas seulement, loin s'en faut, une carte postale. Lorsque mon père est rentré au pays à la fin de la guerre, dégagé des cadres par l'arrivée des FFI que les circonstances commandaient d'intégrer, j'ai découvert avec lui ce qu'aucun syndicat d'initiative ne saurait proposer. Les élections, par exemple, ont longtemps été le théâtre d'un rituel assez particulier associant volontiers les armes à feu, le vin et les chansons. D'ailleurs, mon père, qui était un homme pacifique, portait à ces périodes un revolver sur lui. Le déroulement de cette « compétition » ne variait, à dire vrai, jamais. Communistes et anticommunistes, tel était le cas de figure récurrent, s'affrontaient par bulletins de vote interposés, dans le but de gagner tel ou tel siège.

Les convictions politiques des uns et des autres n'étaient pas un obstacle à l'amitié. En période électorale, en revanche, quand arrivait l'heure des choix, le climat pouvait s'alourdir quelque peu, voire s'assombrir franchement au moment des résultats lorsque, suivant la tradition, les « troupes » du parti gagnant faisaient la tournée du village en tirant des coups de feu et improvisant un couplet en corse devant la maison de chaque perdant. Celui-ci tentait, tant bien que mal, d'ignorer l'affront et s'enfermait à double tour chez lui en attendant que la liesse s'estompe. Le vin rosé absorbé en grande quantité ne favorisait guère le retour au calme, d'autant que la victoire sur les « rouges » s'accompagnait généralement d'une visite à tous les villages du canton où les amis avaient également gagné. Un cortège de tractions avant se formait alors et l'on tirait à l'envi par les portières, tout en chantant et en buvant. Au bout du compte, il n'était pas rare que soit consommée la puissance de feu d'un bataillon d'infanterie...

De telles activités – que je ne déplore ni ne glorifie, je me contente de les raconter –, transposées du côté de Rambouillet, Rouen ou Clermont-Ferrand, n'auraient évidemment pas la même signification, tant il est vrai que les Corses ont toujours entretenu des rapports particuliers avec les armes à feu. Nous aurons l'occasion d'y revenir dans un chapitre moins bucolique. Certes, le Corse est querelleur, fier, immergé dans une violence séculaire qui peut être sujette à caution, surtout depuis une vingtaine d'années. Mais pendant longtemps, cette violence fut cependant notre Coutume, une régulation « virile » de notre île. Ces temps sont révolus. La vendetta n'est plus qu'un mauvais prétexte aux agissements mafieux et aujourd'hui les bandits d'honneur flambent en boîte et roulent en BMW avec un 357 magnum dans la boîte à gants. De cette Corse-là, ce n'est pas ma préférée, je reparlerai.

Il me plaît encore de me souvenir de ce village qui m'a presque vu naître, et que je redécouvre lorsque, arrivant de Solenzara, au tournant de notre ancienne vigne, je vois s'échapper de la maison familiale la fumée qui me dit qu'au coin de l'âtre quelqu'un m'attend.

1. Marseille

L'apprentissage

Des parties de pétanque dignes de Pagnol sous la voûte de platanes mélancoliques, la faconde méridionale dans le fond de l'air, la Canebière grouillante de vie, le Vieux Port et ses filets jetés en vrac sur le quai, telles sont les images d'Épinal, si proches de la réalité, que je conserve de mon enfance à Marseille à partir des années 50, lorsque mon père décida de se reconvertir dans le service de Santé du port de la cité phocéenne. L'authenticité et l'acuité de mes souvenirs sont d'autant plus justes qu'il me semble avoir vécu Marseille aux premières loges, au pied du port Saint-Jean, au cœur de la ville mythique, quand les enfants pouvaient encore déambuler dans les rues indolentes sans être tentés de franchir les interdits qui sont aujourd'hui la règle. Les bateaux venus du monde entier qui faisaient escale sous nos fenêtres titillaient l'imagination de notre génération de manière bien inoffensive, et nos rêves de partir un jour de l'autre côté de l'horizon nous dispensaient d'avoir recours à ces paradis artificiels dont, de toute manière, nous n'étions pas avisés. En ces temps lointains, l'âge tendre ne connaissait pas encore la gueule de bois.

J'étais l'un de ces mômes, une sorte d'écolier à la Doisneau version marseillaise, à la fois Gavroche de la

Canebière et enfant de chœur couvé par une mama corse. La rue, où tous les galopins du Sud passent le plus clair de leur temps aux beaux jours, était un spectacle édifiant en même temps qu'un terrain de jeu anodin. La gouaille des putains, le pas aviné et chaloupé des marins et les voyous à pompes bicolores étaient mon quotidien. L'éducation reçue à la maison pesait toutefois trop lourd dans ma conscience pour que la moindre velléité de m'écarter un jour du droit chemin m'effleure. Marseille pouvait bien être pour certains la ville du crime et de tous les trafics, cela n'eut pas d'influence sur moi. Il faut dire que les principes et, surtout, l'exemple de mes parents étaient à mille lieues de ce que les bas-fonds de la ville pouvaient générer. « Seul le travail permet de réussir. On ne doit pas être envieux, mais généreux. » « Si tu n'as pas d'argent, ça ne fait rien, mais du pain, il ne faut en refuser à personne. » Telle était en substance la leçon qu'ils me prodiguaient et que j'ai tenté, tout au long de mon existence, d'appliquer.

Pourtant, à Marseille, « porte de l'Orient et des mers lointaines », tout pouvait se faire : les petits trafics, couramment pratiqués par les dockers du port, comme ceux, plus importants et meurtriers, d'un Milieu omniprésent où les Corses faisaient encore la loi.

Ce Milieu, dont je percevais l'existence et les activités au travers de conversations glanées çà et là, prit un jour une véritable consistance à l'occasion d'une scène, digne d'un film d'Eddie Constantine, à laquelle j'ai assisté dans une clinique où mon père était hospitalisé. L'un des couloirs menant à la chambre paternelle avait pris des allures de « clandé », tant le voyou y était nombreux au mètre carré. La chaussure trop brillante pour être honnête, le costume ajusté et la mine aussi avenante qu'une porte de prison, ces drôles de visiteurs avaient de quoi éveiller la curiosité. La personnalité du patient dont ces « gorilles » protégeaient la chambre, aussi. Il s'agissait en fait de « Planche » Paoloni, un truand célèbre mêlé à la non moins célèbre histoire du *Combinatie*, ce bateau en eaux troubles servant au trafic de cigarettes qu'un gang rival avait abordé en haute mer. L'affaire avait fait grand bruit et la presse de l'époque n'avait pas manqué de se faire l'écho de cet acte de piratage assez rocambolesque. Quant à « Planche », il devait sa présence dans cette clinique non à un accès de surmenage, mais à la rafale de mitraillette que de probables créanciers impatients lui avaient adressée. Quelques infirmières avenantes, auxquelles les gardes du corps remettaient, plusieurs fois par jour, l'équivalent d'un gros Pascal, venaient à intervalles réguliers s'assurer de la bonne évolution de sa convalescence.

Si le monde du crime n'a pas été ma vocation première, en revanche, la politique, du moins telle qu'on l'appréhende à l'adolescence, a marqué une étape plus significative. Il faut dire que le contexte de l'époque, Marseille et mon milieu familial s'y prêtaient.

Mon père, mon héros le plus accessible après la guerre, appartenait à la dernière génération de coloniaux pour qui la notion d'Empire, loin d'être péjorative, était porteuse d'un certain prestige, d'une partie de la grandeur de la France. Il avait servi en Chine, était entré dans la rade de Tokyo avec toute la flotte française pour accompagner l'équipe de football de l'armée française, et l'Afrique n'avait plus de secrets pour lui. De ses voyages, il rapportait des cadeaux pour tous, et des histoires à la Albert Londres. À la maison, le colonialisme n'était pas vécu comme une exploitation éhontée des peuples, « de l'homme par l'homme ».

Cette vision innocente de l'expansion coloniale se trouvait d'ailleurs naturellement renforcée par l'enseignement et les préceptes longtemps dispensés par l'école de Jules Ferry, laïque et républicaine, mais aussi condescendante et paternaliste envers les descendants africains, asiatiques ou créoles de nos ancêtres les Gaulois...

La chute de Diên Biên Phû en 1954 fut pour moi un véritable traumatisme. Pierrot, un vieux facteur taillé comme Schwarzenegger – il nageait chaque jour plusieurs kilomètres dans la rade de Marseille –, avait servi en Indochine. Assis sur le quai, les muscles gonflés de soleil, il me racontait les combats, les sacrifices de nos soldats, les marches harassantes au milieu des rizières et le long des RC (Routes coloniales). Cet héroïsme vain qui frappait mon imagination suscitait une révolte que mes seize ans ne parvenaient à raisonner. *La Marseillaise*, le journal communiste local, accusait de tous les maux les troupes servant en Indochine.

Je me souviens de mises en scène orchestrées à l'appel du quotidien local, qui consistaient à menacer et insulter les soldats de retour au bercail ou sur le point d'embarquer. C'est alors que j'eus l'occasion de découvrir la formidable puissance de la propagande communiste, le pouvoir d'attraction et de mobilisation de cette machine à broyer le sens critique. Comment, à force de réunions de cellules, d'éditoriaux absurdes mais bien construits, des honnêtes gens pouvaient-ils se métamorphoser en zombies dépourvus du moindre sens critique ? Cette question – que je ne me pose plus depuis longtemps – m'a souvent taraudé alors, car ces hommes n'étaient pas *a priori* de mauvais sujets et beaucoup d'entre eux, recrutés dans les classes laborieuses, comme il se doit, n'étaient pas si différents de nous dans leur manière de vivre, leurs aspirations, leurs enthousiasmes ou leurs espoirs déçus.

Ces similitudes sociales, l'amitié réciproque que nous pouvions ressentir et illustrer dans la chaleureuse promiscuité du Midi de mon adolescence trouvaient leurs limites dès que nous en venions à parler de politique.

C'est véritablement à partir de 1956, date de l'entrée des chars soviétiques dans Budapest, que date un durcissement de mon attitude vis-à-vis des communistes. Budapest était la goutte d'eau qui allait faire déborder la Canebière.

Combien de potaches du lycée Thiers étions-nous ? Je ne sais. Toujours est-il que, révoltés et furieux devant l'inertie des tièdes et des bourgeois, nous décidâmes d'organiser une manifestation pour faire entendre nos voix discordantes. Aux cris de : « Libérez la Hongrie ! » nous partîmes en direction du siège de *La Marseillaise*, pour remonter fièrement la Canebière en tenant des torches hâtivement confectionnées avec les publications saisies chez l'ennemi. Ce fut mon premier contact réel avec la dureté du combat politique... et avec la matraque d'un CRS.

L'époque était manichéenne, totalement calquée sur le schéma de la guerre froide. Comme a pu l'écrire Malraux, entre les communistes et nous il n'y avait rien. La guerre d'Algérie, qui avait succédé à celle d'Indochine, ne contribuait pas à l'apaisement des esprits.

Étais-je un jeune homme de droite ? Selon les critères en vigueur et ma propension à m'opposer à la loi du plus grand nombre, vraisemblablement. Mais mon individualisme forcené et ma méfiance instinctive envers les discours politiques m'ont cependant toujours interdit d'« adhérer » à quoi que ce soit. À l'exception du club de parachutisme que je fréquentais alors, je n'ai jamais possédé ni alors, ni plus tard d'ailleurs, aucune carte de membre de quelque organisation que ce soit.

Les différentes droites qui ont jalonné depuis la Ve République ne m'ont pas davantage donné envie de mettre entre parenthèses ma liberté de penser ou d'ignorer ce que la gauche a fait de louable. Contrairement aux apparences, ce principe n'est pas l'aveu d'un penchant pour l'opportunisme ni un appel au désengagement, mais l'expression de ma méfiance vis-à-vis des promesses intenables et des dichotomies restrictives. Mieux vaut être fidèle à une attitude qu'à des idées. Cela demande plus d'efforts, et une rectitude morale que n'exige certes pas notre époque, mais au moins peut-on se regarder dans un miroir quand approche l'heure des bilans.

Quant à l'anticommunisme, qu'il soit primaire ou tertiaire, avant de procéder d'une réflexion politique il est, je crois, une réaction du cœur. S'il est vrai, comme le disait Sartre, que « tout anticommuniste est un chien », alors je ne regrette pas d'avoir parfois montré les crocs ; il n'empêche que les injustices qui mobilisaient mes amis communistes de Marseille m'indignent toujours autant. La guerre, le règne de l'argent, le racisme, la pauvreté, tous ces maux qui ne cessent de ronger notre société à l'échelle planétaire, me révoltent comme au premier jour.

Marseille alimente ma nostalgie de ces temps incertains où j'étais un jeune homme rêvant de plaies et de bosses. Ma vie, je n'étais pas loin d'en être convaincu, se devrait de ressembler un jour aux destins des héros que je côtoyais dans mes lectures. Vigny, Hugo, dont je pouvais réciter des tirades entières, m'avaient donné le goût du style en toute chose ; Guynemer, Nungesser, Mermoz et mon idole, Saint-Exupéry, celui du grand large et des avions. Dans un autre registre, les aventures de San Antonio ne me laissaient pas indifférent. À cette époque, les tirages et les ventes de ces sagas pittoresques ne connaissaient pas le succès qui les rend aujourd'hui incontournables. Peut-être dois-je à Frédéric Dard des choix ultérieurs. Après tout, mon héros donnait de la profession de commissaire une image moins orthodoxe mais plus « séduisante » que Maigret. Pendant que l'un chassait le crime dans la grisaille en maugréant quelques sentences ennuyeuses, l'autre troussait joyeusement les filles et dévergondait le français comme un barbare lettré. *Laissez tomber la fille, Mes hommages à la donzelle, Les souris ont la peau tendre* et autres *Dragées sans baptême*, autant de titres de noblesse qui enchantèrent mes révisions du bac.

Mais je voulais toujours être pilote de chasse. Ma passion pour l'aviation et mon désir d'épouser la carrière militaire m'avaient déjà conduit à sauter de plusieurs avions en vol, avec un parachute, bien sûr, et pour les besoins d'une préparation militaire. Mais mon désir le plus ardent était effectivement d'être un jour en mesure de piloter ces Mirages... qui le restèrent. Une note éliminatoire en mathématiques au concours d'entrée à l'École de l'Air et la guerre d'Algérie décidèrent d'un changement de cap radical dans mes projets.

2. La grande désillusion

Algérie (1958-1962)

« N'y va pas, tout est combiné d'avance, le match est truqué »
Jacques PRÉVERT

L'année 1958 n'est pas avare en bouleversements. La IVe République meurt de sa belle mort, de Gaulle revient au pouvoir, Elvis Presley et moi-même partons pour l'armée. Alors que lui rejoint un camp basé en Allemagne, je gagne Strasbourg, plus modestement, afin d'y entreprendre une « corniche [1] » pour devenir officier. Un mélange d'orgueil, d'ambition et d'humilité m'ont en effet amené à considérer que, si mes faiblesses en mathématiques constituent un obstacle insurmontable pour espérer faire carrière dans l'armée de l'air, ma volonté de jouer un rôle dans la guerre d'Algérie, elle, demeure inébranlable. Car peut-on raisonnablement scander « Algérie française ! » pendant des mois et rester confortablement en métropole l'oreille collée au poste de radio à compter les points ? À vingt ans, c'est tout simplement inconcevable.

Le Strasbourg des années 50 offrait encore le visage

1. Préparation militaire.

particulier d'une ville de garnison, au sens noble du terme. L'adhésion de sa population à la chose militaire était à ce point enracinée dans la culture « frontalière » que, des vieilles gens aux plus jeunes, chacun pouvait dire si tel ou tel soldat en uniforme appartenait au génie, s'il était un chasseur, ou un élément du train. L'atmosphère y était excellente et les filles, aussi blondes et pétillantes qu'une bière d'Alsace, incarnaient une idée du repos du guerrier assez séduisante. Encore fallait-il avoir été « guerrier »...

L'évolution des événements d'Algérie et le destin de la section « Histoire et géographie » à laquelle j'appartenais en « corniche » allaient remédier à cette lacune. Sur vingt-quatre potaches attardés qui prétendaient devenir officiers, vingt-deux furent collés à l'examen de passage. Il est vrai que cette section réunissait tous les cancres incapables d'intégrer les deux autres catégories proposées, « Mathématiques » et « Philosophie ». Toujours est-il que le colonel, s'adressant à nous sans la moindre précaution oratoire, fut clair : « Messieurs, vous êtes la honte de la Corniche. Il ne vous reste plus qu'à aller expier vos fautes en Algérie. » Rien ne pouvait nous combler davantage. Nous partions enfin voir se lever ces orages tant désirés.

Cherchell, cité posée sur les ruines de l'antique Césarée, au bord de la Méditerranée, abritait l'école d'officiers de l'armée française où je dus effectuer le dur apprentissage du métier de soldat en temps de guerre. Ce n'était pas Saint-Cyr, c'était mieux que cela : le point de départ d'une véritable aventure humaine et politique. Et le prélude à la remise en question de certaines de mes convictions.

C'est sous l'ancre dorée de l'infanterie de marine que j'ai eu le privilège de crapahuter. « Privilège », le mot m'a échappé ! Il trahit si fidèlement ma pensée... Avoir eu vingt ans dans ce pays est sans doute la plus grisante des aventures qu'un homme de ma génération ait eu à vivre. Je sais qu'un tel aveu ne manquera pas de choquer certains de mes contemporains, et en particulier les enfants de Mai 68 pour qui la guerre, l'expression brutale de la « virilité » et le combat sont des idées coupables, mais je persiste à penser que c'était le bon moment pour avoir vingt ans. Je ne crois pas trahir ni déformer le sentiment de beaucoup de mes camarades d'alors en disant que cette guerre était pour nous une manière de revanche sur le destin de notre pays. La déroute de 1940 hantait encore nos jeunes esprits pour qui la fierté d'être français ne se résumait pas à je ne sais quel triomphe footballistique. Et puis, à vingt ans, lorsqu'on est normalement constitué, le rêve d'en découdre – qu'importe la nature du combat – est une constante que ni la modernité, ni Internet ne sont parvenus à neutraliser. Pour le meilleur et, souvent, le pire...

La guerre d'Algérie m'a offert les moments les plus forts de mon existence. Le danger, lorsqu'on tient une position au fin fond du djebel, est un appel à se dépasser, à surmonter la peur, à s'accomplir d'une façon que la vie civile n'offre pas. En de telles circonstances, les rapports de force habituels que la société et les conventions imposent tout au long de la vie n'ont plus lieu d'être. Ni la position sociale, ni l'argent, ni même les convictions politiques n'interviennent entre les hommes de guerre.

La liberté, le fameux pont aux ânes au-dessus duquel les bacheliers, chaque année ou presque, sont sommés de se pencher, je l'ai touchée du doigt. Je ne saurais dire à quoi tenait le sentiment profond que j'ai ressenti. Sans doute la camaraderie, l'approche de l'essentiel, l'absence des faux-semblants, la proximité du danger et la vie au grand air génèrent-elles cette impression fulgurante qu'enfin on est seul maître de son destin.

En tant que lecteur, je me suis très tôt lassé de ces chroniques et mémoires de guerre que les éditeurs publient depuis presque cinquante ans. Le combat sur le terrain, les accrochages, les offensives et les positions vaillamment défendues tant par nous que par nos adversaires sont des moments privilégiés pour ceux qui les ont vécus, mais finalement des passages relativement ennuyeux pour le lecteur. Je lui épargnerai donc le récit des miens. Je dirais simplement que je n'ai pas à rougir de « ma » guerre d'Algérie. J'ai connu les bordels de Cherchell et de Tizi-Ouzou sans me demander si les pensionnaires de la mère Zizi ou de dame Cigogne étaient là de gré ou de force. Le soldat fonctionne un peu avec sa tête et beaucoup avec son métabolisme. J'ai connu des Arabes, amis ou adversaires, fiers et dignes, et j'ai appris les atrocités commises par quelques-uns. J'ai respecté et aimé les harkis qui servaient sous mes ordres au sein de ma section et j'ai compris la révolte des pieds-noirs, même si certains n'incarnaient pas exactement ma conception du rayonnement de la France outre-mer. Ne disions-nous pas entre nous : « De Gaulle voit dans les Arabes des Français à part entière, mais beaucoup de pieds-noirs les considèrent comme entièrement à part... »

J'ai été décoré pour une opération rondement menée ; je n'ai jamais torturé quiconque et j'ai toujours respecté mon adversaire en faisant la part de l'engagement politique sincère et des basses vengeances. Au cours de ma carrière policière, même confronté aux cas les moins ragoûtants, je n'ai jamais eu recours à la question. Par principe et aussi parce que je n'éprouve pas le moindre plaisir à la vue de la souffrance. Quelques baffes m'ont parfois échappé dans l'excitation d'une opération, mais jamais à froid. En tout état de cause, je ne me suis jamais posé les questions auxquelles la Cour suprême d'Israël est aujourd'hui confrontée, à savoir s'il faut ou non légaliser la torture…

Humainement, la guerre d'Algérie a donc été une sorte d'éducation sentimentale rugueuse mais pleine d'enseignements, une expérience unique, un baptême païen où les notions de bien et de mal n'ont évidemment pas leur place.

Sur le plan proprement politique, j'ai été très vite en proie à des sentiments contradictoires qui s'expliquent à la fois par la « gestion » des événements par le pouvoir en place, mais aussi en raison de la distorsion entre le rêve et la réalité coloniale.

« La seule négociation, c'est la guerre », s'exclamait François Mitterrand lorsqu'il était ministre de l'Intérieur sous la IVe République. « Je vous ai compris ! Vive l'Algérie française ! » devait dire de Gaulle depuis son balcon à Alger. Les militaires, les pieds-noirs et la grande masse inerte des neutres, tous confortés par de telles professions de foi, pouvaient légitimement croire à la volonté des autorités de mener cette « pacification » – on ne disait pas guerre – à son terme, et à l'appui inébranlable de ces mêmes autorités. Nous le savons, il n'en fut rien. Je ne reviendrai pas sur les circonvolutions, les reniements et les trahisons des uns et des autres. La raison d'État, le sens de l'Histoire et, sans doute, les stratégies dans l'ombre de l'URSS et des États-Unis imposaient que la France quitte l'Algérie. Plus de trente ans après les accords d'Évian, je considère que le combat que menaient les rebelles, les « fellouzes » disions-nous péjorativement, était juste. Ils se battaient pour leur patrie, une patrie telle qu'ils l'imaginaient à l'époque. Cette confidence n'est pas une concession à la vogue du « politiquement correct », elle est un constat résultant d'une analyse personnelle longuement mûrie.

Elle l'est d'autant moins que je ne cache pas avoir été tenté de suivre le chemin de ces jeunes officiers, dont Michel Déon s'est fait le porte-parole dans *Les Poneys sauvages*, qui préférèrent la voie de l'illégalité à celle du déshonneur. Je ne me battais pas pour défendre les intérêts des grands propriétaires terriens, afin qu'ils puissent continuer de « faire suer le burnous », je me battais contre les « rebelles ». J'avais appris à aimer l'Algérie et les Algériens, et je pensais à l'époque que l'intégration était la meilleure chose qui pouvait leur arriver.

Toutes ces réflexions prennent une dimension plus vaste et plus émotionnelle lorsqu'on a vingt ans et qu'on est engagé dans une guerre aussi politique que celle d'Algérie.

Avec le recul, cette époque me paraît mériter une lecture plus sereine. Mais à ce moment-là, nous vivions mal les écrits d'une presse française où les porteurs de valises passaient pour d'angéliques amis de la liberté tandis que, nous, pauvres porteurs de sacs à dos et de poussière, revêtions la défroque démoniaque des ennemis du genre humain. Les héros, pour Saint-Germain-des-Prés, se trouvaient dans le camp des déserteurs plutôt qu'au 1er REP [1]. C'était ainsi.

Le putsch d'avril 1961 m'a surpris à la sortie de Cherchell alors que ma promotion s'apprêtait à partir en permission. Nous étions sur l'esplanade de l'école, les moteurs tournaient, quand un gradé s'est mis à hurler :

---

1. Régiment étranger de parachutistes

« Arrêtez tout ! »

Les discours qui devaient se succéder dans l'enceinte de la caserne reflétaient déjà les contradictions qui accableraient ensuite nos consciences. Notre commandant de compagnie, un partisan zélé du « quarteron de généraux félons », était clair :

« Messieurs, dans quelques heures l'armée sera derrière le général Challe. Vous n'avez qu'une chose à faire : vous rallier ! »

L'autre son de cloche allait venir de ce lieutenant parti dans le maquis avec sa section :

« Moi, qui suis un ancien des commandos qui ont libéré la France, je ne laisserai pas cette poignée de fascistes me dicter sa loi ! »

Si ce putsch suscita chez la grande majorité de mes condisciples une réaction de mauvaise humeur – l'Histoire et la politique pèsent peu en regard d'une perme suspendue –, quelques-uns, dont moi-même, furent véritablement partagés entre deux sentiments profonds : d'une part la conviction que se heurter aux lois de la République, et qui plus est en temps de guerre, est la faute la plus grave que puisse commettre un officier. Toute mon éducation, ma culture républicaine, l'instruction civique et la tradition familiale bloquaient devant une telle rébellion. D'autre part, l'idée que l'autodétermination, voire l'indépendance, finalement, n'était peut-être pas si mauvaise mais que cela ne pouvait se faire du jour au lendemain. Il fallait un temps suffisamment long pour que les plaies encore sanglantes de cette guerre qui n'en finissait plus puissent cicatriser. On connaît la suite. Sur le conseil de mon commandant de compagnie, je partis pour Alger.

Les filles bronzées qui ondulaient naguère ont déserté les rues de cette ville magnifique que « la semaine des barricades » de janvier 60 et le putsch ont transformée en un camp retranché dont les CRS et les gendarmes mobiles, parcourant les artères de long en large, se sont rendus les maîtres. La population européenne se terre dans ses quartiers et manifeste sa révolte en tapant sur des casseroles. Des clones de Marcello Mastroianni dans *La Dolce Vita*, chevauchent des scooters fous en brandissant d'immenses drapeaux tricolores. Je croise le colonel Lacheroy, appelé par Salan comme directeur de l'Information et de l'Action psychologique. Je rencontre aussi, lors de ce séjour, des gens convaincus, des patriotes de toutes obédiences et les premiers artisans de l'Organisation armée secrète (OAS) naissante : des voyous au front bas, des petites frappes excitées et des idéalistes fiers et courageux ; des communistes désemparés, des policiers en rupture de ban, des étudiants fougueux de Jeune nation, des petits commerçants poujadistes, des Juifs inquiets et des « sans opinion » partagent la même crainte dans ces lendemains qui chantent faux. Ce putsch semble bien mal parti. Il flotte dans l'air une odeur de poudre d'escampette.

L'amateurisme politique des généraux, la naïveté de Challe qui croyait que le seul réflexe hiérarchique lui vaudrait l'adhésion de l'armée dans son ensemble sont palpables dans les conversations au café du Commerce. Nul ne sait sur quoi va déboucher l'aventure.

Le soir du 23 avril, tandis que je prends un dernier verre à la terrasse d'un café du quartier de Bellecour en compagnie d'un camarade, le général de Gaulle en uniforme, emplissant de toute son autorité l'écran de télévision, prononce le fameux discours dans lequel il dénonce « le quarteron de généraux félons » et appelle les Français à l'« aider ». Lorsqu'il ordonne aux troupes de refuser d'obéir aux putschistes et d'employer tous les moyens pour les affaiblir, je comprends que les jeux sont faits. Le lendemain, spectateur anonyme perdu dans la foule algéroise lors du rassemblement sur le Forum, j'écoute le discours du quarteron au grand complet – Challe, Jouhaud, Salan et Zeller. Quelques paroles creuses dont il ne reste rien – impardonnable en de telles circonstances – confirment mon pressentiment de la veille : les révoltés ne sont pas des révolutionnaires, le putsch est déjà terminé.

Challe se rend, suivi bientôt par Zeller. Salan et Jouhaud, eux, choisiront la clandestinité.

Trop de paramètres défavorables m'interdisaient de trouver bonne la cause des insurgés. À mes yeux, l'autorité, la légitimité, la légalité, c'était de Gaulle. Il demeurait, en dernier lieu, et malgré des options auxquelles je ne pouvais adhérer, le libérateur de la France occupée. La brièveté du putsch – quatre jours et cinq nuits – m'a évité de me poser davantage de questions.

Lieutenant de réserve, j'étais très sceptique quant à l'évolution de l'armée après le putsch. Le temps des purges et des limogeages n'était pas un contexte favorable à mes velléités de faire carrière au sein d'une « Grande muette » qui avait oublié de le rester. Je sentais bien que l'armée allait payer le prix fort de l'engagement d'une partie des siens aux côtés de l'OAS.

La professionnalisation et la mécanisation de l'armée, les régiments de missiles, les brigades blindées ne me disaient rien qui vaille. Lors de mes crapahutages dans le bled, j'avais pris goût à cette implication de l'homme dans la nature qu'imposait la guérilla. J'avais pris goût à l'action et à une certaine forme de danger. Et cela, l'armée ne pourrait plus me l'offrir. Je décidai de la quitter.

À mon retour d'Algérie, j'avais vingt-trois ans. La France et les Français, cruellement indifférents aux soubresauts lointains et pathétiques d'une guerre finissante, commençaient à s'ouvrir aux joies de la société de consommation et du loisir. La jeunesse de métropole, dont l'Algérie m'avait un peu exclu, travaillait et s'amusait. Des MG décapotables glissaient dans les nuits insouciantes de Saint-Germain-des-Prés tandis qu'un certain Johnny Hallyday chantait le rock'n roll et se roulait par terre en provoquant de gigantesques bagarres entre blousons noirs au palais des Sports. Brigitte Bardot, au faîte de sa beauté, promenait sa sensualité de films en magazines comme un outrage délicieux aux bonnes mœurs. De Gaulle ne s'y était pas trompé, qui considérait cette créature de Dieu selon Vadim « de bon aloi ». Les jeunes gens de ma génération, à l'exception d'une infime minorité d'activistes, n'aspiraient plus qu'à une chose : s'amuser.

Mauvaise conscience, indifférence, lassitude, la France voulait tourner la page. Trop longue, trop lointaine, trop compliquée, la guerre d'Algérie n'avait pas les faveurs des Français, plus attirés par les mirages de la croissance et de la prospérité du début des *sixties* que par un conflit dont ils ne voulaient plus entendre parler.

Il me fallait travailler. Mais que faire? le désir d'œuvrer dans les sphères de la chose publique me taraudait encore. D'une manière active, bien sûr, car je n'avais pas la moindre disposition pour entrer aux Poids et Mesures.

À la suite de quelques tentatives timides, et peu motivées, pour entrer en journalisme – correcteur au *Monde* et pigiste au *Hérisson* – et une autre comme vendeur d'aspirateurs, je décidai d'intégrer les Compagnies républicaines de sécurité.

« Vous êtes jeune, l'avenir s'offre à vous comme un menaçant point d'interrogation. Alors, parmi les carrières qui s'offrent à vous, pourquoi ne pas choisir celle d'officier de la paix de la Police nationale ? »

L'affiche répondait à toutes mes attentes. Dans un recoin de mes ambitions, commençait à naître sérieusement l'idée de devenir un jour commissaire de police. Les CRS, à l'intérieur desquels je pouvais, à terme, espérer passer le concours de commissaire, m'apparurent comme un préambule honnête à mon souhait. San Antonio l'avait définitivement emporté sur Guynemer.

La mauvaise réputation qui accable les CRS – à laquelle Mai 68 a largement contribué – n'est pas justifiée. Cette formation restera pour moi une école de courage, de civisme et de sang-froid. À l'inverse d'autres forces de maintien de l'ordre que j'avais vues à l'œuvre en Algérie, les CRS ne comptabilisaient pas de fâcheux précédents. En outre, l'esprit légaliste et républicain dans lequel nous évoluions sous l'impulsion de nos officiers instructeurs me satisfaisait pleinement. Même si, à l'origine, ils étaient une émanation des GMR, les CRS d'aujourd'hui n'ont plus rien à voir avec ces Groupes mobiles de réserve créés sous Vichy et épurés à la Libération selon les critères d'une restée fameuse « commission de la hache ». Et puis, dois-je le rappeler aux contempteurs de l'autorité, c'est bien Jules Moch, homme de gauche, qui donna aux CRS leurs lettres de noblesse ?

J'ai intégré la CRS 49 de Donzère-Mondragon en mai 1962. Quelques jours plus tard, moins d'un an après avoir rangé avec quelques regrets mon uniforme de l'infanterie de marine, je m'envolais à nouveau vers l'Algérie, sous celui des CRS, à bord d'un des derniers « Super Constellation » d'Air France, ces magnifiques quadrimoteurs dessinés par Howard Hughes…

Tout au long de cette année, 1961-1962, la tragédie s'était amplifiée, dressant les uns contre les autres les activistes de l'OAS, l'armée restée fidèle à de Gaulle, les terroristes du FLN et les hommes de l'ombre, les fameuses barbouzes. Les ratonnades et les Algériens jetés dans la Seine, les enlèvements d'Européens en Algérie, les « nuits bleues » de l'OAS, etc. Les accords d'Évian de mars 62 qui devaient mettre un terme à cette guerre suscitèrent un regain de violence. Le massacre de la rue d'Isly à Alger, le 26 mars, devait faire soixante-trois morts et deux cents blessés.

Je suis arrivé à Oran le jour où l'OAS incendiait les citernes du port. Une épaisse fumée noire, des sirènes, une ville en état de choc, tous les stigmates de la guerre civile étaient réunis en ce lieu où les cadavres se comptaient par dizaines. La région était en proie à toutes les violences : les commandos « collines » attaquaient les bases FLN, les gendarmes mobiles aux ordres du général Katz réprimaient les mouvements européens avec une vigueur telle que le Conseil des avocats d'Oran éleva une protestation contre ces « attaques contraires à la convention de La Haye en temps de guerre ».

Ma mission à Oran – j'étais officier-stagiaire chargé de la sécurité de l'aéroport – m'a évité d'avoir à exercer des actes de répression contre des Français. Je m'en félicite d'autant plus que les dérives de l'OAS eurent pour effet de durcir cette répression.

Les dernières semaines d'Oran ont incrusté ma mémoire. L'exode d'une population chassée de sa terre natale n'est pas un spectacle dont on aime à se souvenir. Je revois le tarmac de l'aéroport noir de monde comme un jour de deuil. Cette petite fille frêle et hébétée marchant comme une poupée désarticulée vers l'avion que lui désignait un vague oncle en larmes était la seule survivante du massacre qui avait décimé sa famille. J'ai vu des Oranais de souche européenne quitter leur pays sans un mot, le regard plein de haine braqué sur les uniformes français. J'entends encore les sanglots hoquetants de ces gens simples, encombrés de valises et d'une progéniture terrorisée.

Les derniers jours d'Oran furent un cauchemar. Le 5 juillet, un autre massacre ébranlait la ville meurtrie. La veille, j'accompagnais le commandant Lieutaud, commandant ma compagnie, sur le toit de la préfecture. La France n'avait plus rien à faire en Algérie et ordre avait été donné de récupérer le drapeau qui symbolisait sa présence. C'est à nous que revint le triste privilège de ranger l'étendard dans un coin de notre Histoire ; ce drapeau tombait sur nous comme tombe le rideau à la fin d'une pièce tragique. Nous versâmes quelques larmes avant de partir pour Alger où nous devions veiller sur les villas de l'ambassade de France.

J'ai quitté l'Algérie en septembre 1962 à bord d'un *Liberty ship*, « bateau de la liberté ». L'ironie de l'Histoire est parfois cruelle...

Je rentrai à Montélimar. Pour autant, le drame algérien ne cessait pas de me solliciter. Une de mes premières missions fut de garder les postes de la frontière pyrénéenne, observatoires privilégiés perdus dans la montagne. De là-haut, il n'était pas rare de voir passer les derniers proscrits de l'OAS. Le plus souvent, ils se présentaient comme des représentants de commerce. Le cheveu court, l'allure sportive et l'œil aux aguets trahissaient l'officier para ou le légionnaire en cavale. L'Espagne, plus indulgente que la France – il faut dire que l'attentat du Petit-Clamart ne contribuait pas à l'apaisement des esprits –, était encore une terre d'asile assez recherchée par les activistes ou militants de l'Organisation armée secrète dissoute. Une sorte de solidarité – celle qui s'établit entre officiers (*La Grande Illusion* en est un bel exemple) – me poussait à une indulgence que le règlement ne prévoyait pas.

L'épilogue de ma relation, désormais indirecte, avec l'Algérie s'est tenu au camp de Thol, dans l'Ain, où étaient internés les gens de l'OAS. Le temps était venu de panser les blessures. Beaucoup de détenus politiques en étaient conscients. Ils ne reniaient rien, mais aspiraient à retrouver une place dans la société. D'autres avaient goûté aux liaisons dangereuses entre la grande délinquance et la politique. Un cocktail explosif mêlant révolte, goût du risque, mépris des lois et argent facile bouillonnait sans doute déjà sous ces têtes brûlées qui passèrent allégrement de la cause de l'Algérie française aux coffres de la Société générale.

Presque quarante ans ont passé depuis cette « affaire » algérienne. Les archives, au compte-gouttes, apportent un éclairage nouveau sur une période que j'ai vécue trop passionnément pour être certain de l'avoir considérée dans sa perspective historique. Des auteurs – je pense notamment à Alain Peyrefitte, ministre du Général entre 1959 et 1969, à l'origine de documents incomparables sur la crise algérienne vue depuis l'Élysée [1] – moins passionnés et plus objectifs que leurs prédécesseurs des années 60 et 70, certains de mes amis, d'un bord ou de l'autre, m'ont aidé à faire la synthèse de mes contradictions avec, d'un côté, la nostalgie amère d'avoir laissé l'Algérie et, de l'autre, la nette conscience qu'on ne pouvait pas faire autrement. C'est sous la plume de Dominique Venner, pourtant activiste farouche, que j'ai trouvé, dans certaines phrases, la meilleure analyse de ce que je pense aujourd'hui :

« Ce fut aussi le mérite du général de Gaulle d'avoir

1. *C'était de Gaulle*, vol. I et II, Éditions Fayard, 1994 et 1997.

imaginé pour la France un autre destin, par l'établissement de rapports nouveaux avec les peuples anciennement colonisés [...]. Pourtant, si ce dessein était louable, les moyens, eux, ne le furent pas. Fallait-il en effet payer un tel prix ? [...]

« Aujourd'hui, je reconnais que la rébellion combattait également pour une cause juste, la sienne, ce que j'avais tendance à lui dénier à l'époque [...]. L'ennemi, si faible au commencement, voulait nous chasser d'une terre qu'il revendiquait pour lui seul par droit d'antériorité. Lui aussi combattait pour sa dignité. Il combattait pour conquérir une patrie, pour se donner une identité, pour édifier une nation [...] [1]. »

Tournons la page.

CRS (1962-1967)

Une masse humaine survoltée qui fond sur vous comme un nuage menaçant et l'ordre de ne pas bouger d'un pouce, et encore moins d'user de votre arme, constituent une épreuve édifiante. La maîtrise de soi, la canalisation de l'intensité nerveuse, le respect, au prix de votre propre intégrité physique, de la loi et des ordres sont aux CRS ce que le saut de nuit est au parachutiste.

Je pourrais noircir des pages entières sur ce que m'ont apporté les années passées comme officier au sein de cette compagnie. Je pourrais évoquer la logique des manifestations, cette « psychologie des foules » qu'analysait Gustave Lebon au début du siècle, celle-là même qui permet d'observer la graduation de la vio-

1. *Enquête sur l'Histoire*, n° 2, p. 5 et 41.

lence, ou tout simplement de la colère, en fonction de la frustration ou de l'injustice qui la motivent. À quoi bon ? Pour tenter de donner des CRS une image plus avenante que celle dont on l'affuble généralement ? Les CRS n'ont nul besoin d'avocat. Les étudiants de Mai 68 pouvaient bien crier « CRS = SS ! », nul n'était dupe. Surtout pas ceux qui avaient vécu l'Occupation.

Être CRS ne m'a jamais posé le moindre cas de conscience. Disperser une manifestation en usant parfois de la matraque ou du gaz lacrymogène n'est en rien comparable au fait de tirer sur une foule. Je le sais, le seul symbole de l'autorité est une provocation en soi – « Il est interdit d'interdire. » Mais démocratie n'est pas synonyme d'anarchie.

Bien sûr, j'ai croisé chez les CRS la même proportion de « mal comprenants » que partout ailleurs. Mais j'y ai aussi rencontré des hommes de grande valeur, légalistes et pleins d'abnégation, pour qui le peuple, dont ils sont issus, n'est pas un ennemi mais un enfant remuant, insatisfait et parfois injuste.

J'ai vécu la vie du CRS. Ces manifestations violentes à un contre cent manifestants qui vous poussent à vous demander ce que vous faites là. Le maintien de l'ordre dans le Gard en 1964-1965 contre des vignerons reste parmi les souvenirs les plus forts de cette période. Quand, à peine débarqués des cars, vos hommes doivent essuyer des jets de boulons projetés à l'aide de lance-pierres et que vous comptez plusieurs dizaines de blessés dans vos rangs en l'espace de quelques minutes, vous avez le sentiment de toucher du doigt la folie dont chacun peut être la proie lorsqu'une foule sert à la fois de protection et d'exutoire. Ce fut le cas lorsque mon ami et camarade de promotion Joël Legoff fut abattu à la tête de sa compagnie par une balle à sanglier tirée par un manifestant.

C'est après avoir passé un mois à jouer au tarot de 6 heures du matin à 10 heures du soir dans un car à l'occasion d'un maintien de l'ordre à Lyon que j'ai pris la décision de devenir rapidement commissaire de police. J'aurais pu faire carrière dans les CRS : j'étais jeune, j'avais été nommé officier de paix principal, c'est-à-dire capitaine, à vingt-sept ans – excellent cursus pour l'époque –, je pouvais espérer devenir colonel puisque les grades alors étaient ceux de l'armée, mais la perspective de passer les trois quarts de ma vie dans les cars à attendre que les manifestants me tombent dessus, ou l'inverse, ne me séduisait guère. San Antonio, avec ses filles girondes et ses aventures policières, me narguait depuis trop longtemps. Le temps était venu de passer à autre chose.

3. Sous les pavés... la police

(1968-1971)

« Deviens ce que tu es »
Friedrich Nietzsche

Il y a, entre Mai 68 et moi, pour reprendre le titre du joli roman que Denis Tillinac consacra à l'effervescence printanière de naguère, « un léger malentendu [1] ». Un malentendu auquel s'ajoute un contentieux que les années n'ont pas effacé. Un malentendu qui tient sans doute au fait que, pendant que les cadets de ma génération dépavaient les rues en espérant trouver la plage, je décrochais ma qualification de commissaire de police, bien content de tourner la page. À l'heure où l'on prétendait « interdire l'interdit », je devenais, à mon niveau, l'incarnation de l'autorité honnie.

C'est davantage au nom de cette autorité, dont j'ai été un élément à part entière, qu'en raison de convictions personnelles ou politiques, que je nourris une rancœur tenace à l'égard de ce terne mois de mai. Après tout, je n'avais pas attendu les libertaires pour être libertin et j'ai toujours préféré l'éternel féminin à

1. Denis Tillinac, *Un léger malentendu*, Robert Laffont, 1988.

l'assommant féminisme. Moi aussi, je trouvais la France de Pompidou triste et ennuyeuse. Fallait-il se placer sous l'effigie de Mao pour le dire ? Moi aussi dans les années 50, à Marseille, j'avais reçu des coups de matraque de la part des CRS pour un idéal auquel je croyais. Pour autant, je n'avais jamais opéré la moindre confusion douteuse entre CRS et SS. Non, décidément, l'esprit libre que je n'ai jamais cessé d'être n'a pas été choqué par les revendications existentialistes de Mai 68. C'est plutôt l'aspect totalitaire, le suivisme et le conformisme de cette vaste comédie, et surtout la lâcheté des « élites » qui l'emportent dans ma mémoire ; mais commençons par le commencement.

Le concours de commissaire était à l'époque un examen unique où les candidats extérieurs comme ceux de la filière interne étaient réunis pour un même concours. Je voyais plutôt d'un bon œil cette absence de discrimination, les autodidactes, dont j'étais, alors confrontés à des diplômés de l'Université. La réussite n'en avait que plus de prix. En adepte convaincu de la sélection, j'aurais trouvé humiliant de bénéficier du système des quotas préférentiels qui ont cours dans l'Administration, où l'ancienneté (souvent) et l'arbitraire (parfois) prennent le pas sur le mérite.

Autant qu'il m'en souvienne, l'enseignement dispensé à l'École nationale supérieure de police de Saint-Cyr-au-Mont-d'Or, à côté de Lyon, aussi complet et éclectique qu'il se peut, nous préparait à devenir des gens respectables autant que respectés. Ce souci de reconnaissance ne devait pas manquer de pousser les syndicats de police à revendiquer pour notre établissement le prestigieux label de « grande école », à l'instar de l'ENA ou de l'École de la magistrature. J'ignore ce qu'il en est en 1999, mais à l'époque je jugeais bien plus valorisant d'appartenir à une école de terrain. Au cours de ma carrière je n'ai jamais éprouvé le moindre sentiment d'infériorité face à des interlocuteurs issus de ces écoles prétendues « grandes », quelquefois ce fût même le contraire – il est vrai que nous étions peu doués pour l'intellect pur. Je me souviens d'une conférence que prononça un jour notre major de promotion, Souchon, un brillant docteur en philosophie, dont le propos était de nous convaincre de « l'apport hégélien dans la pensée de Marx ». « L'apport hégélien dans la pensée de Marx »... Vaste programme ! Trop vaste sans doute pour l'assistance ingrate qui, au bout de cinq minutes passées en compagnie des deux maîtres teutons, avait décroché.

En dépit de l'amitié et de la sympathie qui me liaient à Souchon – il alliait une culture prodigieuse à une simplicité des plus naturelles –, je remarque quand même que « l'exception française » dont on parle tant n'est pas un vain mot. Je doute que les gens chargés de former de futurs officiers de police en Californie, à Montréal, à Parme ou à Munich aient jamais poussé leurs élèves à plancher sur « le mythe du surhomme chez Nietzsche » – on imagine le niveau de la réflexion du côté de Los Angeles.

Peut-être était-ce une manière pour nos professeurs de nous préparer à affronter un monde auquel ils imaginaient que Mai 68 avait insufflé une vaste culture ? Désormais pour interroger un suspect, on ne pourrait plus se contenter de braquer une lampe dans ses yeux rougis par le manque de sommeil et le sommer de répondre au classique : « Où étais-tu dans la nuit du 16 au 17 ? » Trop limitatif. Il faudrait s'adapter. La question deviendrait alors : « La mémoire est une fidélité intrinsèque de l'être qui lui-même n'est rien sans mémoire. Alors où étais-tu dans la nuit du 16 au 17 ? »

J'aimais beaucoup Souchon. Son premier poste,

après notre sortie de l'École, l'avait conduit aux Renseignements généraux de Saint-Étienne. Nous nous téléphonions parfois pour échanger nos impressions sur ces affectations récentes. Sa faconde, son sens de l'analyse en faisaient un RG assez particulier. « Charles, me confiait-il, je suis très heureux aux RG. Comment pourrais-je te dire ? Les RG, c'est... c'est le verbe : on parle, on écrit, on téléphone. »

Trente ans ont passé. Je pourrais, dans le souci de paraître « ouvert », m'inventer un passé d'élève commissaire sensibilisé aux « problèmes des étudiants » ou, mieux encore, broder autour de l'incontournable devoir de réserve qui prévalait à l'école de police, un bâillon qui m'aurait interdit de rejoindre les rangs de la « révolte légitime » des étudiants.

Ce n'est pas exactement l'état d'esprit qui m'animait à l'époque. Je dois même dire que le joli mois de mai m'eût paru plus charmant sans les inepties belliqueuses de cette jeunesse en partie dorée, qui draina une foule de moutons panurgiens dans le sillage de Mao, Marx, Che Guevara (le plus estimable d'entre tous), Lénine et Trotsky avant de très vite se convertir au capitalisme le plus cynique.

La rumeur du Quartier latin parvenait jusqu'à l'intérieur de notre sévère école lyonnaise par le biais des transistors et de la télévision, gonflant nos cœurs d'un sentiment de révolte exacerbé. À l'exception d'un de nos condisciples – et ami –, qui ne faisait pas mystère de son appartenance au très confidentiel Parti socialiste unifié (PSU) dirigé à l'époque par Michel Rocard (« Ton parti tient dans une cabine téléphonique », lui disions-nous pour le taquiner), l'ensemble des commissaires en puissance n'aspirait qu'à une seule chose : aller ôter à ces galopins l'envie de dire et faire n'importe quoi. Nous étions tous des jeunes gens mûrs et nos expériences passées n'avaient pas été des promenades bucoliques. Parmi nous, des éléments venus des services spécialisés de la Police nationale, de diverses, unités de choc de l'armée, connaissaient le vrai visage du communisme, qu'il fût à la mode cubaine, chinoise, soviétique ou vietnamienne. Voir ces gosses gâtés à peine pubères brandir les oriflammes d'idéaux dont ils ne savaient rien avait quelque chose d'indécent.

Une délégation d'élèves se rendit auprès du directeur des études afin de lui transmettre notre vœu d'être mieux informés. Les bras croisés, contraints par notre statut d'« internes » de rester cloîtrés dans notre établissement, coupés de cette effervescence dont ne nous parvenait que ce que les médias voulaient bien en dire, nous subissions un supplice.

Après deux jours de négociations, à la condition impérieuse de respecter notre devoir de réserve qui consiste à ne jamais intervenir, nous fûmes autorisés, dans un but pédagogique et informatif, à nous mêler à la foule des manifestants lyonnais qui, comme leurs homologues germanopratins, attendaient l'éventuel Grand Soir et l'écroulement du « système ».

Des rejetons de la bonne société lyonnaise au coude à coude avec les ouvriers de leurs pères hurlaient les slogans du jour, repris par une ribambelle de jolies filles – un phénomène immuable, que j'avais déjà pu vérifier lors du putsch d'Alger, pousse en effet les jolies filles à être toujours présentes quand la tension monte et que les sentiments s'exacerbent. À Lyon, comme à Paris, l'on vit donc des « militantes » en jeans ou minijupes – plus habillées, hélas, que *La Liberté guidant le peuple* d'après Delacroix –, ignorant encore un mois plus tôt qui était Che Guevara, s'époumoner (c'est bien le terme) en mots d'ordre vengeurs sous l'œil attentif et un rien lubrique des quelques loubards conviés à la fête par des « camarades » barbus fascinés par la « violence prolétarienne ».

Un cortège formé à l'appel de l'UNEF, du PSU et de la CFDT drainait dans son sillage cette ambiance électrique dont toute manifestation de jeunes est porteuse. Des slogans on passait rapidement aux insultes, puis des insultes à l'émeute. D'autant plus rapidement que les manifestants prétendaient traverser le Rhône pour, vraisemblablement, s'en prendre à la préfecture de police qui se trouvait de l'autre côté du pont Lafayette. Des gendarmes mobiles défendaient la position sous les ordres du commissaire René Lacroix de la Sûreté urbaine, socialiste convaincu – comme on pouvait l'être avant 1981 – et grand humaniste devant l'Éternel. Face au sang-froid des trois cents gendarmes mobiles, les manifestants avaient édifié des barricades, détruit l'éclairage public, pillé les grands magasins du centre-ville. Les gaz lacrymogènes flottaient dans l'air tiède qui ne parvenait pas à apaiser les esprits. La spirale de la violence pour la violence était engagée. J'enrageais devant un tel spectacle. Un sentiment d'injustice, en plus de la colère, m'habitait. Le vandalisme, la casse, la destruction, la bagarre, rien de tout cela n'était alors justifié.

Un camion près d'un chantier fut réquisitionné. Sous les acclamations d'un public conquis d'avance, deux conducteurs anonymes fendirent la foule au volant de ce cheval de Troie d'un genre nouveau, un Berliet de 12,5 tonnes avec sa cargaison de gravats, fonçant sur le barrage de police tel un bélier antiflics. L'on vit alors deux ombres sauter en catastrophe de l'engin avant que celui-ci, devenu ivre, n'aille finir sa course folle sur la cible vivante. Le commissaire de police Lacroix qui se trouvait sur le bord de la route fut écrasé. Les deux protagonistes de cet attentat avaient pris soin de poser sur la pédale d'accélérateur un pavé de dix kilos. Un père de famille, représentant généreux et indulgent d'une société certes imparfaite, est mort en Mai 68 parce qu'une clique de nihilistes était parvenue à convaincre les chiens de Pavlov que les flics, « les valets du système », étaient leurs pires ennemis.

Dans une salle du centre de Lyon où se tenait un « meeting d'étudiants », la nouvelle du drame fut annoncée à la tribune en ces termes : « Le premier mort, c'est un flic ! » Alors, euphorique et hystérique, la salle se leva pour hurler sa joie et applaudir « l'exploit ».

Les responsables du drame étaient ces « trimards », l'équivalent des « katangais » de la Sorbonne, des marginaux hermétiques à tout discours politique que les jeunes intellectuels des barricades utilisaient quand le chaos s'imposait à la dialectique. Les noms des deux auteurs – qui n'ont jamais payé le prix de leur acte – ont longtemps hanté la mémoire de la police lyonnaise. La lâcheté générale, les pressions politiques, le doute ont permis que les deux meurtriers d'un commissaire de police soient acquittés.

Je n'ai pas le souvenir d'avoir entendu quiconque s'émouvoir de cette mort au mois de mai 1998, lorsque quelques *happy few* jouant les anciens combattants – sans combat – paradaient dans les médias pour fêter le trentenaire de leurs vingt ans.

Telle est donc la face obscure de Mai 68, le contentieux qui demeure entre moi et les idéologues irresponsables de ce Barnum pathétique. La mort de ce policier, mari et père de famille, fils et frère, ne résume pas ce mouvement mais elle fut le signe avant-coureur des dérives que notre société connaît encore aujourd'hui. En tant que citoyen et surtout comme policier, j'ai été le témoin privilégié et, dans une certaine mesure, la victime de l'héritage soixante-huitard. Lorsque Pierre Goldman, accusé d'être l'assassin de deux infirmières innocentes, est devenu la coqueluche de la bourgeoisie gauchiste des années 70 qui, à force de campagnes de presse, de pétitions et de manifestes, réussirait à le faire libérer, j'ai éprouvé – le mot est faible – une certaine amertume. Que quelques « écrivains », en première ligne à l'époque, aient érigé un tueur de droit commun en martyr de leur cause approximative reflétait déjà l'inversion des valeurs les plus élémentaires de la société. Lorsque cette même « élite » voit en Knobelspiesse une victime de la répression et le couve comme un nouveau-né, je m'étonne. Mais la palme du snobisme culpabilisateur revient sans doute à ceux qui s'indignèrent que le tueur Mesrine tombe comme il avait vécu. Quand des rappeurs gagnent des fortunes en éructant des textes appelant au meurtre des flics, et que, au nom de « l'art » et de « la liberté d'expression », on tolère de tels délires, je vois, plus que jamais, l'héritage de 68 ternir mes pensées.

Mais, pour moi, Mai 68 demeure avant tout le fer de lance d'une théorie absurde qui consista à faire croire aux nouvelles générations que l'autorité c'est le fascisme. Les slogans « CRS = SS », « Il est interdit d'interdire » ont connu le succès que l'on sait en perdant, avec le temps, leur connotation potache. Quant au résultat de trente ans de positivisme, de traitement psychiatrique de la grande criminalité, de « prévention », bref d'aveuglement, il n'est que de lire l'ouvrage que publia Jean-Pierre Le Golf, lui-même très impliqué comme militant en 68, pour se rendre compte que le bâton si décrié n'a pas tardé à revenir dans la face de ceux-là mêmes qui le conspuaient. Où l'on découvre que les « rebelles » d'il y a trente ans, aujourd'hui satisfaits du chemin parcouru, s'inquiètent de la violence dont leurs enfants sont les premières victimes. La boucle est bouclée.

La « Révolution » s'est achevée assez pitoyablement avec le retour de de Gaulle à Paris et de l'essence dans les stations-service. Les barricades cédèrent la place aux embouteillages des grandes vacances, et la société de consommation reprit vite ses droits sur la société « sans classe » que préconisaient les mutins d'un seul printemps.

Je suis arrivé à Reims le 8 août 1968 à 8 heures. Faut-il voir dans cette concordance de chiffres une quelconque symbolique, je l'ignore. Pourquoi Reims ? À ma sortie de l'École de police, j'avais choisi, toujours pour coller à mon modèle romanesque, une place en police judiciaire que la capitale du champagne était seule à m'offrir.

Je crois pouvoir affirmer que mon arrivée au commissariat de Reims en ce matin radieux n'est pas très éloignée du film de Claude Zidi, *Les Ripoux*, dans lequel Thierry Lhermitte campe un jeune inspecteur idéaliste – car sans expérience – débarquant de sa bonne ville d'Épinal au milieu de vieux briscards blanchis sous le harnais. Cela dit, j'étais commissaire et les « anciens », contrairement aux personnages du film, n'en « croquaient » pas. Néanmoins, quand je me penche sur les photos jaunies de cette année-là, je ne peux retenir un sourire amusé à la vue de cet adulte trentenaire à la raideur pastorale, pétri de certitudes et convaincu qu'avec lui le crime ne restera pas impuni. À une nouvelle génération doivent correspondre de nouvelles méthodes.

Le commissaire divisionnaire qui me reçut ressemblait à ces « vieux de la vieille » des films de Grangier. Une sorte de croisement entre Gabin et Paul Francœur. On me présenta mes futurs collaborateurs et ces bureaux sans coquetterie inutile – c'est le moins qu'on puisse en dire – qui campent le décor immuable de nos polars en noir et blanc, quand les policiers portaient encore une cravate, fumaient des Gitanes sans filtre et roulaient en 403 Peugeot.

Je m'attendais à ce que cette première matinée soit consacrée à de fastidieuses mais indispensables formalités ; or, je n'étais pas arrivé depuis une demi-heure que l'on vint me sortir de cet univers de cendriers pleins et de machines à écrire laborieusement tapotées d'un seul doigt. Un hold-up avait été commis aux environs de Soissons. Flanqué d'une équipe d'inspecteurs, je démarrai ma carrière et la voiture de service sur les chapeaux de roues pour m'en aller cueillir l'auteur présumé du forfait, un dénommé Schaewski, que je retrouverais des années plus tard à l'OCRB [1] lorsqu'il se serait acoquiné avec Jacques Mesrine dans une affaire d'enlèvement.

L'École de police, comme toutes les écoles, j'imagine, m'avait donné des bases théoriques. La pédagogie était sans doute excellente mais elle ne nous préparait pas forcément à la rugosité des pratiques qu'on peut observer dans l'univers policier. À Reims, coincé entre Le Colibri et Le Parvis, les deux bistrots qui cernaient notre SRPJ [2], j'étais loin, bien loin des pensées de Marx et Hegel auxquelles Souchon avait voulu nous sensibiliser. Au début, et en particulier au cours de cette première enquête mettant en scène le fameux Schaewski, le contraste entre l'enseignement de mes bons maîtres et celui d'un commissariat fit quelque peu vaciller mes

1. Office central pour la répression du banditisme.
2. Service régional de police judiciaire.

dernières certitudes. Comment pouvait-il en être autrement ? D'un côté, de vieux flics à la Maigret, inspecteurs divisionnaires revenus de tout et de toutes les polices depuis les années de l'Occupation et, de l'autre, moi, le « bleu » un peu engoncé, vaguement romantique, en tout cas convaincu que la rectitude et le respect à la lettre du Code de procédure pénale étaient les armes ultimes face à la criminalité.

Les événements n'ont pas tardé à assouplir ma vision puritaine de la fonction de commissaire. Je dois sans doute mon évolution à un inspecteur, mort à présent, avec lequel j'ai fait mes classes en PJ. Grand, gros, d'immenses hublots d'écaille en guise de lunettes – il n'était pas sans m'évoquer ce cher Bérurier –, l'inspecteur Richepin menait l'interrogatoire des suspects selon des méthodes certes éprouvées mais peu orthodoxes.

Après avoir mis la main sur Schaewski, nous le ramenâmes au commissariat pour « l'entendre » et mettre un point final à une enquête classique et simple. Presque un cas d'école. Assis sur sa chaise, le suspect nia en bloc l'évidence, faisant perdre un temps précieux à tout le monde. Sans me l'avouer, je pense que des deux j'étais le plus intimidé. La présence de cet homme, menottes aux poignets, fut une sorte de baptême du feu.

« Bérurier », en sa qualité d'ancien, se mit en tête de prolonger mon éducation en prenant en main la direction de l'interrogatoire. « Voyez-vous, monsieur le commissaire, me dit-il, le plus important dans un interrogatoire, c'est de garder son calme. Regardez-moi faire... » L'autorité de l'expérience, en ce domaine, m'imposait l'humilité. Je regardai donc. Les questions furent posées, sereines. Schaewski contournait l'obstacle, rusait, bref, prenait Béru pour un idiot. C'est alors que, perdant la patience tant recommandée, l'inspecteur saisit Schaewski par le col, le secoua comme un prunier et, pour finir, le balança contre la cloison en Placoplâtre qui se fendit sous le choc. Que pouvais-je faire ? Fouiller fébrilement dans mon Code à la recherche de cette procédure particulière ? M'interposer entre les deux, au risque d'écoper moi-même de quelques coups ? Non, quelque chose me dit que je venais d'assister à ma première vraie leçon. C'est d'ailleurs ce que je m'empressai de confier à Richepin : « Écoutez, merci de vos conseils. Je crois que j'ai compris ce que vous vouliez dire. »

Entre le respect à la lettre du droit et une bonne droite, ce curieux professeur avait choisi la manière la plus courte – qui d'ailleurs ne menait pas pour autant directement à l'aveu. Cette incartade à la morale des droits de l'homme, que je ne jugeai pas, ne devait pas pour autant déterminer par la suite ma façon de conduire les interrogatoires. Je me contentai de prendre acte...

Le SRPJ de Reims avait pour champ d'action l'Aube, la Haute-Marne, l'Aisne, les Ardennes et la Marne. Dans ces départements essentiellement ruraux et ouvriers, il n'était pas rare que nous ayons à traquer les auteurs de vols de coffres-forts avec découpage au chalumeau, perpétrés par des bandes en provenance – déjà ! – de la banlieue est de Paris. Les usines de la vallée métallurgique de la Meuse voyaient régulièrement la paye des employés disparaître de leurs coffres. Les escroqueries à l'assurance avec leur cortège de hangars mystérieusement incendiés occupaient également une part importante du registre criminel auquel nous étions confrontés. À cette époque, mais plus pour très longtemps, les hold-up n'existaient pas. Nous avions aussi affaire à quelques crimes sexuels et, surtout, beaucoup d'incestes.

Dans les régions profondes de la Haute-Marne, et ailleurs, au cœur des villages silencieux confortablement lovés autour de l'église romane, couvaient souvent ces drames d'un autre âge. « La vertu ne pousse pas sur le fumier », remarquait un philosophe perspicace. Cette période passée à sillonner la France profonde m'en a apporté la confirmation. Je revois ces aubes glaciales quand nous partions dans l'un de ces villages qu'un croquant bien intentionné, un voisin plein d'humanité ou un cousin jaloux nous avait décrit, dans une lettre anonyme, comme le théâtre d'une sordide affaire de mœurs. Nous arrivions dans nos Simca 1300 noires comme des chiens dans un jeu de quilles. Des « braves gens » derrière leurs volets, une poignée de commères caquetant sur la place de l'église et quelques vieux Gaulois assis sur leur banc constituaient l'incontournable comité d'accueil qui accompagnait notre visite au « présumé coupable », le père indigne ou le frère tortionnaire, quand ce n'était pas les deux à la fois. Est-il approprié de parler d'« aveu » quand le rustre répondait avec une franchise d'homme des bois que, bien sûr, il lui arrivait parfois, après avoir un peu bu, de monter dans la chambre de la gosse ? Pour ce figurant de Zola « y'avait pas de mal à s'faire du bien » et, finalement, quoi de plus normal que de se servir de la fille quand la mère, prostrée dans un silence coupable, n'était plus bonne à rien, usée par les maternités et les corvées ménagères ? Qu'en pensait donc la victime, cette pauvre Lolita décharnée aux cheveux filasses et au regard délavé, que nous interrogions sans trop nous attarder sur les détails ? Rien. Elle ne pensait rien. Dans cet univers, personne ne pensait. L'instinct, l'assouvissement des sens, la brutalité tenaient lieu de morale, balayant le sens critique et les lois les plus élémentaires de notre civilisation. Paradoxalement, ce cas de figure était exempt de perversité puisque l'auteur de ces actes que la morale et la loi réprouvent en ignorait le plus souvent la gravité. Simone de Beauvoir pouvait bien jeter les bases d'un féminisme légitime et Bardot réinventer la femme, ces messages en provenance du XXe siècle n'atteignaient pas nos sombres recoins de campagne où se perpétuaient les mœurs des manants du Moyen Âge.

La guerre d'Algérie m'avait donné l'occasion de découvrir la barbarie. Je n'avais pas tiré de cette expérience d'autre conclusion que celle de tout combattant, même le moins évolué : il n'y a pas de guerre propre et peu nombreux sont ceux que la guerre grandit. En revanche, ces fillettes violées par leur père à trois heures de Paris, à l'ère des premiers pas sur la Lune, suscitaient en moi ces états d'âme qui n'appartiennent qu'à la jeunesse lorsqu'elle voit toujours le pire l'emporter sur le meilleur. Comment de telles choses pouvaient-elles encore exister ? La prospérité et la modernité se profilant à l'horizon n'auraient-elles pas raison de ces sinistres anachronismes ? Trente ans après, malgré le fantastique processus éducatif mis en place par la société, malgré les leçons de morale, la libéralisation des mœurs, la disparition du patriarcat, rien n'a changé. Les mêmes faits divers, et d'autres pires, noircissent les rubriques honteuses des quotidiens et, « mode » pédophile oblige, s'affichent à la une. Ironie de l'Histoire, les noces barbares des terroirs crépusculaires s'inscrivent aujourd'hui au chapitre de la décadence mondaine. Le commissaire de province n'avait rien vu en comparaison de ce que le « flic » parisien allait découvrir plus tard, au hasard de ses tribulations et de ses contacts avec les hommes de pouvoir...

En ces années 68-70, la vie au commissariat de

Reims obéissait au rythme lent de cette province française encore rurale – et ennuyeuse – que j'ai tant aimée. La délinquance juvénile ne dépassait pas le périmètre des bars fréquentés par les derniers blousons noirs coiffés à la James Dean et les vieilles dames n'avaient rien à craindre d'eux. Parfois, le samedi soir, au cours d'un bal populaire, quelques bagarres éclataient entre bandes de garçons bouchers et de bidasses, mais nous ignorions les émeutes ethniques qui embrasent aujourd'hui les cités. Était-ce le « bon temps » ? D'une certaine manière, oui. Dans notre petit immeuble posé humblement au pied de la cathédrale, coincé entre ces deux bistrots où se commentaient les trois quarts des enquêtes, les vieux briscards attendaient sagement l'heure de la retraite tandis que j'espérais encore secouer la torpeur ambiante et les vieilles habitudes. Le lundi était mollement consacré au briefing de la semaine, laquelle se déroulait selon un mode aussi gastronomique que judiciaire puisque, en dehors des auditions et des interpellations qui nous menaient dans les départements voisins, mes hommes consacraient le reste de leur temps à la dégustation des spécialités locales qui conditionnaient leurs étapes. Les auditions étaient souvent interrompues pour un boudin blanc à Haybes-sur-Meuse, une ficelle picarde à Sedan, un couscous à Charleville ou une andouillette à Troyes. Parfois même, pour tel ou tel, l'enquête se prolongeait jusqu'au week-end suivant, bien au-delà, sans doute, de son objectif professionnel.

Je dois avouer que les dérives épicuriennes de ce petit monde ne correspondaient pas exactement à ma vision de la police judiciaire. Mes briscards étaient sympathiques et leur mode de vie pittoresque, au fond, me faisait sourire. Mais j'avais la foi des néophytes et celle-ci ne pouvait tolérer que les frais « fictifs » servent à autre chose qu'aux nécessités du service. J'étais d'autant moins d'accord qu'en tant que chef de groupe j'étais chargé de distribuer ces fameuses traites « fictives » (qu'on a supprimées l'an dernier, ce qui a provoqué une petite révolte à la préfecture de police de Paris). Le principe qui a prévalu pendant des décennies était le suivant : l'Administration, officiellement, distribuait à ses personnels des directions spécialisées (PJ, RG, DST) des enveloppes en liquide. À chaque fin de mois, nous établissions des bordereaux de « frais fictifs » que nous signions. Tant de journées à Charleville : 0,52 F, etc. Les enveloppes étaient réparties en fonction du grade. Les divisionnaires percevaient 2 000 et 3 000 F, je recevais de 800 à 1 200 F et l'inspecteur 400 F. Le patron se voyait attribuer, pour l'année, une somme en liquide destinée à couvrir ses frais. Frais « fictifs » administrativement, mais qui correspondaient à des prestations bien réelles sur le terrain. De la même manière qu'on dénonce aujourd'hui les écoutes téléphoniques (elles ont toujours existé et existeront toujours), déplorer ces « frais fictifs » – au point de les supprimer – participe de ces accès d'hypocrisie qui agitent régulièrement l'État. Pendant un demi-siècle, tous nos directeurs généraux, magistrats et autres ont couvert cette mascarade sans états d'âme. Les petits plats bien arrosés de mes inspecteurs et les modestes cadeaux à leurs petites amies feraient-ils aujourd'hui d'eux des ripoux ? Bien sûr que non. À moins que, comme pour les écoutes que j'ai moi-même pratiquées, on efface d'un revers de main le « droit coutumier » pour une réécriture juridique *a posteriori*. Dans ce cas, il faudra sérieusement songer à embastiller plusieurs générations de policiers, de fonctionnaires et de ministres...

Ainsi, pendant quelque temps, j'ai tenté de jouer

l'empêcheur de ronfler en rond, de secouer ces vieux chênes centenaires et impavides qu'étaient mes inspecteurs. Je voulais les mettre au diapason de ma jeunesse impatiente et rigoureuse, les voir poursuivre le truand à deux cents à l'heure et ramener les trophées de leurs traques fébriles. Las, j'ai renoncé devant l'inertie générale. Je peux même dire que c'est l'inverse, ou presque, qui finit par se produire. Le frugal jambon-beurre, symbole ultime de mon ascèse, mes martiales mises en garde, mes fiévreuses révoltes devaient peu à peu s'effacer au profit de comportements plus adaptés au milieu dans lequel j'évoluais.

Je n'en restais pas moins commissaire. Et la chasse au crime, et tout ce que cette quête m'enseignait, me passionnait.

Je dois ma première affaire criminelle à une vieille dame assassinée à coups de pince multiple du côté de Signy-l'Abbaye dans les Ardennes. Cette affaire, longue et compliquée – je crois me souvenir que le coupable n'a jamais été retrouvé –, devait être pour moi l'occasion de découvrir un peu plus encore le métier de policier ainsi que la nature profonde de nos compatriotes.

Je ne peux pas revoir cette petite auberge perdue dans les Ardennes sans un pincement au cœur. Située non loin du lieu où le meurtre avait été perpétré, nous y avions, les inspecteurs et moi-même, élu domicile. Notre choix s'expliquait par le fait que nous ne pouvions rentrer chaque soir à Reims – trop loin – et aussi qu'en nous posant au centre de la vie locale, nous espérions puiser des renseignements précieux. Mon adjoint et collaborateur de l'époque, Alain Tourre, aujourd'hui contrôleur général à la direction générale de la Police nationale, se souvient sans doute encore de cette serveuse qui, impressionnée par nos fonctions, contribua généreusement à la perte d'exploitation de son patron en nous servant des consommations haut de gamme qu'elle oubliait souvent d'encaisser. Nous n'en abusions pas, mais cela nous consolait d'autres déboires, en particulier de notre enquête qui n'avançait pas malgré l'abondance des renseignements recueillis.

Moins agréable, en effet, fut pour moi la découverte de cette France un peu rance qui n'aime rien tant que la délation. Ah ! les braves gens qui, sous prétexte d'aider le policier, n'hésitent pas, de façon plus ou moins directe, à solder les comptes des vieilles rancœurs aigres, à crever enfin l'abcès de la jalousie. Au cours de mes pérégrinations provinciales, j'ai plus d'une fois été confronté à cette forme larvée de *vendetta* gratuite, quand le citoyen lambda dénonce volontiers son voisin coupable... d'avoir deux machines à laver au lieu d'une ou le dernier modèle de chez Peugeot ! L'orientation vers un éventuel suspect par l'une de ces bonnes âmes n'avait souvent d'autre justification que la simple méchanceté, une jalousie sans motif, une acrimonie irrationnelle que notre présence permettait d'exacerber. Peut-être les mêmes dénonçaient-ils les « mauvais Français » pendant l'Occupation en attendant de tondre les femmes à la Libération... ?

Les bonnes réputations reposent parfois sur des hasards heureux. De la chance, je n'en ai pas manqué. Autant que mon travail, elle m'a forgé cette réputation de « superflic » qui m'a suivi tout au long de ma carrière.

Le commissariat de Reims aux alentours de 1969. Un coup de fil, ou peut-être la visite d'un inspecteur, interrompt ma lecture. À Tours-sur-Marne, les bureaux du champagne Laurent Perrier ont été visités. Le coffre-fort a été découpé au chalumeau et l'argent a disparu. Le capitaine de gendarmerie, premier arrivé sur les lieux, n'a pas trouvé le moindre indice exploitable. Nul doute que, dans le cas contraire, il aurait mené son enquête de son côté, histoire de recueillir les lauriers d'un éventuel succès. La rivalité des services est ainsi faite qu'elle inspire des pensées pas toujours conviviales et, au bout du compte, des comportements légitimés par la nécessité de fournir à la hiérarchie des résultats en hausse.

Mon imperméable, un ou deux inspecteurs, et en route !

À Tours-sur-Marne, nous rencontrons le vicomte de Nonencourt, propriétaire du prestigieux breuvage. L'endroit se prêterait volontiers à une dégustation, mais l'heure n'est pas à l'euphorie. Le vigoureux maître des lieux est encore sous le choc de la déplaisante affaire qui l'a vu poursuivre les manants, drapé dans une robe de chambre damassée et armé d'une pétoire antédiluvienne, pour tenter de récupérer son bien.

Rien ne permet de suivre une piste plutôt qu'une autre. Par ailleurs la victime, nous en sommes conscients, « connaît du monde en haut lieu » et ne permettra pas que ce crime reste impuni. Il faut donc pousser les feux. Ce n'est pourtant pas l'avis de mes deux inspecteurs qui, voyant approcher l'heure de l'apéro, songent déjà à gagner quelque taverne. Je m'oppose à cette velléité en leur faisant comprendre que la journée ne fait que commencer. Au commissariat d'Épernay où nous faisons le point, je demande à tout hasard à l'un des enquêteurs du cru s'il songe à quelqu'un en particulier, un individu connu de ses services susceptibles d'avoir pu effectuer le coup du coffre-fort. Un nom vient tout de suite au centre de la conversation, un certain P., fraiseur de son état. Va pour P., chez qui nous

nous rendons sur-le-champ. *Eurêka!* Lorsque nous arrivons chez lui, le P. en question dort comme un nouveau-né, les yeux rougis par le chalumeau, et le butin est tout simplement posé là, sur la table de nuit. L'enquête a duré à peu près trois heures...

La sagacité de ce vieil inspecteur d'Épernay à qui nous devions P. et peut-être, aussi, le rayonnement du nom Laurent Perrier, sans compter l'imprudence de ce fraiseur, sont, à n'en point douter, à l'origine des appréciations favorables dont j'ai bénéficié par la suite.

L'apprentissage des us et coutumes, dans une structure comme la police, est une sorte d'éducation sentimentale qui ne va pas sans désillusions. Il y avait à Reims une boîte peuplée de filles « montantes » qui, d'ailleurs, ne montaient pas dans les étages de la boîte mais dans des studios non loin de là où elles emmenaient leur client en annonçant à la patronne, selon le code en usage : « Madame, je vais acheter des cigarettes. » La particularité de cet antre était sa fréquentation. Tous les notables de Reims, industriels et politiques, s'y rendaient à l'occasion pour consommer la spécialité locale – le champagne – et d'autres fruits plus exotiques mais non moins délicieux. J'ai le souvenir, entre autres, d'y avoir croisé un sémillant jeune homme qui deviendrait ministre et dont tout le monde disait qu'il était homosexuel. Pourtant, les exigences qu'il formulait auprès de ces dames semblent bien démentir cette rumeur...

Un soir, en compagnie de mon camarade Tourre, après une journée de travail bien remplie, nous décidons d'aller faire un tour dans ce lieu de « perdition » pour vider un verre ou deux. Nous ne sommes pas des familiers de l'endroit, on ne nous connaît pas. Deux créatures maquillées comme des voitures volées s'approchent de notre binôme, exhibant leurs « arguments » sous nos yeux amusés. Nous badinons quelque peu jusqu'à ce que l'une des deux filles me gouaille à l'oreille : « Tu viens chéri, je vais dire à la patronne que je vais acheter des cigarettes. » Afin de dissiper tout malentendu, je sors ma médaille de police. Au lieu de battre sagement en retraite, la fille se met en tête de faire de l'humour : « C'est quoi ça, une capsule de Coca-Cola ? »

La jeunesse, la susceptibilité et aussi ma fonction toute neuve suffisent à casser l'ambiance ouatée de cette cage à poules. La moutarde me monte au nez et je prie la gagneuse de surveiller son vocabulaire. Rien n'y fait. Elle a aussi mauvais caractère que mauvais genre et elle se refuse à adopter le profil bas que mon courroux devrait lui inspirer. Dans une retraite prudente, j'annonce à la cantonade : « Vous aurez de mes nouvelles ! »

Dès le lendemain, tout ce petit monde est convoqué à la PJ, y compris la patronne. Je n'hésite pas à sortir le grand jeu : empreintes, portraits, interrogatoires, etc.

Mon impétuosité et ma diligence à faire respecter ce qui mérite encore de l'être seront bien mal récompensées. Mes inspecteurs, clients patentés de l'« établissement » en question, en voyant défiler cette faune si familière, ne tardent pas à venir me trouver pour m'expliquer que cette « rafle » n'apportera rien de bon : ces filles sont l'hameçon idéal – et parfois même de précieuses indicatrices – pour débusquer quelques voyous qu'on a dans le collimateur. Quoi qu'il en soit, pour de bonnes et de moins bonnes raisons, mes collaborateurs voient d'un très mauvais œil ce qu'ils pensent être un excès de zèle, ou pire, de pudibonderie. C'était peut-être effectivement le cas. J'étais dans la peau du jeune commissaire toujours prompt à défendre la loi quitte, parfois, à la confondre avec la morale, deux notions parallèles qui ne se rejoignent pas toujours...

Ma résistance face aux assauts répétés de mes collaborateurs fut aussi héroïque qu'éphémère. De guerre lasse, je laissai peu à peu s'insinuer le métier dans l'intimité de mes convictions et décidai de me ranger à leurs arguments. On ne change pas une équipe qui gagne et encore moins les vieilles habitudes. J'apprendrai, au cours de mes années « de classes », que le monde de la nuit, celui des flics et des voyous, est souvent le même...

Le 21 septembre 1971, un coup de téléphone strident secoue la torpeur du SRPJ de Reims. À l'autre bout du fil, on me prévient que deux détenus de la maison centrale de force de Clairvaux, Buffet et Bontemps, se sont emparés de l'infirmerie grâce à des couteaux et à des armes factices. Plus grave, ils ont des otages : le jeune surveillant Girardot, l'infirmière Nicole Comte et un détenu aide-soignant, Claude Hoen ; ils retiennent aussi quatorze détenus malades dans leurs cellules de l'infirmerie.

Cette prise d'otages, l'une des premières en France, est également ma première affaire d'envergure, dont le procureur de la République me charge de diriger l'aspect opérationnel en collaboration avec les officiers de gendarmerie. Nous ne serons pas déçus du voyage.

Après quelques heures de route, trois paires d'yeux écarquillés (ceux de mes inspecteurs et les miens) découvrent le spectacle ahurissant qui se joue dans la cour de la prison de Clairvaux. Des journalistes, le conseiller général et ses gens, le sous-préfet, le directeur général de l'administration pénitentiaire, un maire, des délégués syndicaux, des gendarmes, bref la faune habituelle qu'on croise aux réceptions de la préfecture, se tiennent là comme à l'inauguration d'un nouveau stade. « Et comment va madame votre épouse ? » aurais-je pu m'enquérir en slalomant au mètre carré.

Un colonel de gendarmerie, misant sur le prestige de l'uniforme, tente bien de donner quelques directives mais en vain. L'improvisation la plus totale règne.

Je décide donc de prendre les choses en main et de faire le point de la situation autour d'une table.

D'abord, le profil des preneurs d'otages.

Roger Bontemps, condamné à vingt ans de réclusion pour avoir braqué un chauffeur de taxi avec un pistolet en bois (autres temps autres mœurs, aujourd'hui il prendrait six mois avec sursis). Il a purgé plus de la moitié de sa peine mais, de l'avis de tous (gardiens, psychiatres), cette condamnation sévère et les conditions d'incarcération à Clairvaux ont fait de lui un fauve.

Claude Buffet est un client plus sérieux. Il commence à faire parler de lui pendant la guerre d'Indochine quand, légionnaire dans les rizières, il décide de passer à l'ennemi. De la désertion à la criminalité, il n'y a qu'un pas qu'il franchit quand, rendu à la vie civile, il se spécialise dans l'agression des femmes seules. En un an, cinquante-trois d'entre elles feront connaissance avec ce séducteur d'un genre particulier. En 1967, il abat l'épouse d'un gynécologue parisien. Bilan : 60 F de recette et la prison à vie. Le verdict lui paraît mesquin. Il exige la peine capitale. Pour lui, la mort n'est qu'une formalité et Clairvaux un enfer qu'il faut quitter à tout prix.

Les deux criminels se sont connus en prison. Bontemps est un révolté – la sévérité de sa peine y est pour quelque chose – ; quant à Buffet, selon les psychiatres c'est un « pervers profond ». L'un des médecins confiera lors du procès : « De tous les meurtriers que j'ai rencontrés, c'est le seul qui m'ait mis vraiment mal à l'aise : une sensation de cruauté glaciale, froide, déterminée, ce qui fait que j'ai écourté mon premier entretien et que je suis revenu avec un collègue, plutôt que de revenir seul. »

Une certitude : les deux voyous ne plaisantent pas.

Ensuite, je passe à l'analyse de la situation. Comment les choses se présentent-elles à l'intérieur de la prison ? Que veulent Buffet et Bontemps ?

Les deux criminels se sont retranchés dans l'infirmerie située en étage, fermée par deux portes blindées aux deux extrémités du couloir. Des couvertures suspendues comme des rideaux obstruent les fenêtres. Pour être efficace, l'action de force, option adoptée à l'unanimité, doit être rapide. Étant donné la disposition de l'infirmerie et sa superficie, il serait vain d'utiliser des gaz. Quant à l'emploi d'armes à feu, qui d'ailleurs ne servirait à rien, les deux détenus ne se montrant jamais ensemble, il est de toute façon exclu en raison des fenêtres masquées.

Il y avait bien la possibilité d'introduire un soporifique dans la nourriture que les autorités auraient accepté de fournir à Buffet et Bontemps ; mais les deux malfrats, qui ne sont pas nés de la dernière pluie, y ont déjà pensé. Ils ont également déjoué notre plan de leur fournir des armes avec des cartouches dépourvues de poudre (« Ne jouez pas à ce petit jeu avec nous, nous connaissons tous vos trucs ! »).

Le téléphone est le seul moyen de communication. Il a commencé à sonner dès 8 heures du matin au domicile du directeur de la prison où l'ont joint Buffet et Bontemps pour lui faire part du programme de la journée : la vie des otages contre deux pistolets, une mitraillette, deux cent cinquante cartouches et deux voitures rapides.

Depuis ce matin, tout a été entrepris, toujours au téléphone, pour ramener les truands à la raison. Nous faisons appel à tous ceux qui, d'une façon ou d'une autre, peuvent influencer les deux mutins : la mère de l'un, le curé qui connaît l'autre, la femme de ménage même... En vain. La vanité est d'ailleurs le sentiment qui prévaut tout au long de cette journée où le moindre quidam investi d'une petite responsabilité y va de son « moi, je crois qu'il faut » ou « nous devons faire... ».

À 22 h 45, le directeur général de l'administration pénitentiaire, M. Lecorno, arrive de Paris porteur d'instructions précises.

« Messieurs, pas question de céder. On ne s'évade pas de Clairvaux. Il faut régler cette affaire au plus vite. »

Le garde des Sceaux, René Pléven, qui suit l'affaire minute par minute a exclu d'emblée que des détenus puissent sortir d'une maison centrale de force, position que le ministre me confirme en personne au téléphone.

« Monsieur le commissaire, quelles sont les chances de sauver les otages dans le cas d'un assaut ?

– Très faibles, monsieur le ministre... »

Un hiérarque paniqué me somme dans un chuchotement de donner à René Pléven, ancien président du Conseil, son titre de « président ».

« Mais encore ? insiste-t-il.

– De l'ordre de 15 %, monsieur le président... »

Un blanc.

« C'est bien, nous donnons l'assaut. »

Les dés sont jetés. Il s'agit maintenant de trouver le moyen de forcer les deux portes en tôle épaisse aux deux extrémités de l'infirmerie. Une seule solution : l'explosif. La situation à laquelle nous étions confrontés était exceptionnelle et aucun outil opérationnel n'existait alors. Il faudrait attendre l'année suivante et le massacre des athlètes israéliens aux jeux Olympiques de Munich pour voir naître la brigade anticommando (la BAC) et par la suite le Raid.

Nous nous mettons donc en quête d'explosifs. Aujourd'hui, n'importe quel artificier sur n'importe quel aéroport dispose d'une mallette adaptée. On ne dira d'ailleurs jamais assez combien de valises égarées ont explosé dans les aéroports compte tenu des primes attribuées pour chaque destruction de bagage...

En 1971, ces facilités n'existaient pas et seul le génie militaire était en droit de détenir la substance en question. Qu'à cela ne tienne. À 1 heure du matin, le procureur général appelle le général commandant la subdivision, qui lui-même parvient à joindre l'officier de permanence au régiment du génie de Brienne-le-Château. Deux adjudants du génie sont mis à notre disposition. Après pas mal d'insistance de ma part, ils finissent par se laisser convaincre d'endosser des uniformes de surveillants car il va leur falloir traverser la cour sous l'œil attentif des deux mutins qui surveillent toutes les allées et venues. Nous poussons jusqu'aux portes de l'infirmerie afin d'évaluer la charge qui viendra à bout du blindage : 500 g au moins, d'autant que les détenus ont probablement placé des meubles derrière.

Vient le temps de répartir les forces. J'ai à mes côtés les inspecteurs Revest, Richepin, Demoulin et une demi-douzaine d'autres hommes du SRPJ. Les gendarmes, eux, ont à leur tête le lieutenant Boisgarnier qui commande la compagnie de gendarmerie de Troyes. Ils prendront d'assaut une extrémité du couloir. Le colonel supérieur hiérarchique, auquel il faut trouver une fonction valorisante, sera chargé de déclencher à l'heure dite l'explosion depuis l'étage inférieur. Je me désigne d'office pour donner l'assaut de l'autre côté. Des pompiers nous accompagnent.

3 h 45. M. Lecorno, sombre et grave comme un employé des Pompes funèbres, vient me trouver et m'interroge encore sur nos chances de succès. Que puis-je donc pour éclairer sa lanterne quand le brouillard au milieu duquel nous évoluons ne fait que s'épaissir à mesure de notre marche ? Alors, dans une phrase digne de ces mots que l'Histoire retient quand les généraux s'en vont trop jeunes, le directeur général laisse tomber, solennel :

« Que chacun fasse son devoir et à Dieu vat ! »

C'est un peu ampoulé mais l'atmosphère s'y prête.

J'ai fixé l'assaut peu avant 4 heures, l'heure à laquelle la vigilance baisse. Pas un manuel de guerre ou de police ne me contredira.

3 h 57. Les deux portes de fer explosent simultanément. Un vacarme assourdissant relayé par les cris de guerre de tous les hommes engagés. Boisgarnier et ses hommes entrent comme dans du beurre. De mon côté, les choses se révèlent plus compliquées. Un mur de flammes se dresse entre moi et les mutins : Buffet, en bon légionnaire, ne dormait que d'un œil et vient de lancer un cocktail Molotov. Une épaisse fumée et des gravats s'abattent sur nous. C'est une ruée indescriptible dans la poussière et l'eau propulsée par les lances à incendie des pompiers. Nous avançons rapidement dans le couloir l'arme au poing.

Avec trois gendarmes, j'arrive à l'infirmerie. Bontemps, replié à l'intérieur, n'a pas eu le temps de refermer la porte mais il pèse de tout son poids sur le battant qui écrase les deux doigts d'un surveillant pompier. Me servant de la crosse de mon revolver comme d'un marteau, je cogne comme un sourd sur Bontemps. Sur ses mains, son crâne, partout... La porte cède, Bontems aussi, projeté à terre. Alors, c'est l'horreur. Une vision de cauchemar dont la blancheur immaculée du lieu accentue la violence. Du sang a jailli jusqu'au plafond, ruisselle sur les murs. Ligoté sur son lit, le surveillant Girardot vient d'être égorgé par l'un des deux mutins. L'infirmière, Nicole Comte, ensanglantée elle aussi, agonise, elle expirera peu après. Buffet, malgré l'Opinel qu'il tient dans son poing, est maîtrisé. Un zeste ultime de sang-froid et les injonctions de Boisgarnier m'empêchent de lui loger une balle dans la tête. Il est 4 heures. Le jour se lève.

Que dire de cette opération sinon qu'elle n'avait pas été une réussite ? À l'époque, déjà, j'avais le sentiment d'avoir exécuté, avec les moyens du bord, un ordre dicté par un choix politique. C'était une décision du garde des Sceaux. Force restait à la loi...

J'ai été félicité, et même décoré. Mon patron de l'époque, pourtant très convivial, prit fort mal la lueur de prestige qui éclaira mon nom, apparu dans le *Journal officiel.* « Le Petit Prince », un surnom qu'il devait à son élégance et à ses manières policées, ne tardait pas à me faire connaître, à l'imparfait du subjonctif – son temps de prédilection –, son opinion sur cet « exploit » qui n'en n'était pas un.

Le procès passionna la France. Maître Badinter, déjà célèbre pour ses engagements contre la peine de mort, assura la défense de Bontemps, non coupable, selon lui, de meurtre. Buffet, fidèle à lui-même, réclamait, exigeait même, que la peine capitale lui fût infligée. Il la demandait aussi pour son complice...

J'étais, et demeure, d'accord avec Buffet. Peu m'importe que la peine de mort ne soit pas, comme je le crois, dissuasive. Elle est la sanction suprême pour les crimes ultimes, ceux que l'on ne peut pas pardonner.

Le procès de Bontemps et Buffet fut aussi l'occasion de mettre en cause l'institution carcérale. Très légitimement, à mon sens. Quelques mois avant ces événements, un juge d'application des peines avait adressé à sa hiérarchie un rapport prophétique dans lequel il était écrit noir sur blanc : « Si l'on n'y prend garde ou n'y porte remède, il y aura à Clairvaux des crimes affreux et des prises d'otages. »

Macabre clairvoyance... Je garde de mes brèves visites en prison – le plus souvent pour des auditions de détenus – un profond sentiment de malaise tant est palpable l'extrême tension qui y règne entre gardiens et prisonniers. Clairvaux, que j'ai certes connue dans des conditions exceptionnellement dramatiques, n'était que violence, cris et désespoir, l'abîme de l'humanité où l'on purgeait les lourdes peines. L'épilogue de la prise d'otages fut d'ailleurs à la hauteur de cette sinistre réputation puisque les surveillants, enragés par la mort de leur camarade, tentèrent de lyncher Buffet et Bontems qui durent leur relatif et provisoire salut aux gendarmes mobiles chargés de ramener l'ordre.

Buffet et Bontemps furent exécutés le 28 novembre 1972, à la prison de la Santé, à 4 heures du matin, l'heure précise à laquelle eux-mêmes avaient donné la mort.

Devrais-je, dans le souci de soigner la forme de ce récit, prétendre que Clairvaux fut mon baptême du feu, une noce sanglante où j'allais perdre mes virginales illusions ? Ce serait oublier un peu vite le préambule algérien qui m'avait déjà fait comprendre que l'homme n'est pas « bon » et que le pire – plus souvent que le meilleur – est toujours à craindre.

Quelques mois après Clairvaux, le directeur général de la police judiciaire me convoquait à Paris pour m'annoncer ma première mutation à la tête du GRB,

Groupe de répression du banditisme, à Lyon. Un cadeau pour moi, plus qu'une promotion. Avec Versailles et Marseille, Lyon était l'une des meilleures « escadres de chasse » de la Police nationale. « Merci patron ! » comme le chantait, en ce temps-là, une bande de joyeux ringards, les Charlots. Merci patron pour mes premières appréciations, certes excessives, mais dont je garde un souvenir ému. J'apprendrai par la suite à me méfier des compliments trop appuyés. Ils cachent trop souvent des motifs peu avouables.

4. Du rififi chez les Lyonnais

(1971-1972)

Ville de traditions, Lyon doit à l'époque sa réputation à l'industrie de la soie, à la prospérité de ses restaurateurs, aux certitudes de ses honnêtes gens, à ses scandales politiques et à ses embouteillages du mois d'août.

Au début de la décennie 70, d'autres « spécialités » enrichissent encore le patrimoine culturel de la bourgeoise métropole où les « débrideurs de coffiots » comme on dit dans l'argot du Milieu, c'est-à-dire les perceurs de coffres-forts, sont classés parmi les meilleurs ouvriers de France. D'autre part, la prostitution, sans être une particularité propre à la capitale des Gaules, y est particulièrement florissante et jouit d'une renommée dont la fameuse Ulla, la blonde égérie des prostituées en colère des années 70, n'hésitera pas à se servir.

Lyon, contrairement à Paris ou Marseille, était demeurée pendant longtemps cette cité cossue que la grande criminalité ignorait superbement. Il faudrait attendre la Libération, et plus encore les années 60, époque du boom démographique et économique, pour voir la violence, les hold-up, les meurtres et les rackets investir la ville et ses alentours de manière galopante. Entre-temps, et ce n'est pas la moindre de ses curiosités, le Milieu lyonnais, sous l'impulsion d'une de ses grandes figures, « Monsieur » Jean Augé, alias « Petit Jeannot », alias « La Cuiller », tour à tour auxiliaire gestapiste puis « résistant », n'hésitera pas à assurer quelques basses œuvres en luttant d'abord contre le FLN, puis contre l'OAS. Sans entrer dans les détails de son *curriculum vitae*, on notera quand même qu'Augé devait son surnom La Cuiller à son habileté dans le maniement de cet instrument pour arracher les yeux des malheureux qui tombaient entre ses mains.

Cette proximité entre truands et certains collaborateurs douteux du pouvoir ne sera pas sans déteindre sur les mentalités du Milieu local, puisque c'est à partir du milieu des années 60 que les caïds les plus fortunés, tous assoiffés de respectabilité, commenceront à acquérir des chasses et des propriétés du meilleur goût et à prendre des participations dans les clubs sportifs et hippiques de la région, également lieux de rendez-vous d'une partie de la bourgeoisie lyonnaise. Quant aux moins fortunés de ces truands, ils trouveront dans l'acquisition d'un commerce ou d'un bar la notabilité tant escomptée et la certitude que le crime paie mieux que la morale.

Comme dans la chanson de Sardou qui courait sur les ondes cette année-là, je suis arrivé au SRPJ de Lyon un beau matin du mois de novembre avec à la main les beignets que ma mère m'avait faits. J'étais impressionné par la complexité du contexte lyonnais, par ce climat bien particulier qui annonçait un changement d'époque. Des policiers étaient entendus dans des affaires de proxénétisme, les juges se prenaient pour des shérifs, les truands pour des bourgeois et certains notables jouaient aux voyous. La corruption à tous les étages contribuait à une confusion des genres somme toute classique, les truands bénéficiant, grâce à leurs « relations », d'une impunité quasi totale.

Je considérais donc cette mutation comme un défi. Jacques Reillac, le patron de la lutte antibanditisme au niveau national, avait bien tenté de tempérer mon enthousiasme en des termes proches de ceux d'un Gabin s'adressant au jeune premier « *tu sais, mon p'tit gars, tu es quand même un peu tendre pour aller te frotter aux briscards de Lyon* », rien n'y fit. Je voyais enfin une ville où il allait falloir confirmer l'ébauche de crédit qu'on me prêtait depuis Clairvaux. Le but était bel et bien de remettre un peu d'ordre dans cette pétaudière. Je ne savais pas encore que le scandale politico-judiciaire qui éclaterait à l'été 1972, c'est-à-dire huit ou neuf mois après mon arrivée à Lyon, allait faire tant de victimes. Et encore moins que je serais l'une d'elles...

Pour comprendre l'ambiance lyonnaise de l'époque, il faut remonter à novembre 1968, lorsqu'une enquête de routine de la gendarmerie aboutit au Fetich's Club, un bar sordide posé comme une verrue sur la route Lyon-Genève, où dix-huit filles « travaillent » comme « hôtesses montantes » sous la coupe du tandem Dulac, proxénètes de profession et heureux propriétaires de deux autres établissements du même type dans la vallée du Rhône. Première constatation : le couple bénéficie d'un « condé [1] » fourni par le commissaire Javilliey, le patron lyonnais de la lutte antigang au motif, comme il le dira au procureur de Bourg-en-Bresse, qu'il s'agit là d'indicateurs de premier choix.

Le lendemain de l'audition de Javilliey par le procureur, les frères Hubert et Augustin Sorba, connus à l'époque comme membres du SAC, « fournisseurs » de

1. Autorisation délivrée par les policiers, permettant aux filles de se prostituer sans être inquiétées.

filles et agents électoraux de deux députés UDR de Lyon, déposent à l'hôpital de Bourg-en-Bresse le corps d'un souteneur mortellement blessé par balle dans une arrière-salle du Fetich's Club. Les gendarmes chargés de l'enquête concluent au règlement de comptes et bouclent tout le monde. Javilliey intervient imprudemment pour dire qu'il s'agit d'un « accident ».

Entre-temps, un des anciens adjoints de Javilliey, Georges Meyer, policier à la retraite reconverti dans le proxénétisme, a réussi à subtiliser l'arme qui a tué le souteneur tombé sous les charmes du Fetich's.

Le dossier, croit-on, en reste là. Jusqu'à ce que l'enquête menée par les magistrats Ceccaldi et Simon révèle, trois ans après, que Lyon est au centre d'un vaste réseau de « clandés » qui couvre la France entière. Dans l'esprit de tout le monde, des policiers en particulier, ce n'est pas une révélation. Certes, les cent cinquante couvents, missions, foyers et séminaires peuvent donner le change et la façade lyonnaise, austère, peut difficilement se comparer au clinquant de Las Vegas ; mais, derrière tant de vertu et de morosité apparente, chacun sait, pour en être plus ou moins partie prenante, le formidable appétit de vivre qui habite les uns et les autres. Le charme discret et désuet d'une partie de la bourgeoisie lyonnaise ne tient-il donc pas à cette attitude qui n'abuse personne et qui consiste à cultiver les convenances du XIXe siècle le jour et à vivre sa vie la nuit ?

La saisie de deux documents au domicile des frères Sorba, finalement écroués, est à l'origine des premières fissures dans le mur de respectabilité qui protégeait quelques édiles, policiers en place et notables bien considérés. Une cascade d'informations judiciaires s'abat alors sur Lyon comme une avalanche fatale. Ces documents sont des bombes. Le premier établit que les frères Sorba se sont associés, dans le but d'exploiter un hôtel de passe, aux propriétaires des Escuries du Roy, une boîte à filles située dans le vieux Lyon. Le second est une correspondance entre le député UDR Édouard Charret – rapporteur du budget du ministère de l'Intérieur – et le ministère de l'Intérieur, correspondance dans laquelle Charret intervient pour que soit levée l'interdiction de séjour frappant l'un des frères Sorba à la suite de diverses condamnations. Les soupçons quant à la probité de ce député se renforcent quand on découvre qu'il est le subrogé tuteur du fils de la tenancière des Escuries du Roy et qu'il fut en outre le témoin de mariage de cette dernière. Bien sûr, le marié était lui aussi proxénète. Enfin, le député a fait bénéficier un laboratoire d'analyses appartenant à son propre fils de la clientèle – fidèle et fréquente (MST obligent) – d'une centaine de filles œuvrant pour le clan Sorba.

Tout y est. La province hypocrite et les politiques douteux, les putains respectueuses et les voyous en prince-de-galles. Un vrai film de Chabrol. Ce scénario on ne peut plus classique aurait pu se limiter à cette sobriété de moyens, mais le combat qu'une poignée de juges menait depuis des années contre l'inflation du commerce du sexe devait en décider autrement. Dans cette croisade, moins puritaine qu'il n'y paraît, où l'argent de la prostitution servait aux truands à monter des coups, le juge Claude Hanoteau et le fameux juge François Renaud, dit « le shérif », ont labouré le terrain à la manière de bulldozers, sacrifiant au passage le commissaire Javilliey que je considère encore comme un honnête homme victime d'un système à l'époque cautionné par tous.

Cette offensive juridique allait aboutir au scandale de l'été 1972. Meyer, l'ancien policier, est incarcéré, les propriétaires des Escuries du Roy arrêtés. Le parquet de Lyon ouvre cinq dossiers d'instruction où les mêmes noms reviennent. Les rafles succèdent aux arrestations, de plus en plus de noms de policiers commencent à apparaître, notamment celui de Louis Tonnot, l'ancien chef de la Sûreté urbaine à Lyon, qui est suspendu de ses fonctions. Pendant des années, ce policier qui régnait en maître sur la région lyonnaise avait mis en place un réseau de « clandés », qu'il administrait plus ou moins directement après avoir assuré les propriétaires de sa protection. Tonnot avait interdit à ses subordonnés d'empiéter sur ce domaine réservé, sous le prétexte qu'il s'agissait là d'un vivier à indics. Enfin, il protégeait également Les Escuries du Roy que gérait sa maîtresse.

Trois autres policiers, l'ancien adjoint de Tonnot à la brigade des mœurs, le successeur de celui-ci et un autre, révoqué à la Libération, tombent à leur tour dans les filets des juges.

Au milieu de cette vaste offensive, le commissaire Javilliey qui, selon la justice, a eu le tort d'entretenir avec des proxénètes notoires des relations trop suivies, rejoint en prison son ancien adjoint à la retraite Meyer, celui-là même qui avait fait disparaître l'arme du crime dans l'affaire du Fetich's Club.

Pour avoir connu Charles Javilliey, je n'ai pas été étonné que l'accusation dont il avait été l'objet soit cassée deux ans plus tard en appel. L'habit fait parfois le moine, et celui que Javilliey avait endossé reflétait l'âme bien trempée de cet homme droit et robuste qui n'avait jamais ménagé sa peine ni son temps pour lutter contre le crime. Il était de la vieille école – elle a fait ses preuves –, il avait son réseau d'indicateurs et protégeait des boîtes, avec ou sans le consentement des commissariats locaux. Qu'allait-il faire dans une villégiature appartenant à des proxénètes notoires ? Je l'ignore. Sans doute ne lui est-il pas venu à l'esprit qu'une telle démarche puisse être interprétée comme une ébauche de corruption... Après tout, le juge Renaud, que j'ai également connu et dont la probité et l'intégrité ont coûté la vie, n'hésitait pas à s'afficher parfois avec des filles de petite vertu. Son appétit insatiable des femmes et son goût marqué pour la provocation ne l'empêchèrent pas d'être « le juge » par excellence. Javilliey a été victime d'un zèle – probablement légitime – de la part de magistrats qui n'ont pas été avares en commissions rogatoires à l'endroit des présumés coupables dans ces affaires de proxénétisme. Le climat était à la « purification » et on ne faisait pas de détail. Je ne blâmerai pas le juge Hanoteau avec lequel j'entretenais les meilleurs rapports. C'était un homme de grande valeur.

C'est vers cette époque que se situe l'émergence d'une nouvelle génération de magistrats qu'on a appelés un peu hâtivement les « juges rouges ». Certains d'entre eux étaient effectivement très à gauche, et le plus célèbre d'entre eux, Charette, avait incarcéré un chef d'entreprise qu'il estimait responsable du décès de son ouvrier.

Cette description sommaire ne doit pas occulter ce phénomène que j'ai vécu en direct aux côtés des magistrats lyonnais, Ceccaldi, Renaud, Colcombet et tant d'autres qui avaient décidé de ruer dans les brancards contre l'autorité détenue, depuis des années, par ces flics de PJ installés dans leur savoir, considérant les magistrats et les cabinets d'instruction comme de simples chambres d'enregistrement. Une de leurs méthodes favorites était la délivrance de commissions rogatoires à la gendarmerie quand les policiers leur paraissaient manquer de tonus.

J'ai eu pour ma part des relations souvent ambiguës

avec les juges. Il est vrai que j'ai vécu une première expérience malheureuse avec l'un d'eux lorsque j'étais jeune commissaire à Reims. Une affaire de cambriolage, résolue grâce aux services d'un informateur, m'avait amené dans le bureau d'un juge d'instruction de Laon, qui avait insisté pour connaître l'identité de mon indic. Par inexpérience et contre tous les usages, je lui lâchais le nom. Deux ou trois jours plus tard, sous un prétexte quelconque, l'informateur se retrouvait sous les verrous.

Depuis, j'ai eu de nombreuses occasions de travailler avec des magistrats. Souvent en confiance, mais parfois aussi dans un climat de méfiance réciproque.

Ce qui m'a choqué à l'époque de cette magistrature « new look », c'est que les juges aient voulu descendre dans l'arène. Si, effectivement, on veut adopter cette démarche, il ne faut pas la faire à moitié. Il faut effectuer soi-même les investigations, connaître le dépit de ne pas pouvoir obtenir un renseignement – qu'on sait exister – à cause de la mauvaise foi ou des obstacles juridiques, et avoir la tentation de contourner la loi pour obtenir ce renseignement. Deux juges iront jusqu'au bout de leur logique. Ce sont les juges Renaud et Michel. Ils en sont morts.

Ils avaient tous deux une conception très offensive et rigoriste de leur métier. Ils se réservaient toujours le droit d'avoir un pied sur le terrain et un autre dans leur cabinet d'instruction. Cette possibilité de pouvoir changer de casquette au gré des circonstances est un atout dont ne dispose pas le policier qui, s'il met les mains dans la boue, aura bien du mal à s'en sortir. Le policier ne bénéficie pas du refuge du cabinet d'instruction, un lieu sacralisé que n'atteint pas la rumeur publique. On n'a jamais vu, ou presque, un juge mis en cause. Il est inattaquable.

J'ai donc toujours gardé une forme d'amertume vis-à-vis de ces différences qui font du policier, toujours en première ligne, le parent pauvre du juge d'instruction. En dépit de cette amertume, j'ai réussi à nouer, en particulier avec Hanoteau, d'excellentes relations. Hanoteau avait une confiance absolue dans l'équipe de choc constituée par le commissaire Richard, aujourd'hui préfet à la retraite, le jeune Jacques Franquet, chef de la section financière et à présent préfet de police à Lille, et moi-même. Cela dit, ces bonnes relations ne m'empêchaient pas de considérer sa croisade contre le proxénétisme comme l'avatar d'un idéalisme un peu boy-scout. Les mutations idéologiques de la fin des années 60 généraient maintes utopies, notamment la conviction, chez beaucoup, que la société était seule responsable des « dérapages » des marginaux.

Avec ses jeunes camarades du Syndicat de la magistrature, à l'exception de Renaud qui, d'une autre génération, ne voyait pas dans le proxénétisme le mal absolu, Hanoteau mena sans relâche sa croisade contre le « pain de fesse ». De manière trop dogmatique et systématique, me semblait-il. Nous en parlions souvent ensemble, car pour nous, policiers, il pouvait s'agir de précieuses sources de renseignements. Si les ligues de vertu n'ont jamais pu l'admettre, la police, elle, s'est toujours accommodée de la prostitution.

La scène lyonnaise de l'époque se situait donc au-delà de ce que les réalisateurs de films ont pu imaginer à partir de la réalité. Quelques « plans » dont j'ai été l'acteur, des séquences éparses où les témoins d'alors apparaissent, constituent la trame de ce genre à part où la comédie de mœurs, le vaudeville, souvent égrillard, et le thriller politico-judiciaire s'imbriquent les uns dans les autres comme des mécanismes qu'un infime grain de sable peut venir gripper.

Dans ces années-là, une descente dans certains bordels lyonnais équivalait presque à se rendre à une soirée mondaine tellement ce genre d'endroit était prisé par la gentry locale.

« Trois gauchistes embusqués à un carrefour indisposeront toujours plus les Lyonnais que cent prostituées répandues dans les artères de la vieille capitale des Gaules », telle était la maxime qui courait à l'époque quand la ville s'attachait à défendre les vertus de l'argent et à s'assurer du bon fonctionnement de l'économie plutôt qu'à s'ériger en parangon de l'ordre moral. Au moins, ni les prostituées ni leurs souteneurs ne remettaient en cause l'ordre établi.

Cette tolérance envers la pègre, considérée comme un avatar incontournable, n'allait pas sans quelques ratés comme en témoigne l'histoire qui va suivre.

M. Dumont – nous l'appellerons ainsi – aimait les filles qu'on paie, son usine et le luxe ostentatoire.

Il aimait aussi par-dessus tout la brutalité que subissent ces jeunes filles sans vertu, certes, mais également sans défense. L'argent déposé sur la table achetait le silence de ses victimes ainsi que la complicité des tenancières du clandé qui, chacun le savait, versaient leur dîme à un notable local, ami très cher de Dumont.

Ce monsieur allait être bien puni puisque, un an plus tard, à la recherche de sa fille Angélique envolée avec un voyou local prénommé Johnny, il la retrouverait en Allemagne lors d'un voyage d'affaires. Très précisément à l'Ange Bleu où il se rendait à chacun de ses séjours. Quand la tenancière des lieux, une sorte de Marlène Dietrich entre deux âges, les jambes émergeant d'un minishort orange, proposa à Dumont de faire son choix dans l'album de photos peuplé de filles aux poses suggestives, il eut du mal à détacher son regard d'une blonde avec, pour tout vêtement, une casquette de SS posée sur la tête. Ce fut pourtant bien elle, Angélique, sa propre fille, droguée au dernier degré, les avant-bras comme des passoires et les pupilles dilatées, qui lui ouvrit la porte de la chambre sordide de cet Éros-Center. De la jeune fille pleine de vie qui l'avait quitté un an plus tôt, ne restait qu'une junkie au regard vide.

On apprendrait plus tard que le voyou avec lequel sa fille était partie était devenu avec le temps un pourvoyeur de filles, toujours prêt à vendre ses petites amies aux proxénètes. Il faut dire que la filière était à portée de main : les grands patrons du Milieu lyonnais, loin de se limiter à l'intérieur des frontières françaises, avaient étendu leurs réseaux dans d'autres pays dont l'Allemagne. Henry Regef, ami de Jean Augé, qui avait une parfaite connaissance de l'Allemagne et du milieu d'outre-Rhin où il avait sévi comme proxénète à la Libération, s'était chargé d'organiser un relais destiné au trafic d'armes et de femmes. Félix Lesca, autre figure du Milieu lyonnais, dit « Roger la Bricole » le secondait brillamment en assurant les liaisons tant avec l'Amérique du Sud qu'avec les Éros-Center de la Ruhr et les maisons de Hambourg.

Au sein de cette chaîne, Johnny n'était qu'un petit maillon de bas étage. Le larron qui profitait de l'occasion, sans plus. Sa trop belle conquête, jeune, naïve et amoureuse, était une proie rêvée pour les truands expérimentés qui n'avaient pas tardé à proposer au voyou une coquette somme en échange d'Angélique. Les premiers shoots à l'héroïne, puis les doses de plus en plus élevées, de plus en plus chères ; les premières passes pour payer la drogue, la volonté amoindrie, les raclées que lui passait Johnny quand elle ne ramenait pas assez d'argent, puis une maison d'abattage, l'usine infernale, la dernière étape avant l'Allemagne.

La police, officiellement, n'a jamais rien su de cette affaire puisque M. Dumont, après avoir retrouvé sa fille, n'a pas porté plainte. Les intermédiaires du Milieu lui ont rendu Angélique en échange de son silence et ce n'est que bien plus tard que M. Dumont a appris que le personnage affable et obséquieux, certes un peu vulgaire mais tellement serviable, qui depuis des années lui fournissait le « meilleur choix de filles » à Lyon, était celui-là même qui avait pris en main l'« éducation » de la sienne et organisé son transfert en Allemagne. En toute connaissance de cause bien entendu, et en lui faisant subir ce que M. Dumont qualifiait autrefois de « petites manies ».

Cette histoire lyonnaise sous le règne de la corruption et de la prostitution est représentative d'un certain climat qui régnait à l'époque.

Dans le climat de corruption qui présidait à Lyon, les alliances contre nature impliquant policiers, politiques, truands, proxénètes et membres de services d'ordre politiques avaient longtemps garanti l'impunité des uns et des autres. Ces fameuses tentations que l'on prête aux hommes de terrain ne m'ont jamais concerné. Ma démarche, aux côtés du commissaire Richard et des juges Hanoteau et Renaud, était celle des « pieds dans le plat ». Ainsi n'ai-je pas hésité une seconde à interpeller ce policier, dirigeant un service d'ordre politique, lors d'une descente « à l'américaine » en pleine réunion publique dans une brasserie, à laquelle assistaient plusieurs figures du Milieu. Il eut beau faire un scandale et prévenir, dès le lendemain, ses « relations », nul n'a levé le petit doigt. J'avais compris que les protections politiques n'agissaient que quand on n'avait pas besoin d'elles ; le jour où le besoin se faisait pressant, elles ne se manifestaient pas. Je n'ai quant à moi jamais eu à subir la moindre pression. Aujourd'hui où chacun a tendance à penser que la corruption sévit dans tous les domaines et à tous les niveaux, il ne m'apparaît pas inutile de préciser qu'à l'époque la police judiciaire opérait dans une totale indépendance.

Bien que peu de policiers, et quelques notables, fussent impliqués dans des histoires de proxénétisme, il suffisait qu'un seul membre d'une corporation se fasse prendre la main dans le sac pour que l'ensemble soit discrédité. Au milieu de ce jeu de massacre dont ils étaient les acteurs principaux, les juges tenaient le rôle enviable de justiciers. Une anecdote, cependant, devait mettre un bémol à l'autosatisfaction qui prévalait alors du côté du palais de justice.

J'opérais souvent de façon aléatoire avec mon équipe pour éviter toute fuite. Ce jour-là, apparemment, notre « objectif » avait été averti puisque dépourvu de toute activité illicite à notre arrivée. De dépit, je décidai d'intervenir dans l'établissement le plus proche.

Il s'agissait d'un très cossu club d'échangistes qui narguait la respectable place des Terreaux, au cœur de la ville. Une pénombre complice souhaitait la bienvenue aux habitués, qui découvraient, accrochées aux murs, des scènes épicées inspirées des œuvres de Sade et de Masoch. Les lits, larges, et les glaces, nombreuses, ne laissaient planer aucun doute sur l'activité du club.

Priée de nous suivre, la maîtresse des lieux, une rousse superbe, nous demanda de lui accorder quelques minutes, le temps de se refaire une beauté – mon accord sembla toucher la belle qui nous offrit de patienter en buvant une coupe de dom ruinart. « Il ne servira pas de sitôt si j'en juge par votre démarche... » Qu'à cela ne tienne. Personnellement, je n'ai jamais pensé que boire une coupe de champagne, fût-ce dans un tel endroit, pût nuire à mon intégrité morale et psychologique.

Arrivés dans l'enceinte du palais de justice, après les quelques formalités d'usage, elle me prit à part et me dit :

« Vous voyez, le magistrat, là, qui vient de signer mon papier, eh bien, c'est un habitué de mon établissement. Il a même une fille attitrée. »

Et la créature de me donner des détails sur les petites habitudes de cet homme connu au palais pour être un parangon de vertu.

L'affaire Javilliey était encore toute fraîche et cela ne me déplaisait pas qu'un magistrat, à son tour, soit atteint. Je n'étais pas disposé pour autant à inciter la dame à la délation.

« Faites ce que bon vous semblera », fut ma réponse quand elle me demanda conseil sur l'attitude à adopter. Finalement, elle dirait tout.

Quant à moi, je rédigeai un rapport à Richard, le sous-chef du SRPJ de Lyon, et lui relatai les faits. Tout cela à titre confidentiel. Lui-même le transmit au préfet Solier, alors directeur central de la police judiciaire, qui le transmit à son tour au ministre de l'Intérieur, Raymond Marcellin. Et ce fut au cours d'un Conseil des ministres, tandis que René Pléven, alors garde des Sceaux, accablait une fois de plus la police lyonnaise, que Marcellin, trop heureux de prendre sa revanche, lui sortit le fameux rapport :

« Mais j'en ai autant à ton service ! »

La conséquence de tout cela ne se fit pas trop attendre. Quelques jours plus tard, le procureur général de Lyon me convoquait pour me sommer de lui ramener la créature responsable, selon lui, d'une campagne de discrédit à l'égard de la magistrature. J'ai fini par retrouver la demoiselle quelque part du côté de Valence où elle officiait encore pour une clientèle de marque, dont quelques membres éminents du conseil général de la Drôme. *Sic transit...*

En ce temps-là, le climat délétère de Lyon ne manquait pas d'attiser la curiosité professionnelle des journalistes locaux et parisiens qui considéraient cette ville – à juste titre – comme une source inépuisable d'histoires à raconter. Il faut dire que l'affiche était alléchante : des notables polissons qui vont à la messe le matin et au bordel le soir, des politiciens véreux, un juge shérif, des flics marrons et des voyous blanchis, du sexe, de l'argent, pas mal de sang et, en bas de l'affiche, en lettres moins grandes, dans le rôle du jeune premier pas encore complètement confirmé, « le regard bleu et candide, la voix délicate avec une tête d'étudiant en théologie [1] » (je n'invente rien), Charles Pellegrini, l'humble remplaçant du désormais célèbre Charles Javilliey.

La genèse de mes ennuis prend place Aux Deux Maries, un restaurant du vieux Lyon où je rencontre deux journalistes parisiens. Marc Kunstlé et Jean-Claude Lamy me confient leur projet de livre, une enquête poussée sur ce qui se passe à Lyon. À ce titre, ils seraient heureux de savoir ce que, moi, en tant que chef du Groupe de répression du banditisme, je pense de toutes les affaires qui secouent la ville.

J'aurais dû pousser l'humilité jusqu'au mutisme. Cela m'aurait évité bien des désagréments.

Une rancœur trop longtemps rentrée à l'égard du traitement injuste réservé à Javilliey, cette omni-

1. Tel est mon portrait d'après M. Kunstlé et J.-C. Lamy dans leur ouvrage, *Notre-Dame-des-Esclandres*, Presses de la Cité, 1973.

présence des juges qui ont tendance à se prendre pour les nouveaux justiciers, et probablement un peu trop de beaujolais, me poussent à sortir des limites que le devoir de réserve impose à tout policier.

Deux ou trois mois plus tard, tandis que je flâne place des Brotteaux, un livre trônant dans la vitrine d'un libraire attire mon attention. Et pour cause. Le titre est assez explicite : *Notre-Dame-des-Esclandres*, par Marc Kunstlé et Jean-Claude Lamy. Je me précipite pour l'acheter. Je l'ouvre fébrilement, passe les chapitres et arrive enfin à celui qui me concerne. Le ciel me tombe sur la tête !

« " Le commissaire Javilliey ne bouffait pas de pain de fesse ", dit sans ambages le commissaire Charles Pellegrini [...]. »

Jusque-là rien de bien répréhensible. C'est après que les choses se corsent :

« Trouvez-vous normal qu'on ait arrêté Javilliey deux ans après l'affaire de Neuville-sur-Ain, et sans élément nouveau ? C'est vraiment à désespérer de la Justice et des magistrats. On a l'impression que ceux-ci délivrent leurs mandats d'arrêt selon leur fantaisie. »

J'aurais pu en rester là, mais il fallait bien terminer en beauté quand, à propos du juge Hanoteau, qui symbolise, à lui seul ou presque, la justice de cette époque, je peux lire : « " C'est un brave type mais c'est aussi un utopiste ", dit de lui le commissaire Pellegrini [...]. » Et voilà. Dans le contexte de l'époque, manichéenne jusqu'à la caricature, ces quelques propos ne sont pas, mais alors pas du tout, considérés comme anodins.

Le commissaire divisionnaire, Mathieu, mon patron, dur et rugueux comme un Lino Ventura de mauvais poil, a eu vent de mes premiers pas dans le monde de l'édition. Il ne se prive pas de me le reprocher dans son langage sec et tranchant.

Je vais voir Hanoteau et, assez piteux, lui présente les passages qui concernent la magistrature.

« Regardez ce qui m'arrive. »

Son humanité n'est pas prise en défaut puisqu'il me répond :

« Cher ami, vous n'avez pas besoin de démentir, tout le monde sait ce que vous pensez, d'ailleurs vous me l'avez dit. »

Mauvais temps dans le Rhône et particulièrement chez le préfet de police où je suis convoqué par M. Perrier qui va droit au but :

« Monsieur, malgré vos états de service, je suis obligé de me séparer de vous. Nous avons déjà l'affaire Javilliey sur le dos, nous ne pouvons pas nous permettre d'avoir un deuxième contentieux avec la magistrature. »

J'essaie bien d'argumenter, de faire valoir mes excellents rapports avec Hanoteau et les autres magistrats, notre collaboration sans faille. Rien n'y fait. Comme avait coutume de le dire Hanoteau, « le proxénétisme gangrène tout ce qu'il touche ». J'étais bel et bien une victime par ricochet de cette industrie que j'avais combattue, mais plus encore d'une mentalité. Depuis mon affectation à la tête du GRB de Lyon, je savais que l'attitude des juges à l'égard du plus vieux métier du monde était en contradiction totale avec celle des policiers. Cela ne relevait en rien de la politique puisque le juge Ceccaldi, le tombeur de Javilliey, était à l'époque réputé à droite et que Renaud et Hanoteau ne cachaient pas leurs opinions de gauche.

Je ne me faisais évidemment pas l'avocat des « taules d'abattage », là où les filles ne sont plus que des bêtes livrées au plaisir de centaines d'hommes ; je n'étais pas le complice objectif de leurs souteneurs, le défenseur des policiers véreux et des bourgeois corrompus ; j'étais simplement un pragmatique, déjà « un vieux de la vieille » qui savait que la police judiciaire ne peut se payer le luxe de ne pas composer. Depuis 1946, date à laquelle Marthe Richard décidait de la fermeture des « maisons », la police avait continué d'appliquer le système de la tolérance en dépit de la loi. Pour être certaine de contrôler ce marché et, surtout, d'avoir des indics. Les petits proxos amènent les grands truands, c'est bien connu. Ce n'était pas l'opinion de mes amis magistrats qui avaient en horreur l'argent sale qui corrompt et pénètre la société comme un virus. Ils avaient raison et je n'ai jamais pensé autrement. Mais leur idéalisme se heurtait à mon réalisme, leur foi à ma lucidité.

Faut-il s'en réjouir ou bien le déplorer ? Grâce ou à cause du commissaire Richard, de Franquet, d'Hanoteau, de Vernes, de Georges Nicolaï arrivé un peu plus tard et de tant d'autres que j'oublie, Lyon était devenu quelques années après mon séjour une ville triste car, malgré une différence d'appréciation et en dépit de *Notre-Dame-des-Esclandres*, mon équipe et moi-même n'avons pas ménagé notre peine pour éradiquer le proxénétisme lyonnais. Les « clandés » sont tombés les uns après les autres, des plus élégants aux plus sordides, ils ont clos leurs volets définitivement et le « pain de fesse » a été réduit à une activité de plus en plus précaire.

Les descentes récurrentes, les investigations de Franquet dans les comptabilités extravagantes, les commissions rogatoires d'Hanoteau, les gardes à vue des « intouchables » et les filles harcelées jour et nuit ont mené, quelques années après cette désertification, à la réaction des principales intéressées. Je vous parle, bien sûr, d'un temps que les moins de vingt ans ne peuvent pas connaître quand, en 1975, la belle et blonde Ulla emmène ses amies occuper l'église Saint-Nizier de Lyon pour protester contre le harcèlement du fisc à leur endroit, celui de la police accessoirement, et revendiquer un statut de profession libérale affranchie du moindre souteneur. Il faut se souvenir de cette période ubuesque qui a vu se tenir, en quelque sorte, les états généraux de la prostitution au palais de la Mutualité à Paris. Car derrière Ulla – une fois n'est pas coutume –, on se bousculait.

Je laisserai la plume à Alphonse Boudard qui, d'une belle humeur célinienne, décrit cette frénésie soudaine où sociologues, intellectuels, journalistes et putains fraternisaient au grand jour dans l'espoir de voir enfin féminisme et tapin ne faire plus qu'un :

« Ça avait l'air tout de même d'être un événement faramineux, cette révolte des putes. Du jamais vu depuis l'Antiquité la plus haute. Ulla et Sonia et leurs jolies camarades nous annonçaient une sacrée nouvelle, un véritable virage dans le plus vieux métier du monde. Voilà, elles n'avaient plus de macs. Tout net. Finis les harengs de maman, la traite des Blanches, la comptée, les roustes pour un rien... Le proxénétisme était aboli. Il n'existait plus qu'à l'état moribond dans quelques bouges de quartiers pauvres, mais ces états généraux de la prostitution devaient l'achever définitif [...]. C'était la prise de la Bastille [...], l'abolition des privilèges machos. Toute l'intelligentsia emboîtait les talons aiguilles d'Ulla [...]. Dans les meilleurs raouts littéraires, on paraissait diplodocus réactionnaire si on émettait le moindre doute à ce sujet [...]. Les dirigeantes émeutières déclaraient sans plus de façon que les proxénètes ayant cessé leurs vilaines activités, elles revendiquaient le droit d'avoir leurs amis de cœur, leurs amants, leurs minets à domicile et de leur donner un peu de fric si ça leur faisait plaisir, sans que les pauvres garçons encourent les foudres de la loi [...], les plus méchantes inculpations [...], l'article 334 du Code pénal [...].

« On en revenait aux greluchons du XVIIIe siècle et les intellos, les grosses têtes pensantes, d'appuyer avec véhémence une revendication si naturelle au nom des droits de la femme à disposer d'elle-même.

« Au bout du compte, comme le Tout-Paris et le tout-public se lassent des meilleures choses, après que le président Giscard eut nommé un Monsieur Prostitution, on passa à d'autres exercices de style.

« Et, bien entendu, rien n'avait changé. On retrouvait tout le monde à sa place comme à la belle époque des maisons closes [...] [1]. »

Il n'avait pas plu au ciel que je puisse naviguer sans difficultés à travers les méandres lyonnais. Toutes les vérités ne sont pas bonnes à dire et encore moins à des journalistes. J'avais mis les pieds dans le plat, ébréchant quelque peu les rebords fragiles des susceptibilités locales. Il me fallait maintenant expier mes fautes et payer le prix de l'imprudence.

1. Alphonse Boudard, *La Fermeture*, Robert Laffont, 1986.

5. Le discours et la méthode

Création de l'OCRB (1973)

« Pellegrini, vous nous avez mis dans de beaux draps ! »

Dans son petit bureau de la Direction centrale du 11, rue des Saussaies, Jacques Reillac, le patron de la 4e section de la PJ, s'emporte, gesticule, m'assommant de reproches.

« Vous êtes irresponsable ! Mais que diable alliez-vous raconter à des journalistes que les juges sont des braves types mais que la justice marche à côté de ses pompes ! Vous vous rendez compte du tintamarre entre l'Intérieur et la chancellerie ? Je vous parle, Pellegrini ! »

Je redeviens l'élève du lycée Thiers, abonné aux convocations chez le proviseur quand une blague de potache m'y voyait encore échouer. Pour un peu, je m'attends à l'entendre me sommer d'avouer si ce n'est pas moi qui ai placé une punaise sur son fauteuil...

« Vous me ferez six heures de colle, ça vous apprendra ! »

Cette fois, ce n'est pas une punaise mais une peau de banane glissée à mon corps défendant sous les pas hésitants d'un grand blessé, en l'occurrence la police lyonnaise, pas encore remise de ses faux pas.

Le sermon dure ce que durent les sermons et j'attends la sentence qui va décider de mon sort.

Il n'est pas très enviable. Je suis muté à l'antenne de police judiciaire d'Évry, dans l'Essonne... Un bel enterrement.

Avant de me rendre à mes propres obsèques, Reillac m'envoie auprès d'Honoré Gévaudan, le directeur central adjoint, dans son bureau du troisième étage, sans doute pour un autre savon et quelques formalités d'usage.

Me voilà donc en face d'Honoré Gévaudan. Avec un nom pareil, ce grand flic légendaire était condamné au succès. Il était poète, écrivain, rond et convivial comme un vrai méridional, et son accent rocailleux rimait avec les plus belles chansons de Brassens dont il était l'ami. Gévaudan, c'était vraiment le flic « à la française ». Un modèle d'équilibre et de mesure où la connaissance de la nature humaine, la sensibilité, la culture et la force de caractère cohabitaient harmonieusement. Il appartenait à cette génération de flics qui inspira tant le cinéma français de l'après-guerre. Il était l'un de ces *characters* comme disent les Anglo-Saxons, dont Jean Gabin fut l'incarnation suprême.

Ce jour-là il n'est pas question d'évoquer la carrière extrapolicière de Gévaudan, mais plutôt les suites à donner à la mienne.

« Alors Pellegrini, on a fait le con ?

– Disons, monsieur le directeur, que j'ai manqué de discernement...

– C'est le moins qu'on puisse dire, en effet ! Avec vos manières de Don Quichotte, vous avez trouvé le moyen de ressusciter les vieilles querelles et de souffler sur les braises du conflit presque éteint entre la PJ et le palais. Je vous jure qu'on n'avait pas besoin de cela... »

À son tour, il me signifie le lieu de mon exil. Un

autre Corse, autrement plus connu, a su les affres du bannissement. Pourtant, j'ai décidé que l'Essonne ne serait pas mon île d'Elbe. Je me lance alors dans la plaidoirie du dernier espoir.

« Monsieur, vous faites une erreur monumentale en m'envoyant à Évry. Je suis dynamique, motivé, et vous connaissez mes états de services. J'ai fait une erreur, je l'admets, mais il me semble que la sanction est disproportionnée. Lebruchec [Joseph Lebruchec venait d'être nommé patron de l'Office central pour la répression du banditisme (OCRB) qui n'était pas encore créé mais qu'un décret imminent devait confirmer] va avoir beaucoup de mal à imposer cet Office car le " banditisme " est une notion floue et chaque service s'estime capable de le traiter. Les autres offices ont des compétences bien claires, énoncées par les textes : une substance analysée est un stupéfiant ou ne l'est pas. Si c'est oui, alors c'est aux Stups que revient la mission et à personne d'autre. Même principe pour la fausse monnaie ou le proxénétisme, mais pour le banditisme, il va falloir batailler ferme... »

Bref, pendant les deux heures que dure cette entrevue, je soumets à Gévaudan toute l'ambiguïté à laquelle l'OCRB sera en butte, ainsi que les difficultés auxquelles Lebruchec sera confronté quand il faudra imposer cet Office dont déjà tout le monde dit qu'il ne servira à rien.

« Tout cela est trop complexe pour un seul homme, monsieur, Lebruchec a besoin d'un adjoint qui fasse tourner la machine et cet adjoint ne peut être que moi. »

Gévaudan réfléchit, décroche le combiné et annonce à Reillac :

« Pellegrini ne va plus à Évry, il rejoint Lebruchec à l'OCRB. »

J'avais gagné ! Le boulet n'était pas passé loin. En

dépit de l'esclandre lyonnais, les événements venaient de prendre une tournure plus plaisante. Évry s'éloignait définitivement.

Je n'ai pas le souvenir d'avoir eu le triomphe ostentatoire, mais j'étais heureux de rejoindre ce que je considérais comme l'élite de la police judiciaire. François Le Mouël, Ottavioli, Le Taillanter, Aimé-Blanc, Devos, Cohet, Sanguy, Gévaudan et tous les autres. Ils avaient pour certains vécu tous les séismes de la société française. Ils avaient tout vu, tout encaissé. Les vrais gestapistes et les faux résistants, les Corses de Pigalle, Pierrot le Fou, les frères Guerini, les barbouzes du SAC, les activistes du FLN, ceux de l'OAS, les cinglés de l'après 68, les Zemmour, les Siciliens, etc. Oui, vraiment, ils connaissaient le truand sous toutes les coutures et le Milieu comme leur poche revolver.

La patine qu'on lisait sur leurs visages disait ces trente années plongées dans la tourmente d'une criminalité toujours plus dure, plus violente, plus nihiliste et surtout la faculté d'adaptation de ces hommes. On ne dira jamais assez combien le flic est le contraire même d'un conservateur au sens politique du terme, tant sa survie dépend de son aptitude à comprendre et à analyser les mutations de son temps. Il n'est de meilleur sociologue que le flic de haut vol. On lisait aussi sur ces visages la force, le courage tranquille et l'humanité qui avaient permis à ces hommes de se hisser là où ils étaient à présent. Et je ne parle pas de cette sensiblerie bourrue que véhicule la morale de midinettes des flics de télé.

Pour les derniers grands patrons de cette génération, il n'y avait pas de voyou admirable, ils ne connaissaient pas le « tueur malgré lui », la « victime de la société » qui n'allaient pas tarder à faire la une des journaux. Qu'ils fussent de gauche ou de droite, ces policiers partageaient la conviction de bon sens que les trafiquants, les violeurs, les tueurs, les petites frappes ou les braqueurs n'étaient ni des héros ni des malades mais de vulgaires truands qui n'avaient leur place ni dans les cocktails mondains, ni dans les hôpitaux psychiatriques, encore moins à la télévision, mais bien en prison. Lebruchec ou Aimé-Blanc, c'était quand même autre chose que Navarro !

La création de l'OCRB venait du constat fait par les autorités que l'essor des communications aériennes et terrestres favorisait la modernisation et le développement du banditisme. Pour parer à cette nouvelle donne, il fallait un service omniprésent et pluridisciplinaire qui coordonne l'ensemble des compétences sur le territoire national. Cette coordination ne pouvait être que théorique car les « barons » de province, les grands patrons des SRPJ acceptaient difficilement ce jacobinisme envahissant. De même, la préfecture de Police, jalouse gardienne de son passé séculaire et de ses mythes, voyait d'un très mauvais œil cet Office qui allait empiéter sur son territoire. Malgré ce climat de méfiance, parfois d'hostilité, le 11 octobre 1973, l'OCRB est créé par décret interministériel cosigné par les ministres de la Justice, de l'Intérieur et des Armées.

Nous nous sommes installés au siège de l'ancienne première brigade mobile des prestigieuses Brigades du Tigre, 127, rue du Faubourg-Saint-Honoré à Paris, où la BCDRC (Brigade centrale de documentation et de recherches criminelles) était encore domiciliée à l'époque, et où j'ai travaillé quelques mois sous les ordres du commissaire Cohet. Lebruchec, ancien chef du GRB du SRPJ de Versailles, débarquait avec toute une bande de Versaillais, de « vieux » chefs de groupe (pour moi qui avais à peine dépassé la trentaine, on était « vieux » à quarante ans) qui revenaient à Paris avec l'envie d'en découdre, à la fois avec le Milieu et les flics de la préfecture de Police, responsables selon eux de leur exil à Versailles. Pour comprendre cette animosité, cette ébauche de « guerre des polices », il faut savoir que les policiers de la prestigieuse « Première mobile » qui officiaient jadis en plein Paris s'étaient retrouvés à Versailles. Donc, pendant des années, les inspecteurs de Versailles ont continué à opérer sur leur ancien territoire parisien, ce qui a provoqué un certain nombre de frictions avec la préfecture de Police. La détestation réciproque entre la PP et le SRPJ de Versailles était alors légendaire et n'a pas manqué d'accentuer les rivalités existant au préalable.

Les commentaires narquois commencèrent à parvenir à nos oreilles qui sifflaient comme des bouilloires. Le matériel le plus élémentaire nous arrivait au compte-gouttes et avec une mauvaise volonté évidente. La police souffrait alors de nombreux maux dont celui de voir les cordons de la bourse confiés à des administratifs, en général issus de la Préfectorale, investis de pouvoirs qu'ils exerçaient souvent au détriment des opérationnels. Deux positions extrêmement simples prévalaient : les ronds-de-cuir nous prenaient pour des cow-boys tout juste bons à casser le matériel qu'ils avaient tant de mal à obtenir, tandis que nous les tenions pour des gratte-papier auxquels ne manquaient que les manches de lustrine, incapables de comprendre nos besoins.

C'est ainsi que l'OCRB hérita de Simca 1100 de couleur mauve archevêque dont, probablement, le constructeur n'avait pu vendre un seul modèle et qu'il avait bradées en désespoir de cause à la police. Et qu'importe si celle-ci avait pour tâche, entre autres, de poursuivre des voyous équipés de voitures puissantes.

Mais l'une des grandes qualités du flic français, c'est son aptitude à adopter le système D. Nous l'avons pratiqué au-delà de toute mesure : en enrôlant le meilleur « bidouilleur », en cherchant dans les commissariats, dans les autres brigades, le flic transmetteur, le meilleur mécano, etc. Et peu à peu, en s'affranchissant des circuits administratifs traditionnels, l'OCRB est devenu un service véritablement opérationnel. Petit à petit, grâce à quelques affaires réussies et au soutien sans faille de Gévaudan, nous sommes parvenus à donner corps à cet Office qui s'occuperait désormais, sur l'ensemble du territoire national, de centraliser la documentation sur les faits de banditisme et les individus concernés, de rechercher des renseignements sur leurs relations et leurs projets, de coordonner la répression et de promouvoir une politique de prévention. Enfin, d'intervenir d'initiative ou sur demande dans les affaires de sa compétence.

D'autre part, l'OCRB, en ces temps où l'outil informatique était encore balbutiant, misa à fond sur l'ordinateur du ministère de l'Intérieur pour les analyses et les synthèses.

Pour résumer cet aspect technique, je dirais que l'OCRB répondait à une double nécessité : d'abord trouver une réponse à l'émiettement des « saisines », en créant un organisme qui coordonne et centralise les renseignements, et par ailleurs adapter les réponses de la police à l'évolution du grand banditisme, de moins en moins localisé, de plus en plus national. Il correspondait enfin à une philosophie nouvelle de l'action policière : on ne partirait plus du fait criminel pour remonter au crime, mais on suivrait les bandes structurées, fichées et surveillées, pour opérer en flagrant délit, selon la doctrine que François Le Mouël, premier patron de la BRI [1], avait élaborée et formalisée...

Nous étions tous très enthousiastes et décidés à combattre les truands où qu'ils se trouvent. Nous étions en outre très fiers d'être les héritiers des Brigades du Tigre, ce qui faisait de nous une sorte d' « incorruptibles » – le feuilleton américain était alors très à la mode à la télévision française.

Je crois également utile de tordre, une fois pour toutes, le cou au mythe du « superflic ». Il n'y avait pas chez nous de Starsky et Hutch, même si nous étions aussi mal ficelés qu'eux. Tous ceux qui ont appartenu à la famille de l'OCRB étaient des bons, et pour certains d'excellents flics : Roger, Manu, François, Gérard, « Ali », Pierrot, Florence, Christiane, Jacqueline et tous les autres, chacun avait sa spécialité. Conducteur émérite, tireur d'élite, bon « filocheur », plusieurs avaient un caractère affirmé. Issu des parachutistes, Clément s'était retrouvé orphelin d'une cause à défendre ; la police lui en offrait une nouvelle. Ce marathonien d'un mètre quatre-vingt-dix avait le physique et la technique de l'emploi. Jean-Paul, avec qui il faisait équipe, était tout son contraire : tandis que Clément incarnait l'ancien para dans toute sa splendeur, Jean-Paul, le crâne rond et chauve, le nez chaussé de lunettes d'écaille, affichait la placidité et les bonnes manières de l'honnête homme. Une rondeur pondérée et une propension à délivrer des sentences sur un ton docte lui valaient le surnom de « Monseigneur ». Il était en fait un véritable homme orchestre : courageux et efficace sur le terrain, il maîtrisait aussi parfaitement les procédures juridiques, savait nouer des contacts, démêler l'écheveau compliqué des rapports avec le parquet,

1. Brigade de recherche et d'intervention, appelée communément Brigade antigang.

mettre en forme des dossiers ou recoller les procédures bancales.

L'OCRB n'était donc pas *Robocop*, mais ce n'était pas non plus le *Gendarme de Saint-Tropez*.

Parmi les stages techniques que nous avons effectués, celui de conduite rapide fut le plus passionnant. Dans de vieilles R16 qui nous menaient sur le circuit de Montlhéry, et parfois au service des urgences, nous apprenions les freinages en catastrophe, les demi-tours, bref l'ensemble des improvisations nécessaires en cas de poursuites. Ensuite, nous passions à des R5 Alpine de 105 chevaux, et ceux qui avaient obtenu un nombre de points suffisant prenaient le volant d'une monoplace « Formule France ».

Quant au sport, je n'ai pas le souvenir d'avoir compté dans mes rangs des athlètes patentés. Deux ou trois acharnés, objets de la curiosité générale, faisaient un peu de salle pendant leurs rares moments libres, mais c'était à peu près tout. Les muscles ostentatoires appartiennent plutôt au style des années 90.

Il ne suffisait pas de postuler pour entrer à l'OCRB. La sélection s'opérait d'abord sur dossier personnel de candidature, ensuite sur entretiens avec les patrons. Les meilleurs – en théorie – étaient donc retenus sur leurs compétences professionnelles, leur expérience du métier (plusieurs années dans les commissariats de Sûreté urbaine) et, surtout, leur degré de motivation. La volonté d'exercer ce métier, au sacrifice parfois de sa vie privée, primait sur le reste. D'ailleurs « sacrifice » est un grand mot car la plupart d'entre nous préféraient cette vie mouvementée, voire risquée, au cocon ennuyeux d'une vie dite « normale ». Il fallait aussi une résistance physique à toute épreuve (nuits blanches et planques sont exténuantes), de l'astuce et une confiance absolue dans la solidité de l'équipe. Au total, les éléments de l'OCRB étaient des « pros » capables de rivaliser avec les meilleurs et de s'adapter à toutes les situations. Car, à la différence des unités spécialisées dans l'intervention ponctuelle – le GIGN, la BAC remplacée plus tard par le Raid –, l'OCRB effectuait à l'époque l'ensemble des opérations de la chaîne répressive, de la surveillance à l'assaut si c'était nécessaire.

Nous étions donc une brigade d'intervention quand il le fallait, mais aussi, et peut-être avant tout, des procéduriers, des flics d'enquête. Point besoin d'être un gros bras pour observer, surveiller et arrêter ; il faut avoir de l'initiative et de la patience.

Il n'y a pas de secret dans la répression du crime : on constate (incendie, hold-up, meurtre), on commence, comme Maigret, à prendre des photos, on enregistre les indices et les traces, on interroge l'environnement en procédant par la méthode dite « de l'escargot » – partir du centre et élargir le cercle pour ratisser de plus en plus large. On questionne les voisins, les parents, les amis ; on cherche le mobile, essentiellement dans les meurtres, car pour les hold-up il est évident. Partant ainsi des faits, on arrive à découvrir, ou à ne pas découvrir, les auteurs. Or, petit à petit, depuis la Libération, depuis Pierrot le Fou et ses camarades, le banditisme avait évolué. Les bandits devenaient de plus en plus prudents, opéraient avec des voitures volées, mettaient des gants, des masques de carnaval, avaient des prête-noms, des maisons-relais où ils ne restaient que quelques heures, le temps de partager le butin puis de disparaître. Il était donc de plus en plus difficile de réunir les preuves qui permettraient de les condamner en justice, et parfois, malgré les certitudes policières, les preuves judiciaires manquaient, comme par exemple dans l'affaire du meurtre du juge Renaud. C'est François Le Mouël, créateur et fondateur de la BRI, qui devait mettre au point une méthode totalement inverse.

Au lieu de partir du fait criminel constaté, on part de l'environnement, d'un milieu criminel, pour arriver à identifier les individus capables du fait, les suivre dans leur projet et les interpeller, si possible en flagrant délit. Cette méthode repose sur deux ou trois piliers.

D'abord, le renseignement. C'est à partir d'une bonne information obtenue par un indic ou une écoute que l'on se met en chasse. Même si ce déterminisme, ce culte de l'*a priori* peut paraître choquant, il n'en demeure pas moins qu'il se fonde sur une parfaite connaissance du milieu délinquant.

Autre pilier, le professionnalisme et la rigueur dans la conduite des opérations. Il faut choisir avec soin le moment de l'intervention : soit en flagrant délit, un *must* mais aux risques évidents, soit au moment où peuvent être réunis les actes préparatoires qui sont considérés comme le crime même, les juges étant souverains dans l'appréciation de certains comportements.

L'obtention de preuves irréfutables constitue le troisième pilier sur lequel repose la méthode.

La connaissance des milieux délinquants se fait à partir des rapports des commissariats de police, des renseignements fournis par les informateurs et, bien sûr, des écoutes. Pendant les années 50 à 80, ces dernières devinrent la pierre angulaire de la répression du banditisme. Et plus encore après des affaires retentissantes, notamment celles de Lyon, quand on a commencé à soupçonner en permanence des policiers d'entretenir des relations douteuses dès qu'ils manipulaient un informateur. Beaucoup de services, et de policiers, se sont alors détournés des indics pour se reposer essentiellement sur les écoutes. Or l'un ne va pas sans l'autre.

L'indic, c'est celui qui donne l'ambiance, l'environnement, construit le début de soupçon que l'écoute permet souvent de confirmer. Je ne le répéterai jamais assez, le procès intenté à cette méthode, et donc à ceux qui en usent dans le strict cadre de leur fonction, est une aberration, une tartuferie. La demande d'écoute suivait un processus immuable. Des soupçons pesaient sur une bande, un individu ? On faisait alors un rapport à son chef hiérarchique direct – le commissaire divisionnaire chef de service – en lui expliquant le motif. Le commissaire validait, transmettait à la Direction centrale où un bureau réservé était chargé de gérer les lignes attribuées à chaque service. Les Stups en avaient un certain nombre, l'OCRB aussi, ainsi que les SRPJ de province, la BRI ou l'Office de répression du faux-monnayage. Dans les affaires graves, délicates et compliquées, le bureau réservé prélevait sur tel ou tel contingent le nombre de lignes qui lui paraissait nécessaire, ce qui, bien entendu, provoquait des frictions.

Renseignements, écoutes, tel est le socle à partir duquel une équipe soudée et capable va devoir œuvrer en sachant exploiter et manipuler. Les indics en premier lieu. Les vrais flics d'Antigang sont de grands manipulateurs qui ont l'art de donner peu et de recevoir beaucoup. Et ce n'est pas parce qu'il y a eu des dérapages, qu'il y a eu quelques ripoux, qu'il faut enlever – je pèse mes mots – toute sa noblesse à la fonction de « manipulateur ». Ce n'est pas sordide, ce n'est pas poisseux, ce n'est pas noir d'être manipulateur. Un flic est d'abord au service de la collectivité, et ce postulat doit l'affranchir de certaines règles de bienséance à l'endroit d'individus qui ont pour règle de vie de mettre à mal la cohésion de ladite collectivité. Les dérapages ne me choquent pas s'ils sont accidentels et s'ils n'ont pas pour but l'enrichissement personnel au détriment de la loi et de la fonction. Que ces dérapages soient exposés sur la place publique, en revanche, me choque.

Le métier de policier est un métier noble. Nous sommes au service de la défense d'une société souvent ingrate, et nous avons en face de nous des hommes qui sont à la marge de cette société, des individus auxquels il manque une fibre : celle de l'honneur, celle de l'honnêteté, parfois celle de l'intelligence. C'est toute l'habileté du policier, encore une fois, de donner peu pour recevoir beaucoup. La plupart du temps, les policiers de PJ qui ont manipulé des indics ont obtenu le résultat qu'ils escomptaient. Parfois, ils ont été floués, mais c'est la loi du genre. Pas d'hommes, pas de bavures.

Cela m'amène à évoquer la population des indics, les « cousins », les « balances », bref, en langage officiel, les informateurs. Que serait en effet la police sans ces petits poissons qui nagent dans les eaux troubles de la criminalité et grâce auxquels est résolu le plus grand nombre d'affaires ?

En 1973, quand on me confie la responsabilité opérationnelle des équipes de l'OCRB, mon expérience, même peaufinée pendant deux ans dans l'univers du Milieu lyonnais, demeure encore un peu tendre pour que je puisse nourrir l'illusion de prétendre me frotter immédiatement et avec succès aux truands parisiens. Cinq ou six années de police ne suffisent pas à faire d'un fonctionnaire de police un vrai « flic ».

Pierre Cohet a été d'une certaine manière mon mentor lorsque je suis arrivé à Paris, nommé à la BCDRC (Brigade centrale de documentation et de recherches criminelles), encore dirigée à l'époque par ce commissaire qui lui avait donné son âme et son impulsion. Cette brigade vivait ses derniers jours avant de se voir transformée en OCRB. Cohet était un grand type mince, dégingandé, les cheveux poivre et sel, le nez busqué et le teint hâlé. La démarche chaloupée, une dégaine à la Robert Mitchum, il ne laissait aucune jolie fille indifférente.

Cohet connaissait mieux le métier de flic que sa propre chambre à coucher. C'était un bourreau de travail, un fumeur de brunes et un grand amateur de scotch. Il était par-dessus tout un insomniaque chronique, un noctambule invétéré. Quand après des heures de planque, afin de rédiger notre rapport – qui, selon lui, ne pouvait jamais attendre –, nous rentrions à la brigade au petit matin le teint fripé et les yeux cernés, Cohet, au sommet de sa forme, regardait sa montre, frappait dans ses mains et, de son inimitable accent pied-noir, lançait à la cantonade : « Bon les enfants, il est 4 heures, rentrez chez vous et reposez-vous, on se retrouve à 7 heures ! »

Je lui dois beaucoup. L'art de faire, ou de ne pas faire, si l'on veut conserver le respect de ses hommes et celui de ses ennemis.

Lorsqu'il est muté à Marseille, Cohet a la très rare élégance de me repasser ce « témoin » qu'il avait façonné depuis des années. Un soir, sur le coup de 8 heures, il me convoque dans son bureau et, sur le ton de conspirateur dont il ne se départissait jamais, il me dit :

« Bon, voilà, fils. Tu viens avec moi, on dîne ensemble, je vais te présenter Sam, mon indic. Je lui ai dit que tu étais mon homme de confiance, un vrai poulet. Tu vas travailler avec lui et tu peux compter sur le bonhomme. À vous deux, vous devriez pouvoir faire sauter la marmite. »

Sam était une figure pittoresque du Sentier. C'était le roi de la coupe et de l'arnaque, qui alternait ses activités épisodiques de fripier à la mode avec celles de « fourgue », de receleur. C'était le meilleur dans sa catégorie. Il aurait pu revendre la *Joconde* et négocier le *Penseur* de Rodin avec Rodin lui-même. Il était grassouillet comme une caille, élégant comme un sapin de Noël et malin comme un singe. Une chaîne en or sur un décolleté velu et une énorme chevalière complétaient la panoplie. Il avait débuté sa carrière comme escroc de ruelles, puis comme voleur sans conviction. Il avait payé de quelques années de prison des petits larcins commis, selon lui, à contrecœur. Mais de ses années passées à l'ombre, il avait retiré la ferme intention de se faire une place au soleil, et pour cela il n'avait trouvé que cette filière équivoque entre flics et voyous, entre le marteau et l'enclume. En attendant qu'une belle prise lui permette de mettre le cap sur des îles chimériques.

Après un dîner de présentation dans une brasserie de Neuilly et deux ou trois rendez-vous « de contrôle », le courant semble passer entre lui et moi. Au point que, mis en confiance, les yeux brillants d'autosatisfaction, convaincu de son importance, Sam me dit, sur le ton du manager roublard qui a jeté son dévolu sur le poulain prometteur :

« Je ferai votre carrière, monsieur le commissaire.

– Je ne t'en demande pas tant, Sam. Contente-toi de me faire visiter Paname et de me donner les meilleurs coups. Pour ma carrière, je me débrouillerai tout seul... »

Aussitôt dit, aussitôt fait. Pendant des semaines, lorsque la nuit était retombée sur les mystères de Paris, Sam et moi avons arpenté Pigalle, Ménilmontant, les boîtes à filles, les bars à voyous, les « tombées [1] », les cercles de jeu, les tripots, bref le *Paris by night* qu'aucun touriste de base ne connaîtra – heureusement – jamais. Il n'est plus une rue, un quartier, un établissement louche qui me soit étranger. Mon guide

1. Là où les voyous « tombent », c'est-à-dire là où ils s'amusent, dorment, leur restaurant favori, le domicile de leurs maîtresses, etc.

n'était pas aussi beau que la Nathalie de Bécaud, mais il savait tout, connaissait tout le monde, évoluant dans ces marécages comme un poisson dans l'eau.

Il me briefait sur les alliances entre voyous, les coups en préparation, les habitudes des malfrats, leurs maîtresses, et souvent même leurs domiciles. Je savais désormais, à peu près, qui était qui, qui faisait quoi.

Très vite, Sam m'a permis d'étoffer mon agenda de renseignements précis et capitaux. Le gang des Lyonnais me donnait depuis Lyon pas mal de fil à retordre. Mon indic était très lié au chef, Monmon Vidal, au point qu'un jour il m'a passé un coup de fil :

« Monmon m'a prêté sa BMW, ça vous ferait plaisir de l'essayer ? »

C'est ainsi qu'à nouveau – mais cette fois-ci dans la caisse du truand que je traquais depuis des années ! – je sillonnai Paris au côté du gros Sam. Hélas, je ne disposais pas à l'époque d'assez d'éléments pour pouvoir placer un micro dans la voiture et, de plus, je ne voulais pas mettre la vie de Sam en danger, lui qui m'apportait satisfaction au-delà de mes espérances. N'est-ce pas lui, ultérieurement, qui me « donnera » le rendez-vous entre Patrick Pourrat, dit « le docteur », le nouveau cerveau des Lyonnais, « Christo » Grandebœuf et Monmon Vidal à la terrasse du Café d'Angleterre ? Une rencontre décisive pour les suites de l'enquête sur le gang des Lyonnais.

J'ai revu Sam très souvent. Dans le hall du Concorde Lafayette ou celui du Méridien, que j'avais pris le soin de sélectionner au préalable jusqu'au jour où je me suis rendu compte qu'on y côtoyait un peu trop de têtes connues. C'était un personnage, une figure haute en couleur, un second rôle dans le casting géant des films de gangsters. C'était une fripouille sympathique qui m'amusait beaucoup. Lorsqu'il évoquait ses états de service – des dizaines de carambouilles –, il n'était pas rare que je rie aux éclats. Dans le registre des escroqueries un peu minables, il était le maître incontesté.

Un jour, sans doute surmené d'avoir trop « travaillé », Sam décide de prendre quelques jours de vacances sur la Côte d'Azur. Sur place, dans quelque hôtel de bonne tenue, il fait la connaissance d'un industriel jurassien, Monsieur X. avec lequel il sympathise. Quelques jours plus tard, l'industriel s'enhardit et demande à Sam :

« Et vous, que faites-vous dans la vie ?

– Je suis faux-monnayeur », laisse tomber Sam en toute simplicité, pour voir jusqu'où ce coup de dés le mènera.

« Non, c'est vrai ? Alors, votre gagne-pain, c'est la fausse monnaie ? s'étonne le provincial, plus intrigué que vraiment choqué.

– C'est ça. J'imprime des faux billets pour me payer des vraies vacances. Ça va plus vite que de travailler et c'est moins cher. »

Ils discutent ; Sam apporte des précisions, entre dans les détails et finit par convaincre X. qui veut à tout prix voir des échantillons d'une entreprise dont il flaire les avantages, pourvu que l'imitation soit à la hauteur de l'original. Sam soumet à la sagacité de son ami de fraîche date quelques billets que celui-ci s'empresse d'apporter à la banque. Si le caissier lui-même ne voit pas de différence, cela prouvera l'excellence du travail de Sam. L'échange se déroule dans les meilleures conditions... puisque ce sont en réalité de vrais billets que Sam a remis à sa future victime.

Quelques jours plus tard, Sam empoche l'argent en échange de la promesse de livrer, dans les plus brefs délais, un faux million en petites coupures, et chacun regagne ses pénates.

Le temps passe et l'industriel ne voit rien venir. Ni nouvelles de Sam, encore moins le fameux million. Il décide donc de « monter » à Paris trouver Sam qui, en gage de confiance, lui a donné son adresse.

« Que se passe-t-il ? Cela fait un mois que je devrais avoir cette somme, s'inquiète-t-il.

– J'ai eu un petit problème d'imprimerie, la police est curieuse vous savez... Mais je vous assure que d'ici deux semaines vous aurez votre million. »

Deux semaines passent. Toujours rien. X. téléphone. Cette fois-ci, ce n'est plus l'imprimerie clandestine qui intrigue les policiers, mais les couleurs qui sont trop vives ou le papier qu'on lui a livré qui est de mauvaise qualité... Pendant des mois, le Jurassien harcèle Sam. À force de tergiversations, un autre rendez-vous est arrêté, au cours duquel Sam s'engage à remettre la somme convenue.

C'est dans une pizzeria des Grands Boulevards, à l'heure de la fermeture, que se tient la conférence au sommet. Des petites tables recouvertes de nappes à carreaux rouges et blancs, le four où l'on cuit le pain qui brûle encore, et trois hommes. Sam, X. et le patron de l'établissement. L'ambiance est à l'apaisement, à la confiance recouvrée. Sam tient à son côté la mallette noire qui renferme le butin. Plusieurs bouteilles achèvent de détendre l'atmosphère. On passe alors aux choses sérieuses. Sam pose silencieusement, presque religieusement la malle sur la table et l'ouvre enfin. X. qui n'y croyait plus, voit le tapis d'argent, le million en liasses. « Police ouvrez ! », martèle-t-on contre la porte.

Affolement panique. On referme précipitamment la mallette, mais qu'en faire ?

« Police, ouvrez ! »

C'est une question de secondes. Sam, dans un réflexe de désespoir, donne la mallette à X. et lui dit à voix basse :

« Balance-la dans le four ! C'est la seule solution, sinon on en prend pour vingt piges tous les deux. Tant pis pour l'argent. »

Les « vingt piges » sont décisives : X. s'exécute à la vitesse de l'éclair. Ouf ! Trois policiers peu amènes entrent dans le restaurant. Mais que veulent-ils ?

« Nous avons vu de la lumière dans ce restaurant qui doit être fermé à minuit. Or il est minuit trente », assènent-ils au patron qui trouve encore le moyen d'argumenter, ébauchant une querelle qui ôte tout espoir de voir le million sauvé des flammes. Ils s'en vont enfin.

L'industriel se précipite vers le four, trop tard. La mallette n'est plus qu'un tas de cendres, les billets un souvenir. Dans la petite salle à manger, les trois protagonistes se remettent de leurs émotions. Sam soumet à l'appréciation de Monsieur X. les risques encourus si les policiers étaient tombés sur ce faux million. Le Jurassien se rend à l'évidence et commence à comprendre qu'il a échappé au pire. En jetant lui-même la mallette dans ce four infernal, il a quand même perdu l'argent versé à Sam. Mais c'est un moindre mal.

Décryptons à présent cette fable que n'aurait pas reniée Jean de La Fontaine, du moins pour sa morale.

Depuis le début, Sam menait en bateau le naïf bourgeois qui ne s'est jamais douté que les faux billets du soi-disant faux-monnayeur étaient en réalité des vrais. Heureusement qu'il n'a pas demandé à voir la carte des policiers patibulaires qui auraient été bien en peine de la lui fournir, complices de Sam alimentant, le temps nécessaire à la crémation des billets, une dispute avec le patron récalcitrant. Bien entendu, la mallette ne contenait que des liasses de papier blanc couronnées d'un billet, bien faux celui-là !

Du travail d'orfèvre, un échantillon de l'art dont

Sam, prince des escrocs, était l'un des meilleurs représentants.

Mais si la vertu est d'un ennui prodigieux, le vice, lui, n'est pas sans danger. Sam a sans doute trop tiré sur la corde. Enhardi par ses succès et ses amitiés contradictoires, il s'est risqué à dépasser les limites de ses compétences.

Un jour, une bande de malfaiteurs commet un hold-up assez retentissant avec un butin d'environ 3 millions de francs en bijoux. Sans rien m'en dire, Sam attend de les avoir en recel avant de me balancer l'équipe. Les voyous finissent sous les verrous. Tous en prison ? Presque. Un seul, plus méfiant, s'est défilé au dernier moment.

J'avais acquis la conviction que Sam avait les bijoux. Il avait beau protester, rien n'y faisait.

« Mais pas du tout, monsieur le commissaire... D'ailleurs, je vous assure que dès que j'en aurai des nouvelles je vous ferai signe... »

Bien sûr, Sam... Dans son esprit, cela procédait d'un deal tacite entre lui et moi : « Je vous ai donné les malfrats, je me paie avec les bijoux. » Que pouvais-je faire ? Le forcer à avouer ? Autant le dénoncer tout de suite comme balance sur la place de Paris, le condamnant à une mort certaine. Le filer ? Pour aller où ? Le bougre ne les gardait pas sous son oreiller ni dans une planque localisable.

Nous n'avons jamais retrouvé les bijoux, mais le seul membre de la bande à avoir échappé à nos filets, lui, a retrouvé Sam. Nous aussi, mais trop tard. Il était allongé au coin de la rue d'Alésia avec, dans le dos, comme des points de suspension, six balles de 11,43, la signature infamante réservée aux balances.

Pourquoi Sam balançait-il ? Je crois que le principe obéit aux lois immuables de la nécessité. Sam, comme tous les indics en puissance, a balancé une première fois pour que la police le blanchisse d'un délit ou le fasse sortir avant le terme de sa peine. Le tarif ? des renseignements. Dans son cas, très particulier, la balance était devenue un jeu, un jeu pervers. Il avait pris goût à la trahison et il n'aimait rien tant que faire tomber les truands.

S'il existe autant d'indics que de situations concrètes, on peut les classer en deux types : ceux qui adorent balancer – les plus nombreux – et ceux qui s'y décident contraints et forcés. Ces derniers ont donc quelques excuses contrairement aux premiers, vicieux et retors, qui jouent le double jeu par intérêt, peur ou avidité. Sam était donc une balance dans la plus pure tradition.

Face aux indics, deux types de policiers : d'une part, ceux qui se mettent volontiers à la portée des voyous, avec les inévitables risques de dérapage que l'on court à s'avancer ainsi sur les trottoirs malfamés des rues chaudes. D'autre part, ceux qui ont compris les règles du jeu : pour fonctionner, l'indic réclame un brin de considération, mais il a tout autant besoin de nourrir quelque estime à l'endroit du policier avec lequel il est en rapport. Il est donc indispensable que chacun reste à sa place. Rien n'est plus dangereux pour un policier que de se laisser influencer par son environnement. On ne peut être des deux côtés à la fois, et même si le monde des voyous, ses règles et sa langue peuvent être un univers vers lequel on est tenté d'aller voir de plus près, il ne faut jamais oublier qu'il est, avant tout, malsain.

« L'honneur » des voyous est une invention romanesque, une figure de style que s'imposent quelques cinéastes, une vue de l'esprit. Un voyou n'est pas, à de rares exceptions près, un homme de courage et de parole. Quant à l'indic qui ne prétend pas à de tels artifices, il l'est encore moins que le truand, puisque recruté sur les bas-côtés du monde du crime.

Parfois, je recevais de prison de ces lettres qui sonnent comme des promesses : « Contactez-moi, je peux vous dire des " choses intéressantes " à propos de cette affaire que vous traitez en ce moment. » Sous-entendu : « Et vous me faites sortir. » La plupart du temps, le « renseignement » en question est un secret de polichinelle que l'indic en puissance voudrait faire passer pour une monnaie d'échange conséquente. Il va de soi que les barèmes sont plus élevés. On ne fera pas sortir quelqu'un de prison avant qu'il ait fourni un matériau sérieusement exploitable, mais pour lui, à ce moment-là, il est déjà trop tard pour reculer. Il a mis le doigt dans l'engrenage, dès lors il devient un informateur à qui l'on demandera de faire mieux.

J'ai recruté comme ça certains indics. Au début, la démarche n'est pas sans heurter ce qu'il reste de conscience chez le voyou de petite envergure, d'autant qu'à ses états d'âme, aussi légitimes que rares, s'ajoute la crainte de se faire descendre si d'aventure « quelqu'un » prenait connaissance d'une telle collaboration. Il faut dire que les balances ou les « donneuses » ne sont guère appréciées chez les pensionnaires des Beaumettes, à la Santé ou ailleurs. Et dans ces cas-là, la mort brutale est encore la punition la plus clémente.

Celui qui n'a pas assez de cran pour supporter la prison, pas assez d'épaules pour assumer son statut de voyou finit par craquer. Alors il donne. Il devient une balance. La plupart du temps, dans l'esprit de son auteur, cette incartade à la loi approximative du Milieu doit rester une exception, une faiblesse passagère. Ce qu'il ne sait pas et que le policier se fait fort de lui rappeler à chaque fois que d'autres délits le renvoient en prison, c'est qu'il a signé un contrat à vie avec lui.

Désormais, chaque fois que la nécessité l'imposera, il sera contraint de fournir des renseignements. Non que le policier l'y oblige en instaurant je ne sais quel chantage machiavélique, mais parce que celui qui l'a fait une fois présente les dispositions psychologiques qui le mèneront à recommencer. Par faiblesse pour échapper aux quelques mois de prison qu'il doit purger, par facilié pour que ses petites affaires puissent continuer à fonctionner, pour se venger d'un malfrat, par haine des autres ou... par plaisir. Il recommencera mais, à chaque fois, le policier « traitant » devra faire preuve de discernement et se contenter d'informations clairsemées, de chaînons manquants. Non seulement l'indic a ses pudeurs mais il n'est pas rémunéré en fonction de son « travail ». La France, une fois de plus, n'est pas l'Amérique où la délation fonctionne à coup de millions de dollars, système dont se félicitent les Narcotico-bureaux qui effectuent ainsi leurs plus belles prises. L'indic n'apporte jamais sur un plateau une affaire entièrement « ficelée ».

Je le sais, tout cela ne sent pas très bon. « Manipuler l'indic », c'est-à-dire se faufiler dans les méandres les moins ragoûtants de l'âme humaine, « instrumentaliser » les chemins sombres et tortueux de l'esprit ne sont pas une activité très noble. Mais j'insiste : l'utilisation de l'indic obéit aux lois élémentaires de notre profession et, si la morale est souvent malmenée dans cette histoire, c'est davantage au détriment du crime que de la loi.

Le risque est aussi grand pour le policier qui, lui, met son âme dans la... balance. La frontière est mince entre protéger un indic et soustraire un criminel à la justice. Où s'arrêter ? C'est là qu'intervient la morale de chacun. On ne peut pas entretenir des relations avec un indic pendant des années sans nourrir à son endroit un soupçon d'estime, et ce respect, même s'il n'est qu'une indulgence de l'âme, ne saurait concerner les ordures. On ne peut avoir pour indic un violeur, un meurtrier, un détrousseur de vieilles dames.

Une mission de ce genre n'est donc pas une affaire de fonctionnaire, mais bien une affaire d'homme.

Enfin, il arrive parfois que la loi des hommes soit conforme à celle de Dieu : l'indic, qui aura contribué par son geste à ce que justice soit faite, pourra alors prétendre à la clémence du tribunal. Ce n'est déjà pas si mal.

En cette année 1973, l'étendard de l'OCRB claquait au vent comme le signe avant-coureur d'une grande aventure. À la fois personnelle et collective.

Pour moi, c'était non seulement une promotion inattendue mais également une consécration, une marche de plus vers la reconnaissance. Celle de mes pairs et celle du grand public. Depuis Clairvaux, de plus en plus de journalistes suivaient mes « exploits » à la trace. Une petite réputation de flic pur et dur accompagnait mon nom telle une particule gagnée au prix d'un travail éreintant et de quelques risques conséquents. Le narcisse qui sommeille en chacun de nous avait pris chez moi une place qui, aujourd'hui, me fait un peu sourire, mais qui, à l'époque, me poussait irrésistiblement à prêter une oreille complaisante au journaliste qui me sollicitait. Et tant pis si cette tentation du micro tendu était à l'origine de mon départ de Lyon. Je ne me lassais pas de voir les activités de mon service faire la une des journaux.

La médiatisation est un poison subtil auquel il est difficile de résister. Surtout à Paris où la concentration de journalistes est – sinon qualitativement, du moins quantitativement – plus importante que n'importe où en province. Si j'ai noué, à partir de cette époque, de très bonnes relations avec certains d'entre eux – dont l'équipe d'Europe 1 qui m'a toujours honoré de sa confiance –, d'autres, moins scrupuleux, ne m'ont pas laissé le meilleur souvenir tant leurs méthodes étaient dénuées de la plus élémentaire éthique et leur parti pris à la limite du supportable.

En devenant plus spectaculaires, nos méthodes attisaient de plus en plus la curiosité de la presse à sensation. Quelques journaux, dont *Paris-Match*, installèrent des systèmes d'écoute permanente sur les réseaux de communication de la police sans se soucier de savoir si la publication de certaines informations « volées » pouvait être préjudiciable au bon déroulement de l'enquête. La riposte a été un peu longue – l'Administration ignore la rapidité –, mais nous avons fini par obtenir que nos postes soient codés.

Ce fut pour la presse et pour nous – je veux dire les Antigang, au sens large du terme – une période captivante, riche et tourbillonnante sur le plan humain mais difficile sur celui des affaires. Les journalistes partaient à la chasse au scoop et nous à celle du « flag [1] » et, bien entendu, ces deux préoccupations se rejoignaient trop souvent. Les journalistes ne nous quittaient pas d'une semelle au point qu'on en retrouvait qui planquaient devant le 127 de la rue du Faubourg-Saint-Honoré. Nos rapports s'apparentaient à « je t'aime moi non plus ». D'un côté, nous avions besoin d'eux pour brouiller les cartes dans certaines affaires, pour privilégier des pistes ; de l'autre, nous leur étions indispensables pour les orienter sur des enquêtes. Au fil du temps, nous avons su faire le tri entre ceux qui ont une carte de presse et les vrais journalistes.

Cela dit, les couvertures médias étaient un merveil-

1. Flagrant délit (ou « flagrance »).

leux stimulant et je me suis souvent fait l'avocat de cette médiatisation que les hiérarques de la police ne prisaient pas beaucoup.

À l'époque, les policiers, peu rémunérés pour leur harassant travail, se voyaient récompensés par cette parcelle de gloire, certes dérisoire, mais tellement valorisante sur l'instant. Aujourd'hui, ce sont les juges qui accèdent à la notoriété tandis que les flics restent dans l'ombre. La roue tourne.

À l'OCRB, service dont j'ai été l'adjoint puis le patron, l'état d'esprit reflétait celui des années 70, lorsqu'un léger vent anarchisant soufflait sur la France et parvenait même à faire frissonner les services de police. Je ne parle pas de politique mais d'un état d'esprit, un style révolu, quand les cheveux longs, les blousons de cuir et les blue-jeans séparaient les générations et que les barrières hiérarchiques tendaient à disparaître. Par exemple, dans les bureaux du 127, rue du Faubourg-Saint-Honoré, nous ignorions ce que signifiait « la signalétique », ces étiquettes posées un peu partout sur les portes et qui désignent par des titres pompeux ou des sigles hermétiques les attributions des uns et des autres. Le bureau du patron, c'était celui d'où partaient les éclats de voix.

Les années 70 sont également celles de l'émancipation de la femme, de son accession à des postes longtemps réservés aux hommes. Cette fameuse « parité » aujourd'hui claironnée à son de trompe, je peux affirmer que j'en ai été l'un des initiateurs en recrutant parmi les tout premiers des femmes dans un service opérationnel. Il est vrai qu'au début je les confinais plutôt dans des rôles « d'appât » ou d'appoint mais, peu à peu, elles ont gagné leurs galons jusqu'à tenir à l'égal des hommes, et parfois mieux, les dossiers sensibles.

Jackie fut affectée en 1974, rapidement rejointe par Florence, Jacqueline et Christiane. Il faut reconnaître le mérite de ces jeunes femmes qui ont dû faire leurs preuves dans l'univers machiste de la police, à une époque où mademoiselle Sophie Duez ne promenait pas encore sa gracile silhouette sur l'écran noir de nos nuits blanches, temps qui ignorait la gouailleuse Julie Lescaut ; la seule femme flic que nous apercevions de loin en loin promenait des jambes interminables gainées de noir dans la série anglaise *Chapeau melon et bottes de cuir*.

Pourquoi ne pas l'admettre ? J'étais moi-même dubitatif quant à l'opportunité d'incorporer des filles dans des unités opérationnelles. Le misogyne patenté que j'étais et le macho que je suis un peu demeuré concevait mal que le courage, le sang-froid et la bravoure ne fussent pas l'apanage des hommes. Jackie la première vint bousculer cet *a priori*, dont je précise qu'il était également partagé par les femmes elles-mêmes. Un jour que nous poursuivions un dangereux malfaiteur dans la forêt d'Arpajon, ce petit bout de femme n'avait pas hésité à braquer l'homme d'un mètre quatre-vingts qui lui faisait face. Les yeux dans les yeux, l'arme au poing, elle avait ordonné au criminel : « Brigade antigang, on ne bouge plus ! » Et l'autre de s'exécuter. Il faut avoir vécu ce genre de situation pour vraiment mesurer la dose de sang-froid et de courage dont elle fit preuve ce jour-là.

Une autre jeune femme finit par me convaincre que les postulats archaïques avaient vécu. L'inspecteur Danièle Thiéry, responsable de la cellule des Stups à la Sûreté urbaine de Lyon, aujourd'hui commissaire divisionnaire après une brillante carrière, et moi-même avions pris en filature la voiture d'Alain Mérieux qui devait remettre aux ravisseurs de son fils la rançon exigée. La filature en compagnie de cette jolie blonde – et excellente professionnelle – n'avait pas éveillé le moindre soupçon et nous avions raté les ravisseurs de peu à cause de l'épais brouillard qui avait envahi les Dombes ce soir-là. Le fait que Danièle ait été à mes côtés avait fait de nous un couple banal, passant inaperçu. Cette présence féminine, en nous donnant l'allure de « monsieur Tout-le-Monde », constituait une sorte de « passeport » discret dont, à mon sens, il fallait continuer d'user.

J'ai donc très vite changé mon point de vue quant au recrutement des femmes. Jamais je n'ai eu à déplorer la moindre faiblesse de la part de ces amazones avec qui nous partagions désormais nos nuits de planque et nos journées. Et je ne crois pas être insultant ni « sexiste » en affirmant que la proximité soudaine d'une fille assise sur le siège du passager a apporté un changement significatif, une vision nouvelle du métier de flic. D'autant que Flo, Jackie, Jacqueline et Christiane n'étaient pas vraiment des potiches. Elles étaient à la fois agréables, professionnelles, fortes et dotées d'une personnalité à toute épreuve. Il fallait bien cela pour que ces pionnières puissent convaincre les « mecs » qu'elles étaient de la même trempe qu'eux. Quant à moi, je n'ai jamais eu à regretter, tant sur le plan professionnel qu'affectif, d'avoir combattu les préjugés pour que cette féminisation se concrétise. Et puis, qui m'aurait fait mon brushing quand nous étions en opération pour plusieurs jours ? N'est-ce pas Jacqueline ?

La seule véritable exigence morale que j'ai manifestée dès le début auprès de mes troupes portait sur le respect de la personne humaine. Au début des années 70, les interrogatoires « poussés » étaient encore courants dans la police. Certains services étaient connus pour avoir recours à des méthodes musclées avec les suspects, et tout le monde, y compris certains juges, fermait les yeux sur ces pratiques que, pour ma part, je n'ai jamais approuvées et que j'ai mis un point d'honneur à bannir des mœurs de la rue du Faubourg-Saint-Honoré. Bien sûr, de temps en temps, dans l'excitation d'une arrestation agitée ou sous le choc de la découverte des actes d'un ravisseur d'enfant ou d'un assassin de vieilles dames, il nous est arrivé de distribuer quelques horions. Ces coups partaient « spontanément », sous la pression. En aucun cas ils ne participaient d'une stratégie délibérée. Passer à tabac un homme menotté, fût-ce la plus répugnante des crapules, n'est jamais glorieux. La course à l'aveu ne saurait tout justifier et la fin ne peut reposer sur n'importe quel moyen. D'ailleurs, plutôt que d'arracher un aveu à tout prix, à l'OCRB nous préférions cultiver la preuve. Pour que les juges condamnent lourdement les malfaiteurs que nous leur présentions, il fallait leur fournir des preuves. L'essentiel venait des albums photos rassemblant les clichés pris avant et pendant l'action, et peu de gens se doutent de la somme de travail que représente une simple photo.

Cette volonté de rigueur et de réussite restait incompatible avec l'aléatoire, l'approximatif. Il fallait devenir et demeurer parmi les meilleurs. C'était d'autant plus évident que nous savions que rien ne nous serait pardonné, ni à la préfecture de Police, où notre existence était considérée, à l'époque, comme incongrue, ni par nos collègues des grandes baronnies de province où il allait falloir également s'imposer. Tout ceci a bien changé aujourd'hui, notamment avec les mutations et permutations de chefs de services entre la « Centrale » et la PJPP [1].

Parmi ceux qui arrivèrent de la préfecture de Police

1. Police judiciaire de la préfecture de Police.

pour prendre la tête de la Direction centrale, Maurice Bouvier, plus qu'aucun autre sans doute, incarnait à mes yeux la descendance lointaine de Maigret. L'inévitable bouffarde solidement plantée comme un chêne dans la glaise monopolisait sa bouche du matin jusqu'au soir de manière qu'aucun sourire ne s'y dessinait jamais. Il avait la sentence aussi coupante qu'une guillotine, et son regard acéré posé sur les autres trahissait rarement ses sentiments. Il était quelquefois dogmatique mais extrêmement sérieux, travailleur, logique, méticuleux, assidu et parfois un peu déconcertant. Un jour que nous devions faire une opération dans l'Isère, Bouvier me cite un nom de commune dans la banlieue de Grenoble et, sur le ton du vieil instituteur de mon enfance, me demande : « Pellegrini, cette commune, combien d'habitants ? » Je réponds tout à trac, pour évacuer le sujet : « 4 000 peut-être, monsieur le directeur. » Il se tourne alors vers son chef d'état-major, Gilbert Raguideau : « Raguideau, le dictionnaire des communes je vous prie. » Il compulse le pavé et sans relever la tête articule entre sa pipe et ses dents : « 25 000 habitants, Pellegrini... Il faudra songer à réviser votre géographie. » Face à lui, on avait souvent l'impression de revenir à la communale.

Son arrivée était censée mettre un terme aux rivalités entre la police judiciaire de Paris, avec ses prestigieuses brigades de direction dont la Criminelle, et la Direction centrale forte de ses offices aux compétences étendues. À l'usage, et malgré quelques polissages en surface, tout a continué comme avant. Il s'agissait d'ailleurs davantage de luttes d'influence entre services, et surtout chefs de service, que d'une véritable guerre des polices dont un excellent film, quoique outrancier, raconte les péripéties largement romancées.

En fait, chacun balisait son territoire et le défendait.

Les Brigades territoriales (devenues depuis Divisions de police judiciaire) étaient souvent en conflit de compétences avec les brigades de direction du quai des Orfèvres, et les SRPJ se disputaient les grandes affaires ou les disputaient aux offices. La mobilité des équipes de malfaiteurs n'arrangeait rien, multipliant le nombre des juges d'instruction et des saisines. Tout cela a duré et dure encore malgré quelques avancées, notamment dans le domaine de la lutte antiterroriste ou celui des infractions financières. Il suffit de voir le tollé suscité par l'actuel projet de redéploiement des effectifs de police et de gendarmerie sur l'ensemble du territoire pour comprendre à quel point le corporatisme demeure présent dans les esprits.

Mais revenons à notre fin d'année 1973. Il faut à présent que l'OCRB fasse ses gammes et gagne sa place dans le cercle restreint des professionnels de la répression de la « grande » criminalité.

Monmon Vidal et le gang des Lyonnais vont nous y aider en devenant notre première grande affaire. Et notre première grande réussite.

6. Les grandes manœuvres

Le gang des Lyonnais et le juge Renaud (1973-1975)

Mon départ forcé de Lyon, s'il a plutôt attristé mes camarades, inspecteurs et commissaires – du moins j'ose le croire –, a dû, en revanche, donner à quelques voyous de ma connaissance l'occasion de sabrer le champagne tant il est vrai, je l'affirme sans complexe, que l'équipe que nous formions, Richard, Franquet et moi, accorda peu de répit aux truands, et la lutte contre le proxénétisme, bien qu'au centre de nos préoccupations, n'était pas, loin sans faut, notre seule activité.

Une ombre, cependant, persistait à tempérer notre bonne humeur, une ombre que nous devions à Edmond Vidal, le gitan du quartier de Décines à Lyon, dit « Monmon » ou encore « Yeux bleus », chef incontesté du gang des Lyonnais : les frères Grandebœuf, Jean-Pierre, dit « Christo », et Robert ; Pierre Zakarian, dit « Pipo » ; Constantin Silmezoglou, dit « Zorba le Grec » ; Nicolas Caclamanos, dit « Nick le Grec » ; George Manoukian ; le propre frère de « Monmon », Joseph Vidal ; et quelques autres encore se livraient depuis les années 60 à des activités aussi suspectes que florissantes.

Au moment de mon arrivée à Lyon, les petits délinquants des bords du canal de Jonage, que le Milieu lyonnais avait rebaptisé « la mer des Sargasses », étaient devenus des truands confirmés passant du statut de ferrailleurs à la gâchette facile et de souteneurs avérés à celui de braqueurs.

Un différend d'affaires avec un chiffonnier corse – Fernand Recchia un truand local – devait sanctionner cette « promotion » en 1966, lorsque Monmon Vidal et Christo Grandebœuf réglèrent leurs comptes à coups de feu au Nelson Bar, blessant grièvement la tenancière. Résultat des courses : sept ans fermes pour Grandebœuf et cinq – auxquels venaient s'ajouter huit mois en correctionnelle pour détention d'armes – pour Vidal, plus leur nom dans le Fichier central du banditisme, le *Who's who* du Milieu.

À partir de 1970, le gang des Lyonnais, sous l'impulsion de Claude Chavel, dit « Joanny », ancien volontaire des Brigades spéciales anti-OAS durant la guerre d'Algérie, devenu l'ami du très puissant et intouchable parrain lyonnais Jean Augé, puis proxénète et enfin exploitant de tripots, sera la hantise des policiers. Chavel, un peu le « Raymond-la-science » du groupe, en accord avec Augé qui observe depuis sa tour d'ivoire les agissements de ces « petits jeunes », décide que le temps est venu d'organiser les braquages de manière méthodique, minutieuse, presque scientifique. Désormais, les coups seront préparés des mois à l'avance, les lieux repérés, les itinéraires de fuite parfaitement définis à l'aide de cartes routières détaillées. Enfin, des fourgonnettes Renault « estafettes », placées tout le long du chemin de repli comme des relais, signeront les agissements de ces « Lyonnais » en blouse de travail et passe-montagne, la garde-robe habituelle du gang pour ses attaques à main armée.

Bien évidemment, pour regrouper tous ces éléments, il aura fallu deux à trois années d'enquête, de collecte de renseignements, de filatures, d'observations et une vingtaine de hold-up perpétrés par la bande. Trois ou quatre retiennent notre attention. Et pour cause : ils ont défrayé la chronique.

Un premier hold-up a lieu le 23 décembre 1970 à la poste de Chambéry : 2,2 millions de francs sont subtilisés.

Le 30 juin 1971, à l'hôtel des Postes de Strasbourg, deux minutes à peine suffisent à une équipe de six gangsters, très bien renseignés et opérant en commando avec une précision toute militaire, pour s'emparer de 11 680 000 F en petites coupures dont les numéros ne sont pas relevés. Malgré les barrages mis rapidement en place, on ne retrouve ni les auteurs du hold-up ni l'argent. Cet exploit fait la une de tous les journaux qui n'hésitent pas à titrer : « Le casse du siècle à Strasbourg ».

Le 5 février suivant, quatre hommes armés de gros calibres attaquent trois convoyeurs de fonds venus chercher la recette du supermarché Carrefour à Vénissieux, dans la banlieue lyonnaise. Fusillade entre les bons et les méchants. Un blessé chez les bandits qui parviennent à fuir avec la recette – 1,7 million de francs – sous le bras. Un mort chez les convoyeurs de fonds.

Les similitudes entre ces attaques, ainsi que d'autres moins importantes, notamment dans l'Ain, sont nombreuses. Outre la précision et l'intelligence dont font preuve les braqueurs, les enquêteurs observent qu'à chaque fois les témoins ont évoqué les blouses bleues, les passe-montagnes et les armes de gros calibre. Enfin, après chacun des hold-up, des estafettes volées et maquillées sont retrouvées sur plusieurs centaines de kilomètres, tout au long de la retraite des truands.

Malgré les 100 000 F de récompense promis à toute personne susceptible d'apporter un début de réponse aux questions que se pose la police à propos du casse de

Strasbourg, il nous faudra attendre longtemps pour que les confidences d'un informateur lyonnais nous permettent enfin de porter de façon quasi certaine nos soupçons sur le gang de Monmon Vidal. D'après l'indic du commissaire Richard, c'est bel et bien une organisation rhodanienne qui est à l'origine de cette série de braquages. À partir de là, le Groupe de répression du banditisme de Lyon, dont je suis encore le chef, et la section financière de Franquet ne lâcheront plus d'une semelle « la bande à Vidal » qu'aucune preuve formelle ne permettra pourtant de confondre.

Mon départ précipité de Lyon pour cause d'« esclandre » avait donc engendré chez moi, outre l'amertume compréhensible de me faire remercier à mi-parcours, le regret d'être contraint d'abandonner cette affaire sur laquelle nous travaillions depuis de longs mois. Ironie du sort : mon éclat journalistique qui m'avait valu de partir un peu dépité me voyait revenir sur ces faits, en 1973, auréolé du titre de directeur adjoint de l'OCRB sous la coupe très indulgente de Joseph Lebruchec, premier directeur de l'Office. Le juge François Renaud, bien décidé à nettoyer Lyon et la vallée du Rhône, allait multiplier les commissions rogatoires à cet effet.

J'étais donc particulièrement motivé à l'idée de repartir sur ce dossier qui mobilisait beaucoup d'énergie et d'imagination rue Vauban, au siège de la PJ.

Nous débarquons de nos Simca 1100 violettes au fort de Saint-Foy-lès-Lyon, sur les hauteurs de la ville, où la CRS 46 nous offre l'hospitalité jusqu'à ce que notre mission prenne fin. Il faudra attendre que la pingrerie de l'Administration se relâche quelque peu pour obtenir, plus tard, des conditions de vie moins spartiates. Pour autant, je ne suis pas mécontent de retrouver mes premières amours bleu marine et d'y croiser quelques figures de connaissance. Alors que, vêtu d'un survêtement sans âge, je suis occupé à remplir mon seau à charbon dans la cave, un jeune gardien de mon ancienne unité, la CRS 49, a l'air plutôt surpris de me trouver là.

« Lieu-lieu-lieutenant, mon capi-capi-capi, capitaine, enfin... Monsieur le commissaire, qu'est-ce que vous faites là ? s'interroge, sidéré, le CRS.

– Vous voyez bien mon vieux, je prends du charbon. Que voulez-vous, ils m'ont dégradé... »

J'avais bien sûr conservé mon grade, ce qui ne m'empêchait pas de partager les corvées quotidiennes avec le reste de la chambrée.

Celle-ci, composée d'inspecteurs, n'était pas tout à fait comme les autres. Elle avait la particularité de compter la présence d'une femme, Jackie Marinont, la première à avoir intégré l'OCRB, et donc à en avoir essuyé les plâtres. Je me demande encore comment elle a pu supporter tous ces célibataires, plus puérils que des collégiens, avec qui elle dut partager ses jours et ses nuits. En tout bien tout honneur, cela va sans dire.

Nous apprenons que des mouvements de fonds, à hauteur de plusieurs millions, apparaissent dans la comptabilité de Monmon Vidal, ce que sa situation ne saurait justifier. Il roule dans une voiture de luxe, donne des fêtes fastueuses, s'offre des vacances aux sports d'hiver et les places les plus chères lors de grands matchs de boxe dont il est particulièrement friand. Vidal a fait inscrire sa propriété de Caluire au nom de son fils – un nouveau-né – et, surtout, il use de plus en plus d'un langage codé au téléphone ; car, bien sûr, nous l'avons mis sur écoutes.

Joanny Chavel a aussi l'esprit fêtard. Lui, c'est dans un château de l'Ain qu'il mène la grande vie. Pour

4 millions de francs il rachète le château de Flechère qu'il fait rénover. Le fin tacticien de l'ombre se mue alors en nouveau riche à la fortune ostentatoire, qui organise des soirées hollywoodiennes et surréalistes. Pour la crémaillère, Chavel n'hésite pas à convier, autour d'un buffet concocté par Paul Bocuse, quelques dizaines de truands... et presque autant de policiers.

Par ailleurs, nous remarquons que, avant chaque hold-up commis en dehors de Lyon, les membres de l'équipe disparaissent des lieux où ils ont leurs habitudes pour après refaire surface comme si de rien n'était.

Nous observons et filons les membres du gang pendant des mois. Avec nos trottinettes poussives en guise de voitures, nous devons suivre discrètement les BMW de ces messieurs qui non seulement sont riches, mais également prudents. Pour ne pas nous faire repérer, nous changeons très souvent de plaques minéralogiques et parfois même de voitures. Un jour, après avoir enfin obtenu une superbe DS 19 verte à toit crème plus adaptée à nos missions, je m'accorde quelques heures de solitude et prends le temps de rouler tranquillement sur le périphérique de Lyon, délaissant l'enquête un instant. Ni tension ni stress, rouler, se laisser glisser sur le ruban d'asphalte, vitres ouvertes et bras à l'extérieur. La quiétude est de courte durée. Dans le rétroviseur, une voiture de police, deux tons hurlants, se colle derrière moi.

Je m'arrête. Deux flics se précipitent, me sortent de la voiture, me plaquent contre la carrosserie. « Pas un geste ! » Nonobstant cet ordre bref et brutal, je sors ma carte de police. L'un des deux intervenants me l'arrache des mains, décrypte le document et laisse tomber, sentencieux : « Fausse carte ! » Ce n'est pas possible, quelqu'un va bien m'expliquer ce qui se passe. Les policiers envoient des messages radio depuis leur véhicule et alertent toutes les équipes de service. Enfin, arrive une patrouille conduite par un brigadier-chef. Il me voit, se met au garde-à-vous et me salue.

« Mes respects, monsieur le commissaire...

– Mais qu'est-ce que j'ai fait pour qu'on me traite comme ça ?

– C'est-à-dire... Les collègues ont remarqué que vous n'aviez pas la même plaque à l'avant et à l'arrière ! »

Je comprends. Dans sa précipitation, le brave inspecteur chargé de préparer les voitures s'était un petit peu « mélangé les pinceaux ». En effet, pour échapper à la sagacité des gangsters, nous avions droit, pour chaque voiture, à cinq ou six numéros d'immatriculation dans des départements différents. Nous avions donc cinq ou six cartes grises et autant de plaques. Seul un œil avisé pouvait voir que ces plaques étaient vissées pour être changées rapidement et non pas rivetées comme l'exige la réglementation.

Nous venions également d'obtenir à grand-peine la pose de micros mains libres dans les pare-soleil de nos voitures ; à l'époque où j'avais intégré la police, nous en étions encore au gros combiné des films en noir et blanc des années 50. Peu élégants et pas très fonctionnels, ces énormes téléphones imposaient à l'utilisateur des ruses de Sioux pour entretenir un semblant de discrétion, comme de se plier en deux à l'intérieur de l'habitacle, par exemple, pour pouvoir communiquer sans être vu. Pas très pratique de conduire dans ces cas-là, surtout lorsque, à l'instar de Vidal, on multiplie les demi-tours en plein milieu de la circulation, sur autoroute ou ailleurs, afin de semer un éventuel poursuivant.

Monmon ne dort pas trois nuits de suite au même

endroit et lui et ses amis ne se rencontrent jamais. Une fois pourtant, au téléphone, Vidal donne rendez-vous à Chavel « près du bon Dieu ». Une surveillance discrète des deux hommes nous amènera à Tassin-la-Demi-Lune, à proximité d'une église. La localisation du fameux rendez-vous « près du bon Dieu » nous sera d'une grande utilité pour la suite de l'enquête.

En marge, ou peut-être au cœur de cette enquête, deux événements ébranlent la chronique criminelle lyonnaise.

Le 15 juin 1973 à Lyon, Jean Augé, le parrain incontesté du Milieu lyonnais, est abattu de plusieurs balles alors qu'il se rendait à sa partie de tennis. L'ancien auxiliaire crapuleux de la Gestapo pendant la guerre, le résistant opportun de l'épuration, la barbouze du SAC, la fameuse « cuillère » qui arrache indifféremment les yeux des OAS et du FLN, a été abattu par un homme qui a pris la fuite dans une estafette.

Le 16 octobre de la même année, Joanny Chavel, l'ami d'Augé, le « cerveau » des Lyonnais, parti chasser dans les Dombes à quelques kilomètres de son château, disparaît aussi mystérieusement que définitivement.

Plus tard, grâce à Sam, mon indic parisien, nous constatons que la bande qui s'est enrichie entre-temps d'un nouveau mentor en la personne de Pierre Pourrat, dit « Patrick », un vieux voyou lyonnais, est sur un coup : un hold-up au centre de tri postal de La Tronche, qui dessert Grenoble. Avec 3 millions de francs à la clé, nous nous doutons que Vidal et ses amis vont tout mettre en œuvre pour rafler la mise.

Dès lors les truands sont scrupuleusement suivis, épiés, installés en gros plan dans notre ligne de mire. Nous les voulons en « flag », le flagrant délit qui fera tomber la bande pour de nombreuses années. Deux bonnes dizaines d'inspecteurs se relayent jour et nuit autour de « l'objectif » dans la discrétion la plus totale. Le pistolet-mitrailleur qui dort à leur côté est là pour parer aux éventuels dérapages dans le genre de celui de Vénissieux.

Le 12 décembre, Richard a le contact avec son informateur. « Ça bouge, dit-il. Monmon et le gang viennent de partir sur un gros coup. » Et l'indic de donner des détails : les Lyonnais se sont donné rendez-vous dans une crêperie en face d'une gare proche d'un hôtel, le Surcouf. Forts de ces renseignements, les policiers vérifient tout. Les truands ont bien disparu de leur domicile, mais à Grenoble, en revanche, pas la moindre trace d'hôtel Surcouf.

Après quarante-cinq jours de filatures, de planques, de ruses en tout genre pour coincer les suspects, les policiers se rendent à l'évidence : le hold-up de Grenoble était une fausse piste. Ils décident de lever le siège. Vidal, probablement averti des manœuvres policières, aura décidé de renoncer à son projet.

Pourtant, deux attaques en un mois perpétrées en Bretagne, à Nantes et Angers, prouvent que les truands n'ont pas renoncé à leurs activités. Elles sont en effet « signées » : opération précise et organisée, blouses de travail, relais bien étudiés et itinéraires de fuite par des chemins vicinaux. Mieux, pendant la période des braquages, les employés d'une crêperie et d'un hôtel Surcouf situé en face de la gare de Rennes reconnaissent formellement Vidal sur photo.

Est-il besoin de préciser que le gang des Lyonnais échauffe de plus en plus nos oreilles ? Bien entendu, nous avons de quoi faire tomber les membres et leurs chefs pour quelques délits : port d'arme, fausses identités et que sais-je encore. Mais cette perspective n'est pas celle qui monopolise les esprits de la magistrature et de la police, qui veulent coincer la bande en flagrant délit. Hélas, nous ne disposons d'aucun élément tangible permettant d'inculper ce gros gibier. Ce n'est qu'une fois qu'ils auront la main dans les sacs (postaux ou bancaires, peu importe) que nous pourrons les appréhender.

Le 2 décembre 1974, une fois de plus, un « cousin » refile à Richard un tuyau peut-être décisif : Pourrat et Vidal prépareraient plusieurs coups à la fois, vraisemblablement pendant la période des fêtes, quand les « objectifs » (supermarchés, banques, postes) regorgent d'argent. Cette fois-ci, le commissaire Richard, en amateur éclairé de la chose militaire, décide, en accord avec la Direction centrale, de déployer la plus vaste opération de police montée en France depuis longtemps. Les SRPJ de Clermont-Ferrand, Lyon et Dijon et l'OCRB, c'est-à-dire cent douze policiers, plus des centaines de gendarmes et CRS sont mobilisés pour mettre un terme aux activités de la bande. Une mise en garde d'extrême urgence est adressée à toutes les forces de police et de gendarmerie de dix-huit départements limitrophes. L'opération « Chacal » est déclenchée.

Pour une fois, grâce aux écoutes – dont je persiste à défendre le principe et l'efficacité – et aux indics (dont Sam), nous avons un peu d'avance sur Monmon Vidal. Nous apprenons que Joseph, le frère de Monmon, s'est fait établir une carte d'identité au nom de Monmon avec la photo de celui-ci. Ainsi Monmon disposera d'un alibi en béton : il se fera adresser un mandat télégraphique en poste restante à Chamrousse (base de repli et lieu de villégiature du gang), que Joseph ira percevoir à sa place le jour où l'attaque aura lieu. Et la culpabilité de Monmon ne pourra être établie. Pour nous, ce renseignement est d'autant plus précieux que ce mandat servira de signal, puisqu'il doit coïncider avec le double hold-up. Le seul hic, et il est de taille, c'est que nous ignorons totalement où doit se dérouler l'opération en question.

La solution est de passer outre la loi et d'aller fouiller le nid de notre oiseau. Nous décidons donc de cambrioler l'appartement de Monmon Vidal. Plusieurs dispositifs concentriques sont placés autour du cœur de la cible : un grand cercle, un cercle moyen et un cercle restreint, destinés à prévenir les « cambrioleurs » de l'arrivée de Vidal ou de sa maîtresse, la très belle Jeanne Biskup dite Jeannette. Sur nos talkies, le code est simple : toutes les trente secondes, le guetteur annonce « vert » pour dire que tout est calme dans la rue ; « orange » si un mouvement, une voiture ou un homme non identifié se manifestent ; « rouge » si c'est Monmon lui-même qui se montre.

Le dispositif est en place. Un serrurier venu de Paris ouvre la porte, nous entrons et, dans un faux espace derrière le buffet de la salle à manger, nous trouvons les cartes routières avec les itinéraires.

Ces cartes indiquent plusieurs pistes géographiques : le Nord, Clermont-Ferrand et deux autres endroits. Le Minox dont nous sommes équipés (un petit appareil photo qu'utilisent les agents secrets) nous permet d'immortaliser les cartes sous le lustre du salon. Les talkies ponctuent notre fébrile opération au son de « vert-vert-vert ». Parfois un « orange » vient troubler notre quiétude, repassant vite au « vert ». Soudain, un « rouge ! rouge, nom de Dieu ! » interrompt l'opération. Nous avons tout juste le temps de remettre les cartes à leur place et de prendre congé ventre à terre. Vidal et Jeanne sont de retour au bercail. Pour la petite histoire, Monmon et Jeanne étaient fous l'un de l'autre. Ils appartenaient à la race des enfants terribles, des amants de l'absolu que le milieu de la criminalité engendre parfois, quand une vie dangereuse rend plus intense chaque instant, chaque pulsion, chaque sentiment. Jeanne était tombée amoureuse de ce voyou à la mèche rebelle et au sourire canaille, et lui n'avait pas su résister à cette beauté farouche à la chevelure de jais, qui aurait donné sa vie pour lui et qui, accessoirement, tenait la comptabilité. Des Tristan et Yseult égarés dans le cloaque lyonnais, air pur et soufre mêlés, *Bonnie and Clyde* sur Rhône.

Pour en savoir plus et pour parfaire notre dispositif d'observation, nous avions placé quelques micros chez les principaux protagonistes de l'affaire. Le renseignement est une science parfois exacte et, dans ce domaine, un homme, même le moins loquace, aura toujours la tentation de s'alléger d'un secret auprès d'une femme ou d'un ami qui a toute sa confiance, surtout dans le contexte d'un appartement qu'il croit protégé.

Je ne me souviens plus chez lequel d'entre eux nos techniciens avaient réussi à placer un émetteur particulièrement efficace. À l'époque nous n'avions pas encore de récepteurs multicanaux pilotés par quartz, et il fallait rechercher sur une TSF bricolée la réception optimale de la bonne fréquence. Cette nuit-là, dans notre studio, nous guettions donc les confidences de la bande retransmises par un émetteur relais fixé en haut d'un sapin, à vue directe de l'appartement. Las ! il gelait à pierre fendre et, au bout de quelques heures, le bloc d'alimentation du relais rendit l'âme. L'enjeu était trop important, nous n'avons pas hésité : direction le sapin avec notre récepteur. Là, emmitouflés dans des parkas et des couvertures, mais grelottant tout de même dans le froid glacial, nous avons assisté en direct à une partie de tarots qui a duré toute la nuit. De hold-up il ne fut point question, mais je crois me souvenir que Grandebœuf mena deux ou trois fois le « petit au bout ». Grandeurs et servitudes de la fonction policière...

Sur le conseil du juge Renaud qui avait juré la perte des Lyonnais, nous avions également placé un micro dans le buffet du studio que Vidal avait loué pour sa vieille maman. Une anomalie technique, une fois encore, faillit nous faire repérer lorsque la brave dame, inquiète, téléphona à son fils : « Monmon, Monmon, je m'entends parler dans la télé ! » En fait, une interférence avec la fréquence de la télévision était à l'origine de cette plaisanterie involontaire à laquelle nous allions mettre rapidement un terme en convoquant en catastrophe Mme Vidal mère à la gendarmerie, le temps pour nous de rétablir le système en toute quiétude. Dans la nuit claire et paisible de Chamrousse, sous le ciel étoilé, on entendait le bruit des marteaux des poseurs de micros dans le buffet d'une vieille dame.

À partir des cartes routières photographiées chez Vidal, nous cernons les objectifs. Richard fait investir les lieux stratégiques à mi-chemin entre la banlieue nord de Lyon, Caluire et les cibles potentielles des voyous, situées dans le nord de la France.

En compagnie de plusieurs inspecteurs, je m'installe dans le cœur du Beaujolais, aux environs de Cercié, Joseph Lebruchec est dans le Jura et une autre équipe dans le Puy-de-Dôme. Là, pendant quinze jours, nous attendons dans de confortables auberges que se manifeste le gang des Lyonnais.

Je serais intellectuellement malhonnête en prétendant que cette traque ne nous laissait aucun répit et que nous étions sur les dents en permanence. Même si notre présence en Beaujolais était largement justifiée par une chasse à l'homme des plus importantes, elle nous laissait quelques loisirs, notamment gastronomiques. Au terme de la première semaine, notre seule prise se comptait en kilos superflus.

L'auberge où je me trouvais fut le théâtre d'un incident tragi-comique avec les gendarmes locaux. Le propriétaire des lieux, doutant de la qualité de « prospecteurs » que nous avions avancée, avait averti les gendarmes de la présence d'individus louches dans son établissement. Il n'en fallait pas plus pour qu'une escouade de gendarmes en casques lourds et pistolets-mitrailleurs encercle l'hôtel et nous gratifie d'un réveil en fanfare. Explications laconiques et renvoi de l'officier vers son général qui, seul, était au courant de notre présence dans sa zone d'influence. Discrétion oblige.

Le commissaire Richard prenait très à cœur son rôle de général. La situation n'était pas pour déplaire à ce Breton sympathique, opiniâtre et courageux mais à la personnalité très affirmée et qui, de plus en plus, semblait se fondre dans son personnage de chef de guerre en campagne ; tenues camouflées, ordres brefs, raideur toute militaire trahissaient l'officier qu'il avait été et qu'il entendait bien redevenir l'espace de quelques semaines. Entre autres consignes, il avait interdit à ses troupes de téléphoner à qui que ce fût. Même nos épouses devaient ignorer où nous étions et ce que nous faisions. En attendant avec de plus en plus d'impatience le jour J, nous testions régulièrement nos équipements, en particulier le matériel radio. Compte tenu du relief vallonné du Beaujolais qui, certains jours, faisait obstacle à la propagation des ondes hertziennes, nous avions placé une fourgonnette relais au sommet d'une vigne, chargée d'établir la liaison entre les véhicules.

« Qu'est-ce que vous faites-là ? me demande le paysan que je n'ai pas vu arriver tandis que, le nez dans la voiture, je m'escrime à saisir les subtilités de la transmission des ondes hertziennes.

– Police, lui dis-je, exhibant ma carte tricolore.

– Je vois bien, mais qu'est-ce que vous faites là ? insiste-t-il.

– Nous effectuons des communications radio. On s'occupe des espions suisses.

– Mais on n'est pas en guerre avec la Suisse !

– Je sais, mais il s'agit d'espionnage économique... »

En bon paysan à qui on ne la fait pas, le Gaulois demande à voir ma carte de nouveau, la scrute, la soupèse comme un raisin douteux et me la rend.

« C'est bon. Venez ce soir à la maison, on va boire un coup et vous me parlerez de tout ça. »

Le soir même, comme convenu, je me rends avec deux inspecteurs à la ferme du vigneron. D'un tonneau de bel aspect il fait couler un nectar à la couleur chatoyante et nous fait asseoir à la longue table en bois. Nous lui parlons de nos batailles et lui de sa guerre de 14, dans les tranchées de Verdun où il fut un poilu parmi tant d'autres. L'atmosphère est chaleureuse, amicale. Cela sent bon le terroir. À un moment, il se lève, monte au grenier et revient les bras chargés d'une carabine USM1 et de trois sabres. Ébahis, mes deux inspecteurs considèrent l'USM1, cette carabine ultralégère de calibre 7,62 et précise comme une montre suisse, l'arme fétiche des collectionneurs.

« Combien vous le vendez ? interroge, sans trop y croire, un de mes hommes en soupesant un sabre superbe.

– Oh ! t'as qu'à payer ta tournée, ça ira bien comme ça... », lui répond le généreux vigneron.

Le temps passe lentement quand, un jour, un message radio de l'antenne de Chamrousse nous apprend qu'un mandat télégraphique a été honoré à 10 heures au guichet de la poste par Joseph Vidal, présentant à la receveuse des papiers d'identité au nom d'Edmond Vidal, son frère Monmon. Presque simultanément, deux hold-up contre des supermarchés ont eu lieu à

Lens et Valenciennes. Tout concorde donc, même si les objectifs sont très éloignés de Lyon. L'indic a dit vrai. Il ne nous reste qu'à « sauter [1] » Monmon et ses hommes qui, selon nos prévisions et surtout leurs habitudes, prendront toutes les routes secondaires, voire les chemins vicinaux, de manière à semer la police et à se jouer des éventuels barrages. C'est la phase 2 de l'opération Chacal : plusieurs centaines de gendarmes sont postés sur un large périmètre entre le Nord et Lyon.

Nous attendons. Dans l'après-midi, les « sonnettes » (nos équipes chargées de surveiller et de prévenir le quartier général de l'opération) nous annoncent le retour au bercail des voyous. Consternation générale. Une fois de plus, Monmon et ses hommes ont réussi à passer à travers les mailles du filet. Le cambriolage chez Vidal, les frais considérables, le gigantesque déploiement de moyens, d'hommes, d'énergies, n'ont servi à rien. Dépités, nous rentrons d'humeur maussade à Lyon où nous faisons le point.

Après avoir constaté que les Lyonnais ne sont pas passés par les itinéraires qu'ils avaient si méticuleusement préparés mais ont dérogé à leurs habitudes en prenant l'autoroute et la route nationale, nous optons pour le coup de filet. Certes, ce ne sera pas le flag que nous attendions, et espérer mettre la main sur l'argent est illusoire (ils ne sont pas assez naïfs pour le transporter avec eux) mais, pour la première fois, grâce au coup du faux mandat et du faux Monmon Vidal, nous avons un commencement de preuve de la culpabilité des Lyonnais. Du solide qui peut contribuer à enfin obtenir un résultat.

Le 18 décembre 1974, le coup de filet s'abat simultanément sur Lyon, Grenoble et Chambéry. Tous les domiciles de tous les complices directs ou indirects de

---

1. Interpeller.

Vidal sont perquisitionnés. Plusieurs dizaines de voyous et de membres de leurs familles sont appréhendés simultanément. Garde à vue jusqu'à plus ample information. Quant à Monmon lui-même, j'en fais mon affaire. Les vêtements aussi froissés que ma susceptibilité, la barbe bleue résultant d'une nuit sans sommeil et les cheveux en bataille, j'attends depuis 6 heures ce matin dans le hall d'une résidence de luxe de La Duchère que l'oiseau quitte son nid. Mon allure et ma présence intriguent la gardienne qui me dévisage de manière peu amène. Qu'y puis-je si Monmon Vidal a choisi de vivre l'existence cossue d'un cadre supérieur au-dessus de tout soupçon plutôt que de rester à Décines, sur les terrains vagues de son enfance de manouche ? Et encore, la concierge n'a pas tout vu : le manège de cet employé du gaz un peu trop costaud pour n'être pas de mes hommes, et ce quidam discret qui surveille la grosse BMW garée non loin de là. Et s'il lui prenait l'envie d'aller passer le balai sous l'escalier, elle débusquerait un quatrième homme, armé d'un Herstal automatique à 14 coups.

11 heures. Enfin ! Monmon Vidal et Jeanne Biskup sortent de chez eux. Difficile pour la concierge d'imaginer que ces deux-là, heureux et élégants, sont les méchants du film. Et puis, la jeune femme est si belle, tellement souriante, « et pas fière pour deux sous ». La dernière marche est atteinte. Je l'interpelle sèchement par son prénom : « Monmon ! » L'arme que je braque sur lui ne semble pas l'émouvoir outre mesure. Il joue la dignité outragée, celle du bourgeois face aux mauvais garçons. Pour un peu il va me sortir : « Mais monsieur, je vous en prie, de quoi s'agit-il ? » Ses réflexes de voyou bastonneur ont vite raison de la comédie. Le fauve va se jeter sur moi. Je fais claquer la culasse de mon pistolet, ultime sommation avant le tir. Il s'arrête

net, lève les bras et, dans un sursaut de fierté, sourit, bon perdant.

Ensuite c'est presque la routine : menottes, fouille à corps, perquisition au domicile. Nous découvrons quatre cartes Michelin et un cahier. Sur les cartes figurent des itinéraires tracés au crayon ou au stylo, suivant des routes communales ou vicinales. Le cahier contient trente-six pages manuscrites décrivant des circuits comme pour un rallye automobile. Des noms de grandes villes écrits en verlan. Dans son portefeuille, l'avis des PTT concernant le mandat de 300 F qu'il était supposé retirer à Chamrousse. La chasse n'est pas mauvaise.

« En avant, Monmon, direction la PJ. »

En attendant de le rejoindre rue de Vauban à l'hôtel de Police, nous mettons le cap en compagnie de Jeannette sur un autre appartement à son nom, où nous trouvons trente-huit cartes routières crayonnées d'itinéraires et un trousseau de clés de garage. La belle Catalane au regard noir s'en va retrouver Monmon qui nie tout en bloc.

Quant aux frères Grandebœuf, nous les cueillons un peu plus tard alors qu'ils se rendent en toute simplicité chez leur mère pour déjeuner. Dans la poche du costume de Christo, un relevé d'EDF nous révèle l'adresse d'un domicile au nom de la famille Grandebœuf. Nous perquisitionnons ce logement inoccupé, situé près de l'hôtel de ville, à Lyon. Un faux plancher, une armoire murale et la découverte d'un véritable arsenal : un fusil à canon scié, deux mitraillettes, des pistolets de gros calibre, un stock de munitions, seize faux permis de conduire et des cartes d'identité. 500 000 F en billets de 100. Les numéros sont ceux que la Banque de France à Lens a mis en circulation un mois avant le hold-up du supermarché. Monmon refuse de répondre à nos questions. Quant à Joseph Vidal, il préfère se frapper violemment la tête contre le mur des toilettes du SRPJ, trop contrarié d'apprendre que tous ses faits et gestes étaient surveillés.

Chez la famille de Silmezoglou (membre du gang arrêté en même temps que Monmon Vidal), nous trouvons un plan de Rennes marqué d'un petit cercle à l'emplacement de la crêperie, et un bout de papier portant l'inscription suivante : « De Nantes, 15 heures, Daniel. » L'alibi de Silmezoglou, contredit par celui de Pipo Zakarian (son comparse et membre de la même « équipe ») et de son amie Huguette Montier, ne tient plus debout.

Pipo Zakarian et Huguette Montier sont appréhendés sur le parking de leur domicile à Décines. Sur Zakarian on trouve la somme de 7 300 F. « Un gain de jeu au casino de Charbonnières, d'ailleurs j'ai la carte d'entrée compostée. » Interrogatoire serré dont il ressort vaincu : trop de contradictions, d'imprécisions et, finalement, d'impasses. Il avoue le hold-up de Lens mais ne donnera pas ses complices.

Tout cela commence à devenir positif mais il manque encore du monde. Patrick Pourrat entre autres. Le commissaire Richard ne veut laisser à personne le soin d'interpeller celui qui se révélera être le cerveau de la bande et le « serre » alors qu'il est en train de jouer à la roulette au casino de Charbonnières. Le 357 magnum de Richard dans les reins est un argument auquel est sensible celui qu'on surnomme « le Vieux » ; il n'oppose aucune résistance. Un soupçon de panache l'oblige même à saluer les auteurs de son arrestation en leur offrant quatre-vingt-quatre bouteilles de champagne qu'il détient dans le coffre de sa voiture. « Vous avez bien mérité de trinquer à ma santé. » Hélas ! cette bonne humeur ne dure pas. À l'aide d'un canif caché dans son slip, il tente de se suicider en se tailladant les veines. Les soins nécessaires lui sont prodigués dans l'heure. Le lendemain, il a rendez-vous avec le juge Renaud.

Pour l'heure, l'opération Chacal menée magistralement par Richard a permis de réunir une quantité précieuse d'éléments qui ne devraient pas manquer de passionner le juge. L'affaire est désormais entre ses mains.

Pour nous tous, policiers des SRPJ de province et de l'OCRB, l'opération est un véritable succès. Nous avons accompli notre mission. On trinque, on se congratule et l'on se souvient des anecdotes, des peines et des joies récentes partagées.

Pour moi en particulier, cet épilogue heureux est une revanche sur le destin qui comptait m'expédier, un an auparavant, au fin fond de l'Essonne. Loin de cacher ma satisfaction, je réponds bien volontiers, une fois de plus, aux sollicitations des journalistes. Mais là, pas de révélations, pas un mot de trop. Pas question de recommencer le scénario de *Notre-Dame-des-Esclandres*. *Paris-Match* en appelle à mon talent de conteur au service de l'information.

Quelques jours plus tard, je découvre la une du magazine avec en titre quelque chose comme « Le gang des Lyonnais : les super-flics racontent ». Je n'en demandais pas tant... La prose journalistique aime les raccourcis, davantage par manque de place que par esprit de synthèse. Quelques feuillets pour relater une affaire aussi complexe, ce n'est sans doute pas assez. Mes propos hâtivement assemblés reflètent une autosatisfaction sereine, un triomphalisme tranquille à la manière des héros solitaires qui ne doivent qu'à eux-mêmes les fruits du succès. Or, ce n'est pas exactement la façon dont l'opération Chacal s'est déroulée. Je n'ai été qu'un maillon de la chaîne et l'OCRB qui a eu, certes, le mérite de coordonner toute l'opération, n'y jouait pas le rôle des tuniques bleues.

J'étais convaincu qu'en me faisant le porte-parole de la police en général je rendais à celle de Lyon, tant décriée, traînée dans la boue depuis des années, un grand service. Apparemment, c'est raté ! Tout ce qui ressort de l'article, c'est que c'est l'OCRB, et l'OCRB seul, qui est parvenu à éradiquer le gang des Lyonnais. La gloire rejaillit sur nous de manière exclusive, sans un regard pour les SRPJ de province.

Le commissaire divisionnaire Mattei, patron du SRPJ de Lyon, qui a découvert le texte en même temps que nous ne tarde pas à me faire comprendre ce qu'il en pense. C'est avec l'air consterné du père dont l'enfant aurait volé des sucettes au bedeau qu'il m'accueille dans son bureau, *Paris-Match* en main :

« Pellegrini, regardez ce que vous nous avez fait... »

Après toutes ces années, j'espère, à travers ce bref résumé d'une gigantesque opération, menée dans un parfait esprit de coopération entre Parisiens et SRPJ de province, avoir rendu justice à tous ceux qui ont participé à cette aventure.

Monmon Vidal n'était pas un ennemi, il était truand, j'étais flic, point. Pendant les interrogatoires, au cours desquels il ne disait pas grand-chose, je le respectais. Il eut l'honnêteté de s'en souvenir à son procès aux assises en déclarant aux juges que je lui avais fait subir un « interrogatoire psychologique ». Cela fut d'ailleurs reçu avec un certain scepticisme chez ceux qui me fréquentaient, car je n'étais pas connu pour être un adepte du bon docteur Freud. Peut-être, en disant cela, Vidal faisait-il allusion à l'invitation à déjeuner que je lui adressai au terme d'une conversation stérile dans les locaux du SRPJ de Lyon. Pour le mettre en confiance, l'inciter à parler.

« Bon, allez Monmon, on va aller déjeuner, c'est l'heure. Je t'invite au restaurant...

– Mais vous êtes fou ! Je vais pas aller bouffer avec les bracelets aux poignets !

– Il n'est pas question de menottes. Nous allons déjeuner dans ce restaurant de la rue Vauban, à côté du service ; mais je t'avertis, il y a deux gorilles à la porte. Tu vois, celui-ci là-bas, c'est Frédéric Bel, champion d'Europe de tir rapide. Si tu sors sans moi, il ne te loupera pas. »

Nous avons donc déjeuné en tête à tête, hélas, sans résultat, dans ce restaurant proche du centre de Lyon. Aujourd'hui, ce serait inimaginable. Les risques qu'un officier de police judiciaire pouvait prendre, et les distances qu'il pouvait mettre entre lui et le Dalloz prouvaient encore l'étendue de son pouvoir. Si Vidal m'avait échappé, il est évident que j'en aurais subi les conséquences, mais nous étions jugés « à la prise », comme des chasseurs de prime – sans prime... –, et la fin justifiait parfois quelques accommodements avec le Code de procédure pénale. En outre, ces agapes en compagnie de Vidal ne me posaient pas le moindre problème. Ni de conscience, ni de digestion. C'était un truand de la plus belle espèce et il avait choisi son camp, mais il appartenait à la catégorie désormais révolue des voyous qui savaient se tenir.

« Tu connais la dernière de Renaud ? » À Lyon, il ne se passait pas un mois sans que ce préambule ne soit énoncé sur un ton rigolard ou catastrophé tant le juge François Renaud était imprévisible en tout.

La « dernière de Renaud », ce pouvait être cette nouvelle petite amie à la vertu élastique, une certaine Claude qui serait plus connue sous le pseudonyme d'Ulla, et qui fut sa maîtresse pendant près d'un an.

La dernière foucade de ce juge pas comme les autres, c'était aussi le renouvellement de sa garde-robe, un mélange d'excentricité post-hippie et d'élégance baroudeuse. Il avait un goût certain pour les couleurs vives, les bottes d'équitation, les lunettes de soleil et les vestes à carreaux.

La « dernière » c'était parfois une bagarre dans son cabinet entre lui et un prévenu, une déclaration intempestive. « À partir du moment où il y a un couteau, c'est un meurtre signé : l'auteur ne peut être qu'un Arabe [1]. » déclare-t-il un jour sans le moindre complexe à propos d'une affaire de meurtre sur la personne du fils du consul général d'Algérie.

La « dernière » de Renaud, c'était souvent un cran de plus dans l'insolence vis-à-vis de sa hiérarchie, un degré supplémentaire dans le mépris qu'il vouait aux voyous dont pas un ne lui inspirait la moindre crainte, un pas en avant dans le non-conformisme. La « dernière » de Renaud, c'était toujours une manifestation de plus d'une liberté d'esprit et d'action qui ne faisait pas nécessairement la part belle aux compromis.

Le personnage était un original doublé d'un homme courageux aux convictions de gauche bien arrêtées. Ancien résistant de la première heure et volontaire dans l'armée de Libération, ce Cyrano moustachu à la Major Thomson savait le prix du sang. Il avait versé le sien dans des combats contre l'occupant et n'avait pas hésité à faire couler celui des autres quand il s'était agi d'exécuter les « traîtres » collaborationnistes (il fut même question qu'il assassine Charles Maurras). La guerre

1. Jacques Derogy, *Enquête sur un juge assassiné*, Robert Laffont, 1977.

terminée, après quelques années passées en Afrique comme magistrat, Renaud était revenu à Lyon en 1966 pour y devenir le juge aux habitudes, aux méthodes et au langage peu conformes à l'idée qu'on se fait habituellement d'un magistrat.

« Écoutez-moi, Pellegrini. Le qu'en-dira-t-on, moi, je m'en fous ! » me déclarait-il un jour où je lui rapportais que ses visites nocturnes dans quelque boîte mal famée ne nous rendaient pas la tâche facile. « Si j'ai envie d'aller m'amuser dans un bar de nuit avec des filles et que, dans ce bar, il y a tel ou tel truand, c'est mon affaire ; et si quelqu'un, du truand ou de moi, doit être un jour invité chez l'autre, je peux vous assurer que c'est le truand que vous trouverez assis dans mon bureau et non l'inverse. »

Je le croyais sur parole. Malgré sa fréquentation assidue des endroits peu recommandables, nul n'aurait jamais songé à le soupçonner de la moindre incartade. Il n'était pas fasciné par le monde interlope des voyous et semblait avoir fait du combat contre le crime une affaire personnelle, même s'il sous-estimait la menace que représentait le marché de la prostitution – malgré ce que son voisin de bureau et ami, le juge Hanoteau, voulait bien lui en dire. « La prostitution gangrène tout ce qu'elle touche », martelait celui-ci devant un Renaud indifférent, qui envisageait cette activité comme un avatar pittoresque de l'esprit gaulois qu'il prisait particulièrement.

Sa croisade contre les infidèles à la loi l'a parfois amené à vivre des épisodes baroques. Sa passion du cheval et son emploi de juge à plein temps se sont parfois rencontrés. Deux fois au moins. Alors qu'il galope à bride abattue sur une île du Rhône, il découvre en franchissant une barrière un mas isolé servant de repère à une bande de voyous gitans qu'il interpelle bravement. Surprise des gangsters. Une autre fois, il progresse ventre à terre jusqu'à un cimetière de voitures où, lui a-t-on dit, une bande de ferrailleurs s'entraîne au pistolet. Les gendarmes, qui croyaient avoir tout vu, le surprennent sur sa monture en train de faire le guet aux abords du terrain vague. Il n'en faudra pas davantage pour que son nom s'accompagne désormais du « shérif » légendaire.

Un film fut réalisé jadis, s'inspirant de François Renaud. La sobriété du jeu de l'acteur principal, pour ne pas dire sa transparence, est bien en deçà de la nature du juge tel que nous sommes quelques-uns à l'avoir connu. Si une référence cinématographique devait à tout prix compléter le portrait sommaire que je crayonne ici, alors c'est sans doute à Jean Reno qu'il faudrait faire appel.

Avec Renaud, c'était le scandale permanent, la provocation érigée en art de vivre. Dans les salons plus ou moins mondains dont il était devenu la coqueluche, on donnait parfois quelque dîner en son honneur. Une fois, il répondit à cette gentillesse en exhibant son slip rose et en draguant la fille qui faisait le service. Sans doute histoire de montrer à ses hôtes que les convenances et l'hypocrisie des bonnes manières ne le concernaient pas...

Il avait quelques amis, beaucoup de relations dans tous les milieux, et ne se privait pas de fréquenter les Escuries du Roy, le fameux claque de luxe par lequel le scandale devait arriver. C'était un fêtard, un Casanova incorrigible, une « grande gueule » tonitruante qui fit souvent trembler les murs du palais de justice et frémir ses malheureuses greffières.

Le style de Renaud me plaisait assez, même si sa fâcheuse manie de qualifier les policiers de « chaussettes à clous » (!) m'agaçait prodigieusement. De même que sa manière de procéder aux reconstitutions, des représentations surréalistes dont il était à la fois le metteur en scène et la vedette principale, guidant les figurants tel un Fellini dictatorial.

Il adressait des bras d'honneur aux gendarmes qui l'appréhendaient pour excès de vitesse au volant de sa BMW qu'il conduisait à tombeau ouvert, insultait les truands qu'il entendait dans son cabinet, n'intervenait pas – au contraire, « cela lui fera les pieds ! » – quand son fils se retrouvait en prison pour une sombre affaire de drogue et exigeait d'être jugé pour ses incartades au code de la route. Il faisait le coup de poing à l'occasion et ne craignait pas les reproches qu'on – les avocats comme les voyous – lui adressait à propos des instructions qu'il laissait traîner de manière abusive, et de la détention provisoire qui pouvait s'éterniser bien au-delà de ce que permettait le Code. Pour lui, présomption n'était pas loin d'égaler culpabilité. « J'inculpe d'abord, on verra après ! » était l'une de ses devises. Pas forcément la meilleure...

Son attitude ouvertement hostile à l'égard du Milieu, ses méthodes musclées à l'endroit des truands qu'il insultait d'abondance lorsqu'ils lui donnaient du fil à retordre, révoltaient ses « victimes », bien sûr, mais aussi les militants du Comité d'action des prisonniers, une organisation gauchisante dont l'édition lyonnaise du journal *Libération* relayait les mots d'ordre à l'encontre de Renaud, pourtant fervent partisan de François Mitterrand. Le Comité en question, dans la grande tradition de Mai 68, n'avait de cesse de stigmatiser le juge, coupable aux yeux de ces pourfendeurs de la « société bourgeoise » de mener la vie dure aux « victimes de cette société aliénante ».

« Rien à foutre ! » commentait le « shérif ». Désinvolte, certes, mais pas au point de prendre à la légère les menaces de plus en plus précises que la rumeur colportait : un vieux 7,65, souvenir de ses années de Résistance, ne quittait plus la boîte à gants de sa voiture.

En ce début d'année 1975, quelle n'est pas la joie de Renaud de voir enfin Monmom Vidal, puis le reste de la bande, à l'ombre ! Encore faut-il qu'ils y restent. Pour cela, Renaud est bien décidé à tout mettre en œuvre. Tout et peut-être trop.

Pour l'heure, c'est un juge ravi qui m'ouvre grand ses bras. Il faut dire que nous n'arrivons pas les mains vides : 21 perquisitions fructueuses, un demi-million de francs récupérés sur les butins, 10 000 dollars, 99 napoléons, 1 lingot d'or, 90 000 F de bons anonymes, une partie de l'arsenal utilisé pour divers hold-up, 112 cartes routières saisies et 16 véhicules. Et même des débuts d'aveux puisque Pipo Zakarian et Michel Silmezoglou ont commencé à parler.

« Nous allons les faire tomber les uns après les autres ces salopards, s'écrit-il, remonté comme une pendule. Cela prendra le temps qu'il faudra mais je les aurai. Même s'il faut mettre toutes leurs femmes en cabane ! »

Oui, Renaud tient le plus gros coup de sa carrière : la clé des casses les plus importants commis depuis quatre ans, dont « celui du siècle » à la poste de Strasbourg. Il est convaincu, comme beaucoup d'entre nous, qu'avec le gang des Lyonnais il serre entre ses griffes l'épicentre du Milieu le plus redoutable et le plus dangereux de France. Seule ombre au tableau : l'absence parmi les prévenus de Nicolas Caclamanos dit Nick le Grec, l'ancien associé de Jean Augé, parrain richissime du Milieu lyonnais ; Nick le Grec, le « conseiller financier » de Monmon Vidal qui, en 1972, lui confiait 500 000 F destinés à être investis dans une affaire de drogue conduite par Augé. Caclamanos n'était que l'intermédiaire entre Augé et Vidal. Ce qui, sans doute, lui vaut d'être encore vivant ; car d'après les éléments qui commencent à s'assembler en un immense puzzle, Augé n'avait pas été « correct » avec le gang des Lyonnais dans cette affaire. 500 000 F de l'époque, ce n'est pas rien, et même une « figure » comme Augé, devant lequel tout le Milieu s'inclinait, devait s'acquitter de ses dettes, ce qu'en l'occurrence il n'avait pas fait. Or, si l'on en juge par la rumeur – qui l'accusait d'avoir fait tomber une filière entière de la French Connection en échange de sa tranquillité – ce n'était pas sa première irrégularité.

Après la mort brutale d'Augé, Caclamanos n'avait-il pas confié à des journalistes que le parrain était devenu plus « poulet que voyou » et que « Jeannot était devenu ces derniers temps un Vidocq du Bureau américain des narcotiques. Il leur aurait donné deux réseaux et aurait rempli à lui seul toute une division cellulaire [1] » ?

Le commissaire Le Taillanter qui travaillait sur la French Connection était bien placé (il en convient lui-même) pour savoir que cette hypothèse – une vengeance du Milieu contre Augé – n'est pas la plus plausible. Et d'avancer une autre thèse visant à impliquer des truands parisiens qui entretenaient d'excellentes relations avec le parrain lyonnais susceptible de leur apporter des renforts [2].

Renaud, donc, fulmine de n'avoir pas coincé Nick le Grec. Il fait une fixation sur celui qui est considéré comme un des gros poissons du Milieu lyonnais. Obsédé au point qu'un jour, dans un bar où le hasard les met en présence, Renaud lance publiquement à ce truand de haut vol aussi discret qu'un banquier suisse : « La prochaine fois, je te fais ton affaire ! » Le Grec a

1. J. Derogy, *Enquête sur un juge assassiné*, *op. cit.*
2. Roger Le Taillanter, *Les Seigneurs de la pègre*, Julliard, 1985.

bien reçu le message et n'a pas attendu son reste. Le Maroc, où il compte quelques bons amis, puis l'Espagne lui servent de bases de repli.

Pour se consoler de ce « manque à gagner », Renaud a quand même le reste de la bande à entendre, les aveux à confronter, les pistes diverses à relier entre elles, l'argent, les documents (les cartes surtout) et les armes à « faire parler » ; bref, il lui reste à instruire le procès des Lyonnais *présumés coupables* selon le droit, mais déjà *coupables* pour Renaud qui, une fois de plus, tend à oublier que *présomption* n'égale pas *preuve*. Un oubli qui lui sera fatal.

À partir de ce moment-là, dès l'arrestation de Vidal et de ses complices, Renaud entre dans une spirale qu'a parfaitement analysée et décrite Jacques Derogy et dont j'ai observé pour ma part les prémices perverses. Contre tous les usages en vigueur dans les relations justice/Milieu, il fait incarcérer non seulement la femme de Vidal, dont ce dernier est pourtant séparé depuis un an, mais aussi Jeanne Biskup, sa maîtresse, et la mère de celle-ci. Même tarif pour les maîtresses et compagnes des autres complices de la bande. Dans sa logique, boucler la femme constituait un moyen de pression supplémentaire.

C'est à la fois un manque de psychologie et une erreur stratégique. Le manque de psychologie est manifeste quand on sait que le voyou, qui fait généralement peu de cas des éléments féminins de son entourage en temps normal, n'est plus rien sans sa mère, sa femme, sa maîtresse ou sa sœur vers lesquelles il se retourne comme un enfant une fois en prison. Sans vouloir m'aventurer sur le terrain de la psychologie carcérale, je puis néanmoins affirmer, comme tous les policiers d'expérience, que dans ce cas très précis la femme est, sinon l'avenir de l'homme, du moins celui du prisonnier. Lui ôter cela, c'est le priver de tout. De plus le machisme du Milieu tolère mal ces mesures de rétorsion qui s'abattent sur le « sexe faible ». Ces sentimentaux de circonstance ont alors vite fait d'oublier les raclées qu'ils administrent plus souvent qu'à leur tour aux filles qui leur ont « manqué ».

L'erreur stratégique tient au fait que, en incarcérant les femmes, Renaud ne peut plus espérer convaincre Monmon, ses hommes et leurs avocats de coopérer. Ceux qui avaient avoué se rétractent, les autres refusent de parler. Vidal donne le ton – ou plutôt ne le donne pas – dès son premier interrogatoire, le 2 janvier 1975, en signifiant au juge qu'il ne parlera pas, ne répondra à aucune question tant qu'on fera pression sur lui par l'intermédiaire de sa femme, de sa maîtresse et de sa mère. Toutes, à l'exception de Jeanne, soupçonnée de détenir les secrets de la bande, sont bientôt libérées, aucune charge n'étant retenue contre elles. Trop tard. Renaud n'obtiendra rien d'autre qu'un mutisme buté de la part des Lyonnais.

Peu à peu, le climat lyonnais – en particulier le microclimat dans lequel Renaud évolue depuis des années – se détériore. Les militants du Comité d'action des prisonniers surenchérissent dans la vindicte en s'appuyant sur plusieurs affaires de détention préventive ordonnées par le juge, qui se sont soldées par un acquittement, un non-lieu ou un chef d'accusation dérisoire. Une tension malsaine, voire haineuse, orchestrée par les animateurs de ce Comité et relayée dans les prisons depuis des années (*« Re-naud, Re-naud, on aura ta peau ! »* scandaient les mutins de la prison Saint-Paul en 1973), pousse le commissaire Richard à encourager Renaud à la prudence. Immanquablement, celui-ci répond : « Rien à foutre ! Qu'ils viennent et ils verront à qui ils ont affaire. »

Pour tout arranger, l'avocat de Vidal, maître Joannès Ambre, ténor du barreau lyonnais, donne une interview au mensuel *L'Express-Rhône-Alpes* dans laquelle il n'hésite pas à faire le procès de Renaud – avec toute la prudence à laquelle il est, bien entendu, tenu : « [...] Sans même procéder à un interrogatoire approfondi, en tout cas sans que les preuves d'une participation certaine ou même probable aient été rassemblées, un certain nombre de femmes ont été arrêtées. Toutes, sauf une, ont à ce jour été remises en liberté. Nous voulons espérer que, pour la dernière détenue, il ne s'agit plus que d'une question de délai. Mais on peut se demander aussi : en quoi ces arrestations étaient-elles vraiment nécessaires ? [...] Le magistrat a d'emblée une conviction. Une conviction qui lui est insufflée par le dossier que la police lui a remis [...]. »

Malgré tous ses efforts, Renaud, que cette littérature rend fou furieux, ne parvient pas à obtenir un droit de réponse.

La série noire n'épargne pas sa vie privée quand son fils aîné est pris dans un trafic de haschich. Renaud, aussi dur envers les autres qu'envers les siens, masque son amertume ; il n'interviendra pas dans cette affaire, préférant laisser « un fils à papa jouant au voyou » rejoindre à la prison Saint-Paul ses « modèles ».

Le 25 juin 1975, Richard, avec qui je suis toujours en contact, invite une nouvelle fois Renaud à se tenir sur ses gardes. Des menaces de plus en plus précises pèseraient sur sa tête. L'autre, plus entêté que jamais, refuse d'entendre tout appel à la prudence. Pas question de s'arrêter en si bon chemin. Comme le substitut Colcombet, qui le déclare publiquement à la télévision, il est de plus en plus persuadé que le hold-up de Strasbourg peut aboutir à une piste politique. L'argent des casses du gang des Lyonnais aurait servi à alimenter les caisses d'un parti politique.

L'instruction, sans être au point mort, ne parvient toujours pas à établir la culpabilité de Monmon Vidal et de ses hommes. Renaud s'active pourtant. Il reconstitue patiemment la mosaïque financière de ces voyous qu'on aurait du mal à prendre pour de riches fils de famille vivant de leurs rentes. On retrouve les parts importantes que Monmon Vidal a dans des cabarets et des tripots de la région. Bien sûr, il roule dans des grosses voitures, possède deux appartements et deux villas ; il a aussi offert à Jeanne un bar qu'il a payé 200 000 F, mais tout cela n'est pas suffisant. Quant à Pourrat, on découvre qu'il a laissé 400 000 F sur les tapis verts du casino de Charbonnières. Mais les recettes des hold-up de Strasbourg et des autres s'élèvent à plusieurs millions de francs. On est encore loin du compte.

Les semaines passent et le gang des Lyonnais, Jeanne Biskup y compris, est toujours en prison. Au grand dam des défenseurs qui s'insurgent contre une telle « injustice ». Pourtant, la volonté de Richard de maintenir Jeanne derrière les barreaux n'obéit pas seulement à une stratégie de « tension » destinée à déstabiliser Vidal. Des soupçons très lourds pèsent sur la beauté ténébreuse, suspectée d'être la confidente du gang, sa « mémoire » en quelque sorte, seule à savoir où est passé l'argent.

Vidal est un dur à cuire. Il conduit sa stratégie défensive comme ses « affaires » : rigueur, calcul, patience. La patience est également l'une des vertus professées par Renaud, peut-être une réminiscence de ses longs séjours africains où il s'adonnait à d'interminables chasses au gros gibier. Tout en continuant de vivre sa vie au milieu des menaces, des campagnes de déstabilisation et de l'hostilité générale, il instruit d'autres dossiers. Il a notamment sur les bras l'affaire Marin-

Laflèche, du nom de ce riche hôtelier disparu depuis des mois, qui traîne derrière elle des remugles de scandale politique. À nouveau, Richard l'enjoint à la prudence : les indics font état de rumeurs d'enlèvement le concernant. Le commissaire lui demande aussi d'ordonner le renforcement de la surveillance à la maison d'arrêt de Saint-Paul car des projets d'évasion seraient dans l'air.

« Rien à foutre ! » continue-t-il de tonner.

Les rumeurs alarmistes dont Richard se fait l'écho – à juste titre puisque Pourrat finira par s'évader – n'atteignent pas Renaud. D'ailleurs, rien ne semble jamais l'atteindre. C'est un baroudeur égaré dans le monde policé de la magistrature, un résistant de la première heure qui a combattu les armes à la main pour défendre ses conceptions de la démocratie. Ce ne sont ni les voyous ni les politiques véreux qui viendront pourrir cette République. Il n'a que faire, lui, l'homme de gauche, des gauchistes du Comité des prisonniers qui le conspuent. À leur âge, ce n'est pas avec un pavé qu'il menaçait l'ordre établi sous la botte allemande.

Rien ne pouvait arrêter Renaud dans sa quête de la vérité, dans sa croisade contre le crime.

Rien, sauf bien sûr un chargeur tiré à bout portant par un voyou cagoulé, le 3 juillet 1975 au soir, sur les hauteurs de Lyon.

Qui ? Pourquoi ? Comment ? Les hypothèses sont aussi nombreuses que les ennemis que comptait Renaud, et le débat a fait l'objet de plusieurs ouvrages et de maints commentaires dans la presse. Cent enquêteurs de la police judiciaire œuvreront jour et nuit pour retrouver les coupables. En attendant, l'heure est aux fleurs, aux couronnes et aux discours officiels et dérisoires :

« Un homme a eu le courage de s'identifier à la fonction de juge d'instruction, déclare le garde des Sceaux d'alors, Jean Lecanuet, au point d'apparaître comme un justicier. Un homme a eu le courage de n'écouter ni la prudence, ni les menaces et de se placer à l'avant-garde du combat sans autre arme que celle de la loi, dans cette solitude, cette vulnérabilité qui sont celles du juge d'instruction [...]. Je suis ici pour dire NON aux assassins [...]. Qu'ils sachent que vous, comme moi-même, n'allons pas relâcher, mais renforcer notre combat contre la terreur [...]. La justice ne cédera pas. La sécurité sera assurée. Ensemble nous relèverons l'intolérable défi du crime ! »

La situation ubuesque qui prévaut quand la loi ne sert plus la justice est admirablement résumée par le préfet Chaix lors d'une cérémonie des vœux, le 12 janvier 1976 : « Toutes les affaires réussies sur le plan policier n'aboutissent pas automatiquement devant une juridiction, car la certitude policière est une chose, la présomption judiciaire une autre, et il faut pouvoir passer de l'une à l'autre. La police peut connaître le nom des coupables et ne disposer d'aucun moyen de les confondre. »

C'est en effet le cas dans l'affaire Renaud puisque ses meurtriers, connus comme tels, ne seront jamais arrêtés.

Monmon Vidal et ses hommes comparaissent le 21 juin 1977 devant la salle des assises du Rhône. Le commissaire Richard, qui entre-temps a été nommé à Strasbourg, se rend au procès à titre de témoin de l'accusation muni de... deux pistolets. J'ai quant à moi déserté quelques jours les locaux de la rue du Faubourg-Saint-Honoré pour assister au dernier acte de cette pièce à laquelle j'ai contribué.

Monmon et Jeanne, en *Bonnie and Clyde* version

lyonnaise, forcent sinon le respect, du moins la sympathie. Le beau voyou et la gitane aux yeux de braise se tiennent la main en amants tragiques. Les jurés ne peuvent pas demeurer insensibles à l'unique accent de sincérité d'un procès qui, nous le verrons, en sera cruellement dépourvu.

C'est à guichets fermés, devant une salle essentiellement remplie de manouches venus de Décines, que se joue la pièce qu'on pourrait baptiser *En attendant Renaud* tellement son ombre plane au-dessus des têtes. L'avocat général Bonnefoy des Aulnays rend d'ailleurs un vibrant hommage à son « collègue lâchement assassiné », espérant ainsi rafraîchir la mémoire des jurés : si les chefs d'accusation ne portent ici que sur des affaires de hold-up, un juge est mort d'avoir trop cherché la vérité.

Coup de théâtre. Vidal, qui depuis deux ans observe un mutisme prudent, déclare : « Je ne suis pas un vulgaire malfaiteur qui aurait acquis du bien en commettant des hold-up, comme le soutient le dossier [...]. En 1970, j'ai rencontré Joanny Chavel que j'avais connu en prison. Il m'a proposé de travailler avec lui pour un service parallèle. “ Si la gauche passe, m'a-t-il dit, et que les communistes arrivent au pouvoir, tous les repris de justice seront internés dans des camps. ” Comme je sortais de centrale, j'ai été convaincu. Mon travail consistait à assurer la protection des “ plombiers ”, ces techniciens chargés de poser clandestinement des systèmes d'écoutes. C'est ainsi que j'ai participé en 1973 à la pose de micros dans la chambre de Gaston Defferre au Park Hôtel lors du congrès socialiste de Grenoble. Nous disposions de pistolets “ autopic ” pour forcer les portes sans laisser de traces. Ce sont des instruments américains commercialisés en France. Avec mes camarades, j'ai accompli d'autres missions secrètes, telles que le noyautage de manifestations syndicales ou politiques qu'il s'agissait de faire tourner au bordel, par exemple à Belfort, au Puy, à Romans. »

Et de justifier son train de vie par les salaires occultes que ses activités non moins secrètes lui rapportaient. Les cartes ? Les itinéraires tracés ? Des plans fournis à Chavel par un haut fonctionnaire des Renseignements généraux pour transporter dans le plus grand secret des personnalités politiques, des armes ou des fonds provenant de caisses noires politiques. Bref, les armes, l'argent, les cartes, tout ce que nous avons retrouvé a, selon Vidal, « un caractère politique » et lui-même se présente comme un soldat de l'ombre du régime mis en place au lendemain de 1958.

Comme le dit fort justement Richard, cette thèse, très plausible dans le contexte lyonnais, n'est guère crédible dans le cas de la bande à Vidal. Ni Richard ni moi-même, en plus de deux ans de surveillances, de filatures et d'investigations, n'avons jamais eu à constater le moindre lien avec le SAC (puisque c'est de cela dont il s'agit), en dehors de ses relations avec Augé, ni le plus petit contact avec un homme politique. De plus, Vidal qui se réfère à plusieurs reprises à Augé et à trois truands liés au SAC (Henri Regef, Chavel et Georges Haebig) ne peut ignorer que tous sont morts, disparus ou en cavale. En d'autres termes, il sait faire parler des absents qui ne viendront pas contredire sa démonstration. Enfin, Richard a servi en Algérie, et comme il le dit à la barre : « Jamais au cours des arrestations et des multiples perquisitions auxquelles nous avons procédé dans cette affaire, nous n'avons trouvé la moindre carte d'appartenance à une organisation, alors que les gens qui ont un tel sésame dans leur poche sont trop heureux de s'en servir. En Algérie, au temps des barbouzes, j'en ai arrêté des personnages douteux porteurs de telles cartes [...], ils les exhibaient à tout bout de champ ! Si Vidal avait eu d'autres occupations que ses préparatifs de hold-up, nous l'aurions su ! »

L'avocat général, presque en s'excusant, et en confiant à Vidal toute la sympathie qu'il éprouve pour lui (!), réclame la perpétuité. L'un des avocats des truands, maître André Soulier, se révolte et revient sur le terrain politique : « Quel prurit a saisi l'avocat général pour demander pareille peine ? Serait-ce que quelqu'un souhaiterait, en haut lieu, une condamnation spectaculaire ? » Et de rappeler les liens unissant Grandebœuf et Vidal à Jean Augé, parrain du Rhône et patron supposé du SAC, lui-même très lié à un proche collaborateur de Jacques Foccard. Il conclut par un effet de manche qui retombe comme une crêpe : « Bref, une fois de plus, les patrons sont à l'abri et c'est la piétaille que l'on veut faire condamner ! »

Qu'il se rassure, la « piétaille » s'en sort plutôt bien. Jeanne et Joseph Vidal, son beau-frère, sortent le soir même. Les autres peines s'échelonnent entre dix ans pour Zakarian et l'acquittement pour deux des femmes. Dix ans, dont déjà deux effectués en préventive. Avec les remises de peine pour bonne conduite, le gang des Lyonnais peut compter sortir dans quatre ans. La seule peine lourde revient à Jean-Pierre Grandebœuf : quinze ans pour « recel avec circonstances aggravantes ». Mais le clou du spectacle, on le doit à la condamnation et à la réaction de Monmon Vidal : dix ans de réclusion criminelle, c'est-à-dire, comme pour les autres, l'espoir de sortir d'ici quatre ans. L'habile Monmon qui, depuis son arrestation dans le hall de sa résidence, adopte le profil indigné de la victime de l'erreur judiciaire n'en croit pas ses oreilles : il se lève d'un bond dans son box et, au bruit des applaudissements qui accompagnent sa victoire, jette joyeusement des baisers chargés de reconnaissance à l'assistance et aux jurés, aux premières loges de cette farce judiciaire dont ils sont les dindons.

Nul ne s'y trompe. Pas plus le président que l'avocat général, blêmes, figés dans une colère muette et blanche, et qui, comme moi, assistent en ce jour à une défaite supplémentaire de la justice et à la seconde mort du juge Renaud.

7. Les années de plomb

L'OCRB (1973-1981)

> « La justice sans la force est impuissante, la force sans la justice est tyrannique. La justice sans force est contredite, parce qu'il y a toujours des méchants ; la force sans la justice est accusée. Il faut donc mettre ensemble la force et la justice, et pour cela faire en sorte que ce qui est juste soit fort, que ce qui est fort soit juste. »
>
> Blaise PASCAL

Avec le gang des Lyonnais et quelques autres affaires traitées parallèlement, l'OCRB a gagné ses galons. C'est le début pour nous de la grande aventure, des affaires d'envergure, des couvertures médiatiques, du « marathon des arrestations », des courses poursuites mais aussi des constats amers.

Que ne dit-on de nous... « Cow-boys » pour les uns, « flics ou voyous ? » s'interrogent les autres. Quelques membres du Syndicat de la magistrature, des psychiatres, des psychologues, des sociologues et, surtout, les idéologues investissent plus encore la citadelle Justice, faisant davantage le procès de la police que celui des malfaiteurs.

L'évolution de nos manières et de nos méthodes ne fait pourtant que suivre celle de la criminalité. Les rapts d'enfants, les hold-up, autrefois rarissimes, deviennent, sinon notre pain quotidien, du moins une partie de notre ordinaire.

La criminalité se fait plus dure, plus violente et, grand paradoxe, elle est parfois légitimée, ou du moins « comprise », « entendue comme revendication » par une élite intellectuelle qui considère certains criminels comme des victimes de la société. Et que dire du terrorisme qui enfle dangereusement l'imagination de ceux qui croient encore au romantisme révolutionnaire, et de quelques-uns dont c'est le fond de commerce. De Rome à Paris en passant par Berlin, on tue à tout va mais au nom de causes « légitimes » à défaut d'être légales. Les pères spirituels de Florence Rey ont déjà droit aux circonstances atténuantes et tremblent d'effroi et d'admiration devant les « exploits » de Carlos, Baader, Abou Nidal, des Brigades rouges italiennes ou d'Hans Joachim Klein. Au point que, en septembre 1998, on découvrira que ce dernier, en cavale depuis vingt ans, bénéficiait de l'aide d'un réseau d'amis, politiques et intellectuels aujourd'hui célèbres, tous solidaires du terroriste repenti mais pas encore jugé.

J'insiste sur ce contexte idéologique hostile qui prévalait dans les années 70 car c'est celui au sein duquel il nous fallait évoluer. Il n'était pas évident, en effet, d'être du côté de l'ordre dans ces années-là, quand même le président de la République, Valéry Giscard d'Estaing, distribuait des poignées de main chaleureuses aux détenus d'une maison d'arrêt. Il n'est pas non plus évident d'être policier aujourd'hui, à l'heure où certains héritiers de cette période impriment des tee-shirts à l'effigie de Florence Rey...

Après les Lyonnais – une affaire qui a demandé beaucoup d'énergie, d'effectifs et de moyens –, nous prenons enfin le temps de nous installer dans nos bureaux, de donner un peu de vie à ces locaux de la rue du Faubourg-Saint-Honoré et d'exiger que nos moyens de fonctionnement soient revus à la hausse. Dira-t-on jamais assez que l'Administration française est une rentière avare ? Il n'était pas tolérable que nous poursuivions nos missions dans des voitures dont beaucoup d'administrations « sédentaires » ne voudraient pas.

La malheureuse affaire Schleyer, du nom du patron des patrons allemands enlevé puis tué par les terroristes de la bande à Baader, va renforcer notre détermination. À l'époque, l'OCRB vient souvent en soutien opérationnel de la sixième section, la section antiterroriste dirigée par un policier de haut rang, le commissaire divisionnaire Gilbert Thil, qui deviendra directeur central de la PJ. Contrairement à Roger Marion, son successeur actuel, flic de choc et efficace, Thil avait fait de la 6e section une structure de documentation et de recherche à la manière des Renseignements généraux. Il menait des procédures, effectuait des recoupements, rédigeait des rapports, pilotait des affaires tandis que l'OCRB se chargeait des opérations sur le terrain.

Quand est annoncé l'enlèvement de Hans Martin Schleyer, le SRPJ de Strasbourg, alors dirigé par mon ancien patron lyonnais Pierre Richard, est mis à contribution ainsi que l'OCRB pour venir en aide aux services allemands dont nous découvrons à cette occasion l'importance et l'étendue des moyens. Pourtant, leurs camions de transmissions, leurs laboratoires d'analyses et leur matériel informatique – déjà le plus performant – n'empêcheront pas qu'on retrouve le cadavre de Schleyer dans le coffre d'une voiture. Issue sordide mais déterminante pour nous, qui pousse Richard à alerter le ministre de l'Intérieur quant à la pauvreté, pour ne pas dire l'indigence matérielle qui est la nôtre. Il aura fallu attendre ce drame pour que notre parc automobile s'enrichisse enfin d'une douzaine de voitures puissantes de marque allemande, obtenues auprès de nos homologues d'outre-Rhin.

Si l'époque et les criminels constituent des adversaires de taille, l'OCRB doit aussi compter avec la jalousie d'autres services qui persistent à s'interroger sur l'opportunité de notre existence. Elle est pourtant plus que fondée quand l'explosion de la criminalité nous impose de nous spécialiser dans les quatre directions bien précises déterminées par les textes fondateurs : les gros hold-up, les règlements de comptes entre voyous, les rapts et le racket.

Le racket est encore le domaine qui nous demande le moins de travail puisque rares sont les gens qui portent plainte, d'autant plus que cette « activité » concerne presque exclusivement des voyous. Ceux qui tiennent le haut du pavé imposent aux autres, le rang plus modeste, tenanciers ou gérants d'établissements de nuit, de verser leur dîme.

La vie de château

C'est à cette époque que sévit la grande guerre entre les « Juifs » du clan Zemmour et les « Siciliens ». Une guerre qui, au bout du compte, aura provoqué la mort violente d'une trentaine de personnes.

D'un côté donc, les Zemmour, Juifs pieds-noirs du faubourg Montmartre arrivés à Paris peu avant l'exode de 1962, et qui s'imposent peu à peu à la pègre parisienne en gravissant au pas de course tous les échelons de la criminalité : proxénétisme, racket, hold-up, etc. Ils sont cinq frères : Théodore (dit André ou encore « Dédé »), Gilbert, William, Roland et Edgar, tous nés à Sétif, en Algérie ; l'Algérie que Roland, l'aîné, a quittée après la Seconde Guerre mondiale pour venir s'établir en France où il est abattu en 1947, victime d'un proxénète.

Le commissaire Roger Le Taillanter a consacré un brillant ouvrage à l'ascension puis à la chute de ceux qu'on surnommait « les Z », dans lequel il décrit très méticuleusement leur montée en puissance dans le monde du crime [1] : « De Sétif-la-Blanche aux faubourgs de Belleville, de carambouilles dans les entrepôts de Bercy aux plus luxueux cercles de jeux et night-clubs du globe, d'Israël-by-night aux Eros-Centers de Düsseldorf ou à la Mafia de Miami, la fabuleuse saga des frères Zemmour a enfiévré l'imagination des journalistes et des cinéastes. »

Les Zemmour sont donc, dans ces années 73-76, les maîtres incontestés de Paris, les seigneurs du crime, les plus gros « employeurs » dans ce domaine puisque avec près de trois cents personnes à leur service, tous domaines confondus, Gilbert, William et Edgar se trouvent à la tête d'un véritable empire. Cette mainmise n'est pas du goût de tout le monde et en particulier d'un de leurs anciens hommes de main, Roger Bacry, qui nourrit l'ambition démesurée de concurrencer les Zemmour. Il dispose d'une petite équipe très performante qui a déjà fait ses preuves, les Lyonnais, qui se fondront plus tard dans la bande des Siciliens, des fondus bien éloignés du profil patriarcal et serein qu'offrait Jean Gabin dans le « Clan » du même nom [2]. Une bande dont il se séparera après un bain de sang et avant son propre suicide.

---

1. R. Le Taillanter, *Les Derniers Seigneurs de la pègre*, *op. cit.*
2. *Le Clan des Siciliens*, film d'Henri Verneuil.

Jean-Claude Vella, dit « Petites Pattes » car il est nabot, Marcel Barokhel, dit « Le Coréen » ou encore « Porte-avion », un ancien soldat du bataillon de Corée, armé jusqu'aux dents, qui finira assassiné, Jean-Pierre Lothoz, dit « Nat », Jean-Claude Leclerc, dit « Le Bedeau » (le rapport n'est pas évident car cet enfant de chœur travaillait à la grenade) et Marcel Gauthier constituent le noyau dur de cette mauvaise troupe qui prétend empêcher les Zemmour d'exercer leurs petites affaires en toute quiétude. On s'entre-tue joyeusement de part et d'autre dans la plus pure tradition. *Le Grand Pardon*, le film d'Arcady mettant en scène la famille Betoun – avec, dans le rôle titre, l'incontournable Roger Hanin –, n'est autre qu'une transposition enjolivée de la saga des Zemmour.

Rotondo, dit « Périgne », était un indicateur patenté des services de police, un « demi-sel » de la banlieue sud, un souteneur aux allures de Clark Gable un peu minable qui vivait comme poisson parasite sur la bande des Siciliens mais entretenait aussi de bonnes relations avec William Zemmour. Son passe-temps favori consistait autant à informer les flics qu'à les intoxiquer. Il faisait payer ses services par des « condés ». C'était le genre d'indic dont il convenait de prendre les informations avec des pincettes aussi longues que possible. Il pouvait néanmoins, de temps à autre, livrer quelques renseignements crédibles, ne serait-ce que sur le climat général. Mais Rotondo était aussi un escroc. Nous avions, par exemple, un chef de service à la quatrième section de la PJ qui coiffait l'OCRB, Bellemin-Noël. Ce dernier était un bon policier et un homme à l'honnêteté unanimement reconnue, dont il ne serait jamais venu à quiconque l'idée de penser qu'il pouvait « en croquer [1] ». Rotondo amenait devant les locaux de

1. « En croquer » : être corrompu.

l'OCRB un « cave » qui avait quelques petits problèmes avec la police et lui disait : « Attends-moi là, je monte parler à Bellemin-Noël de ton cas. » Il montait, saluait deux ou trois inspecteurs qu'il connaissait et redescendait rejoindre le pigeon à qui il disait : « Bellemin-Noël s'occupe de ton affaire. Il me faut 5 000 F. » L'autre les lui donnait. En pure perte bien sûr. Rotondo escroquait tout le monde. Les flics, les filles et les truands. Il a vraisemblablement terminé sa carrière sous un mètre de chaux vive dans une cave.

Un jour, ce Rotondo vient me trouver à l'OCRB.

« Voilà, Charles. Il y a Petites Pattes qui aimerait te parler.

– Je veux bien, mais de quoi ?

– Il préfère te le dire de vive voix. »

Je cuisine un peu l'indic qui me laisse vaguement entendre que c'est à propos des Zemmour. Rien d'autre. Pas moyen d'en savoir plus. S'il s'agit vraiment des Zemmour, je ne peux pas négliger la piste. Et si les Siciliens me donnaient un coup de main pour se venger de leurs ennemis ?

Inutile de dire que c'est le genre d'invitation à prendre avec circonspection. Les Siciliens, bien que français, n'ont rien à envier à leurs homologues de Palerme. Ils ont la gâchette fébrile des banlieusards. Mes subordonnés ne s'y trompent pas non plus, qui me conseillent la plus élémentaire des prudences : ne pas y aller. Finalement, je décide de me rendre à ce rendez-vous. Rotondo prend le volant. Direction porte d'Ivry, le fief des Siciliens. En prévision d'un éventuel coup dur, j'ai demandé à Claude Paillet, un de mes inspecteurs, de nous filer sans se faire repérer. Il est convenu que s'il est obligé de trop « serrer », il lâche la filature. Nous arrivons en face d'un petit restaurant de banlieue. Visiblement, Paillet a bien observé mes consignes. Je me retrouve seul dans ce qui pourrait bien être un traquenard.

Le boui-boui est désert. Une odeur de graillon et un silence de mort m'accueillent comme le capiton usagé d'un cercueil ouvert. Charmant. Une voiture stoppe. La porte du restaurant s'ouvre. Encadré de deux gorilles, Petites Pattes apparaît dans l'embrasure. D'un geste de la main, comme dans une série B, il signifie à ses sbires de baisser la garde et vient vers moi en se dandinant, affable.

« Je suis heureux que vous soyez venu, monsieur le commissaire. Nous avons des choses à nous dire...

– Oui, il paraît.

– Mais nous avons tout le temps. Vous êtes mon invité. »

Nous passons donc à table devisant agréablement de choses et d'autres, échangeant des propos d'anciens combattants – nous sommes tous les deux de la même classe et nous avons servi dans le même secteur en Algérie. Contrairement à la légende qu'il se plaira à répandre dans le Milieu, nous n'avons jamais été dans la même unité, et nous nous sommes encore moins rencontrés là-bas. Sont également présents à ces drôles d'agapes Lothoz, Rotondo et Leclerc, le Bedeau diabolique, le regard bleu acier perdu dans des songes de tueur froid, et dont la veste accuse une curieuse bosse au niveau des aisselles. Revolver ou pistolet ? Telle est la question.

Dom pérignon et langoustes accompagnent cette entrevue dont, pour l'instant, je ne saisis pas le but. Au dessert, toutefois, je me hasarde à demander le sens de cette scène surréaliste qui voit un commissaire principal, patron des groupes opérationnels de l'OCRB, entouré d'une bande de malfrats recherchée par toutes les polices.

Petite Pattes tire sur son cigare et, sur le ton de la confidence, me dit :

« Voilà, monsieur le commissaire. Nous savons que vous enquêtez sur nous en ce moment. Bon, vous savez qu'entre nous et les Zemmour, ce n'est pas le grand amour, et un accident est si vite arrivé... Alors, nous, ce qu'on voudrait, c'est que si vous venez un jour nous arrêter, vous vous annonciez... On ne voudrait pas vous confondre avec les Juifs, vous comprenez... Ce serait une bavure trop dramatique... »

Je n'en crois pas mes oreilles ! Un truand me demande de lui envoyer un faire-part avant une descente.

« J'ai bien déjeuné, merci messieurs, dis-je en me levant. Mais si vous imaginez que je vais vous envoyer un télex la veille d'une opération ou sonner le clairon quand j'arriverai, vous vous trompez. Il ne faut quand même pas exagérer ! De toute façon, si vous nous tirez dessus, vous écoperez d'une tentative d'assassinat sur agents de la force publique... Alors faites en sorte de ne pas confondre. Merci pour le repas, au revoir. »

Affichant la mine désolée de l'homme d'affaires qui échoue à convaincre un partenaire de traiter avec lui, Petites Pattes sort alors un 357 magnum. Sans animosité aucune. Tout simplement, il sait que j'ai la passion des armes et tient à me faire cadeau de cette belle pièce.

« Prenez-le, cela nous ferait tellement plaisir de vous l'offrir. Ne prenez pas cela pour de la corruption, mais pour un geste d'amitié... »

Depuis quand les truands ont-ils de l'amitié pour les flics ?

« Écoutez, vous êtes gentil, dis-je courtois. Mais, non merci. Pas maintenant, on verra plus tard. Allez, au revoir. »

Donc, hormis le constat que je venais de faire un

repas excellent, j'en arrivai à la conclusion suivante : les Siciliens, prenant mon fair-play pour de la faiblesse, avaient essayé de m'acheter. Cette arme, si je l'avais acceptée, m'aurait mis dans une situation très inconfortable. J'eus l'occasion de le vérifier au lendemain de la célèbre fusillade du Thélème qui allait provoquer un gigantesque scandale orchestré par les médias et attisé par un avocat, et dont, bien entendu, la police serait la cible [1]. Lors des nombreuses perquisitions effectuées chez tous les protagonistes présumés de cette embuscade, on retrouverait ce 357 magnum chez Rotondo qui, avec un aplomb extraordinaire, déclarerait :

« Mais ce n'est pas à nous ! C'est un cadeau pour le commissaire Pellegrini... »

Rotondo, dont Roger Le Taillanter démontre magistralement qu'il aurait pu être le manipulateur manipulé de la tuerie du Thélème [2].

La guerre des gangs a connu des moments d'extrême tension – c'est une litote – suivis d'accalmies douloureuses. Il faut dire que le sport consistant à se tirer dessus de manière plus ou moins récurrente présente l'inconvénient d'engendrer un taux de mortalité élevé, et donc d'éclaircir les rangs. Cette tendance à l'extermination a aussi des effets plus inattendus chez ces personnalités supposées fortes que sont les tueurs. Difficile, en effet, d'imaginer que des hommes évoluant dans la violence depuis leur adolescence puissent

---

1. Le 28 février 1975, le bar Le Thélème, situé dans le Quartier latin, est le théâtre d'une fusillade entre voyous et policiers. Les commissaires Leclerc et Broussard, par le biais d'un informateur, ont eu vent qu'une « réunion au sommet » devait se tenir dans les environs et mobilisent leurs forces pour appréhender les protagonistes. Info ou intox ? Pas un Sicilien à la ronde mais la bande des Zemmour au grand complet. Bilan : l'inspecteur divisionnaire Chaix blessé grièvement, deux Zemmour blessés, un autre, William, tué ainsi que leur complice Elbaz et un avocat blessé.

2. R. Le Taillanter, *Les Derniers Seigneurs de la pègre*, *op. cit.*

connaître, comme Bacry, les affres de la dépression et les séjours en hôpital psychiatrique en attendant le suicide. Ces individus ne présentent pas *a priori* le profil fragile de l'« homme moderne » rongé par les petits soucis quotidiens, le stress d'arriver en retard au bureau ou celui de ne pas décrocher la promotion tant attendue. Jean-Claude Leclerc, le Bedeau, entretiendra avec la mort, Dieu, sa maîtresse et la folie des rapports de plus en plus étroits. Pour l'avoir rencontré à plusieurs reprises, notamment à l'occasion de ce déjeuner d'affaires avec Petites Pattes, puis lors de son incarcération, je souscris sans réserve à ce que Roger Le Taillanter dit de lui : « Un meurtrier mystique, hanté par le remords ou la haine – à moins que ce ne soit les deux à la fois –, qui avait choisi de se reconvertir dans l'agriculture au lendemain d'un armistice avec les Zemmour [1]. »

Ce retour à la terre s'effectue quand même de manière très confortable. Dès juin 1973, Leclerc s'installe au cœur de la Bretagne profonde, du côté de Morlaix, dans le cadre enchanteur du château de Kéraël où il séjourne en compagnie de la mère de ses deux enfants et de leur jeune gouvernante qui se révèle être sa maîtresse et dont il est follement épris. Pour ceux qui suivaient le Bedeau depuis des années, cette passion amoureuse, comparable à celle que partageaient Monmon Vidal et Jeanne, ne correspondait pas au personnage. Vidal, au contraire de Leclerc, n'était pas un tueur. Il braquait mais ne tuait pas, et il présentait les gages d'une certaine sensibilité. Le Bedeau, lui, tant par ses actes que par son attitude, semblait étranger à tout ce qui était humain. Il avait tué plusieurs fois de sang-froid, vidant des chargeurs entiers dans le corps de ses victimes – des crapules, certes – sans que

1. R. Le Taillanter, *op. cit.*

l'ombre d'un remords ne vienne jamais effleurer son esprit. Quand sa petite amie décède à la suite d'une interruption de grossesse, le Bedeau plonge dans une folie qui ne demandait qu'à s'épanouir pour gangrener son cerveau malade. Ce regard absent qui impressionnait ses rares interlocuteurs – il ne parlait ni ne souriait – semble dès lors porter sur le monde toute la haine dont un homme est capable.

Un jour d'octobre 1973, vraisemblablement au cours d'une fusillade où Roger Zemmour et l'un de ses hommes, Dahan, sont tués par balles, on le retrouve blessé. Il serait l'un des exécuteurs. Cependant, nous ne disposons pas du moindre élément en mesure d'étayer cette hypothèse, encore moins de la prouver.

En novembre de la même année, un hold-up a lieu à Morlaix. Les gendarmes, qui connaissent l'identité de ce châtelain un peu particulier, portent leurs soupçons sur Leclerc et m'informent de sa nouvelle adresse. Je me rends en Bretagne. Nous identifions le manoir et décidons d'une opération en liaison avec la gendarmerie, la PJ et la Crim parisienne.

Une vingtaine de gendarmes et autant de policiers investissent, ce beau matin d'automne, la lande bretonne ouatée de brumes, inquiétante et magique comme une légende du roi Arthur. Le capitaine de gendarmerie, avec beaucoup d'urbanité, me dit :

« Monsieur le commissaire, c'est votre affaire, passez le premier. »

Je passe donc et nous cheminons gaiement le long du sentier qui nous mène vers la clairière où se trouve le château. Je repère toutes les issues, les itinéraires de fuite possibles que pourrait prendre Leclerc, puis je me retourne pour vérifier que tout le monde est en place. Et là, je me trouve nez à nez avec trois bonshommes : l'un tenant une perche, l'autre une énorme caméra sur l'épaule et le dernier un calepin. Je stoppe net :

« Mais qu'est-ce que signifie tout ce cirque ?

– Heu... C'est moi, monsieur le commissaire... J'ai demandé à FR3 Bretagne de venir pour le cas où il y aurait un clash », m'avoue le capitaine avec une naïveté angélique.

Le temps presse et ce n'est ni l'heure ni le lieu d'expliquer à ces bonnes gens que nous ne sommes pas au cinéma. Nous cernons le manoir et cueillons sans grabuge le Bedeau que cette mobilisation ne semble pas concerner. Des béquilles pour ses mystérieuses blessures dues à une « chute » (nous ne pouvons prouver qu'il est le tueur de Zemmour et Dahan) le disculpent dans l'affaire du braquage de Morlaix. Impossible de « monter » sur un coup avec un tel handicap. Mais cette intrusion de la réalité dans sa vie de reclus le pousse à déménager à nouveau. D'un château l'autre... Celui de Lesmoal, à Plounérin dans les Côtes-du-Nord, l'accueille avec sa compagne et leurs deux enfants. Son rêve de troquer le revolver contre la charrue fera long feu. Laissons à Le Taillanter le mot de la fin. Une fin pathétique.

« La carapace du tueur froid, au regard transparent, se lézarde de plus en plus. Comme Roger Bacry sans doute, il est hanté par les morts dont sa route est jalonnée. Peut-être voit-il dans le malheur qui l'a frappé, par la disparition de sa maîtresse, le bras d'une justice immanente. Alors, dans sa tête tourmentée qui se tourne tour à tour vers Dieu et vers le diable, germent et s'épanouissent d'autres projets fous. Il renie ses amis, à commencer par Nat, le plus proche d'entre eux, et se range provisoirement dans le camp des Siciliens survivants que " le Lyonnais " [NDLA : c'est-à-dire " Nat "] a quitté. Mais il n'est plus nulle part un allié fiable. Il porte trop de lourds secrets qui ne peuvent être laissés à un homme au bord de la démence. Vengeur ou justicier, ses actes quels qu'ils soient vont devenir une menace permanente.

« Menace pour la vie des autres d'abord, amis ou ennemis, qu'il ne distingue plus les uns des autres, mais menace aussi de trahir, dans sa folie, les secrets enfermés dans les tombes avec des morts jusque-là sans assassin [1]. »

Le 29 novembre 1974, un mystérieux rendez-vous l'oblige à se rendre à Paris. Le jour même, à quelques pas de la République, il est abattu par deux hommes qui lui tirent sept balles à bout portant dont quatre dans la tête. Exactement selon ses propres méthodes. Les auteurs ne seront jamais retrouvés, et même si les soupçons se portèrent sur Rotondo, rien ne prouve qu'il fut à l'origine de ce rendez-vous avec la mort. Une mort que le Bedeau devait attendre comme un soulagement car, cette fois-ci, l'unique et dernière fois, il était sans arme...

Guerre des polices et paix des braves

Ce livre, on l'aura compris, n'a d'autre ambition que celle d'apporter un éclairage « différent » sur le métier de flic qui fut le mien et, accessoirement, sur ma carrière ; il n'a pas celle de régler des comptes. Je ne tiens donc pas à épiloguer trop longuement à propos de cette prétendue « guerre des polices » qui fit couler beaucoup d'encre et quelques larmes de crocodile.

Le commissaire Broussard, que j'ai toujours considéré comme un professionnel de haut niveau en même temps qu'un meneur d'hommes reconnu, consacre à cette « guerre des polices » une bonne douzaine de

---

1. R. Le Taillanter, *Les Derniers Seigneurs de la pègre*, *op. cit.*

pages au centre desquelles mon nom, en tant que chef de l'OCRB, apparaît en bonne place [1]. Non content d'affirmer que « les fonctionnaires de l'OCRB, quoi qu'ils fassent, marchent toujours sur les plates-bandes d'autrui », il décrit de surcroît cette rivalité comme « rien d'autre que des querelles de voisinage, de puérils combats de coqs, des petits conflits de petits hommes, des blessures d'orgueil et de vanité ».

Cette présentation pour le moins sommaire témoigne d'une ignorance manifeste de l'état d'esprit de tous ceux qui ont vécu cette période d'un côté comme de l'autre.

Cette « guerre des polices » n'a pas été, en effet, un théâtre grotesque où s'affrontaient des egos démesurés par médias interposés. Ce n'était pas une guerre entre hommes, mais plus justement un affrontement entre des conceptions contradictoires au sein du service public. Broussard l'admet volontiers, la préfecture de Police, convaincue d'être la détentrice de la science policière, regardait du haut de son donjon du quai des Orfèvres les autres services avec une certaine condescendance. J'ai déjà relaté le climat de méfiance qui prévalait au moment de la création de l'OCRB.

Cette « guerre » a surtout été la conséquence sur le terrain d'une politique générale menée au sommet de l'institution policière. Ces luttes d'influence, loin de concerner uniquement l'OCRB et la préfecture de Police, ont vu également des antagonismes entre police et gendarmerie, Paris et la province, et notamment entre l'OCRB et les SRPJ. Aujourd'hui, à l'heure de Schengen, d'Europol, d'Interpol et des organismes supranationaux, ces rivalités semblent relever de la préhistoire, mais je m'en voudrais de regarder cette période avec l'œil ironique de l'ancien nullement

---

1. Robert Broussard, *Mémoires*, Plon, 1997.

concerné. J'ai trop aimé mon métier pour concevoir une telle désinvolture dans la présentation des événements. Broussard et moi avons parfois été rivaux mais, comme il le précise, jamais adversaires ; nous nous sommes toujours retrouvés côte à côte quand la gravité des circonstances l'imposait. Je m'étonne donc de ses attaques répétées à propos d'une affaire où l'OCRB s'est illustré de manière plutôt efficace. Il n'est pas inutile de rappeler les faits.

Quelques jours après l'arrestation de Willoquet, une prise d'otages a lieu dans une agence du Crédit Lyonnais de l'avenue Bosquet. Trois voyous ont été surpris par des convoyeurs de fonds et une fusillade a éclaté. L'un des braqueurs est parvenu à s'enfuir, laissant les deux autres se retrancher à l'intérieur de la banque où ils prétendaient « effectuer un retrait ». Broussard à la tête de la BRI arrive sur les lieux et organise le siège de l'agence où une trentaine de personnes sont retenues sous la menace des armes. La situation est tendue, le téléphone entre la banque et la cellule de crise à l'extérieur crépite de menaces. « Il faut qu'on en abatte un pour qu'on nous prenne au sérieux ? » s'interroge à haute voix l'un des bandits, qui exige par ailleurs deux millions de francs, la même somme en dollars et une voiture.

Broussard, en charge de l'affaire, la traite selon ses méthodes, c'est-à-dire en « circuit fermé ».

Paris, jusqu'à preuve du contraire, se trouvant en France, il appartient à l'OCRB d'organiser parallèlement à celui de la préfecture de Police un dispositif conséquent, qui consiste essentiellement à placer plusieurs voitures sur les éventuels itinéraires de fuite des bandits. Le SRPJ de Versailles, dans le même temps, dispose autour de Paris une vingtaine de voitures, prêtes à assurer la filature en province. Je me rends ensuite très logiquement avenue Bosquet accompagné de mes inspecteurs, où nous trouvons la meute traditionnelle de badauds et de journalistes entourant le noyau opérationnel de la BRI. En aucun cas je ne suis venu prendre la direction des opérations – qui ne me revient pas – mais plutôt renforcer, en cas de coup dur, les équipes de Broussard et être présent dans l'éventualité où l'affaire aurait des prolongements en province. Broussard, lui, présente les choses autrement : « Au-delà de cette démarche assez logique sur le plan professionnel, je devinais son envie de s'immiscer, une fois encore, dans une affaire qui avait pourtant lieu sur le territoire parisien, dans un domaine, celui des prises d'otages, qui relevait de notre pleine compétence [1]. »

J'aimerais rappeler qu'entre flics on ne « s'immisce » pas. On ne « marche pas sur les plates-bandes d'autrui ». On s'entraide, on vient en renfort, on s'appuie, peu importent les termes, mais on ne « s'immisce » pas. « Une fois encore », dit-il, « sur le territoire parisien », dans le domaine des « prises d'otages ». Je crois que le choix des termes est assez éloquent et se passe de tout commentaire quant à la perception qu'a Broussard de la notion de « territoire ».

Sa démonstration va *crescendo*, suivant l'évolution de l'affaire ; Broussard conclut : « Les inspecteurs de l'OCRB, par leur comportement intempestif, avaient failli tout faire échouer. » Par « comportement intempestif », il faut comprendre la mise hors service définitive d'un des deux criminels quand, vers 1 heure du matin, une fois les malfaiteurs sortis de la banque, un rodéo automobile anima les rues parisiennes, et que nous prîmes en chasse les malfrats accompagnés de plusieurs otages. La voiture de Gilbert Gantier, député du 16e arrondissement, qui passait par là en revenant de

1. R. Broussard, *Mémoires*, *op. cit.*

l'Assemblée nationale est heurtée par celle des fuyards. Ces derniers abandonnent leurs otages dans la voiture et tentent de s'enfuir à pied, tirant sur tout ce qui bouge. Les hommes de Broussard et deux de mes inspecteurs jaillissant de ma voiture répliquent. Humbert Alberghi, qui s'est jeté avec Claude Gil hors de notre véhicule mitraillé par les gangsters, tire en plein dans le mille. Le dénommé « Cox », un truand marseillais, tombe. Il est mort. L'autre sera blessé. Le tout sous le regard incrédule de l'immuable Roland, barman de l'hôtel Powers, qui a assisté à toute la scène.

Voilà pour « le comportement intempestif » d'Humbert, inspecteur courageux qui, par son tir particulièrement précis, a mis un terme à cette cavalcade meurtrière. La polémique qui ne faisait que commencer se poursuivit par journaux interposés jusqu'à ce que l'actualité les fasse passer à autre chose. *Sic transit...*

Du grabuge à Paname

Contrairement à ce que « vendent » les marchands de nostalgie aseptisée, ces années 70 furent très violentes. Je ne parle pas de cette violence absurde et généralisée que nous connaissons aujourd'hui et qui n'épargne plus que le fin fond du Cantal, mais d'une criminalité ciblée, de plus en plus dure, qu'il nous a fallu combattre sans répit. L'année 1977, en particulier, a été particulièrement remplie, et je dois admettre, pour une fois, que notre réputation de « shérifs » n'était pas surfaite vu le nombre de fois où nous avons dû dégainer. En l'espace de deux mois, plus de dix malfaiteurs nous trouvèrent sur leur chemin à commencer par Jacques Gambier et sa bande, sur le point de commettre un hold-up à la Caisse d'épargne de la rue Picpus. Des semaines de filatures et de planques avaient abouti à l'arrestation en flagrant délit de cette « association de malfaiteurs », à l'exception de Gambier lui-même qui s'était débrouillé pour nous filer entre les doigts. Mais nous avions tout de même récupéré un arsenal conséquent et surtout empêché un vol à main armée. Broussard, une fois de plus, jugeant que nous étions venus tirer « son » gibier sur « ses » terres, avait piqué une de ces colères homériques dont il avait le secret.

En mars de cette même année, nous effectuons un « marathon antitruands », pour reprendre le titre que *L'Aurore* consacra à notre activité. En trente-six heures, sept voyous sous les verrous ! Et pas des voleurs de pommes. D'abord Bruno Verini et Maurizio Gigliotto, deux truands italiens de haut vol recherchés pour divers meurtres et braquages, cueillis dans leur chambre d'hôtel. Le lendemain, c'est le tour d'un dénommé Caballero. Son arrestation fut plus mouvementée : rue de Villejuif, en plein après-midi, au moment où nous allons l'interpeller, le « cavalier » en question n'hésite pas à lancer sa BMW flambant neuve contre notre pauvre Simca 1100 avant de s'échapper. Ventre à terre et sur les chapeaux de roues, il tire mais nous parvenons à le ceinturer. Le butin n'est pas négligeable : dans un faux plancher de la voiture nous trouvons des armes et l'argent de récents cambriolages. Quelques minutes plus tard, dans les mêmes conditions, alors qu'il projette lui aussi sa voiture contre la nôtre, nous interpellons son complice. Le lendemain, notre vieille connaissance Roger Knobelspiesse tombe dans nos filets. En fuite depuis son évasion de la centrale de Poissy à la faveur d'une permission, il n'a pas trouvé de meilleure idée que d'aller braquer une banque à Louviers et de blesser le directeur de l'agence. Nous le cueillons chez lui le jour même ainsi que les armes du hold-up.

C'est grâce à lui que nous allons mettre la main sur une autre bande. Knobelspiesse était déjà ce personnage hâbleur et sûr de lui, sachant manier le verbe et manipuler les gogos avec une même habileté. Il n'avait pas son pareil pour jouer les incompris. C'était dans l'air du temps, et il ne tarda pas à s'attirer les attentions d'une partie de l'intelligentsia sensible à son discours de bandit malgré lui. C'était, à n'en pas douter, la vieille fable du gigolo et de la rentière indulgente. Knobelspiesse a su adroitement profiter, à l'époque, des campagnes électorales à répétition pour obtenir des soutiens politiques qui lui furent d'une grande utilité dans deux ou trois affaires. Il parlait donc beaucoup, et souvent de lui.

« Vous avez de la chance, me dit-il après quelques heures d'interrogatoire. Vous venez de faire tomber une des plus belles équipes de Paris. Il y a deux belles équipes à Paris. Celle de Barbier et la mienne. »

Je ne pense pas que Knobelspiesse ait eu à cet instant l'idée qu'il était en train de « balancer ». Mais par vantardise, il venait de m'orienter, sans le vouloir, sur un certain Jacques Barbier dont il était apparemment convaincu que nous connaissions les activités. La machine policière est d'une redoutable efficacité. L'imprudence de Knobelspiesse allait être fatale à Barbier.

Barbier était encore un « beau crâne ». Avec sa gueule carrée, sa crinière bien plantée, ses épaules de lutteur et quelques états de service conséquents, il appartenait à la catégorie des truands sans génie mais dangereux. À partir des informations rassemblées dans son dossier, nous entreprenons une filature systématique.

Un groupe au complet fut affecté à cette tâche. Il allait suivre Barbier pendant des semaines. Pour commencer, grâce à de simples renseignements administratifs, nous identifions ses « tombées ».

Nous le filons. De bars louches en rendez-vous multiples, nous nous doutons qu'il prépare un mauvais coup. Mais lequel ? Pendant des jours et des nuits nous appliquons à la lettre toutes les bonnes vieilles recettes de la police judiciaire ; en particulier, nous le plaçons sur écoutes.

Il faut savoir que les écoutes ordonnées par le juge d'instruction ont valeur de procès-verbal et apparaissent dans la procédure. Les truands, désormais avisés des risques qu'ils encouraient à trop s'épancher – puisque, une fois chez le juge, ils voyaient de manière patente, matérielle et irréfutable les conséquences de leurs bavardages –, s'étaient mis en tête d'utiliser des codes plus ou moins judicieux destinés à tromper les éventuels « auditeurs extérieurs ». D'une part, ces « codes » étaient aussi transparents que l'eau de source ; d'autre part, les malfaisants ne tardèrent pas reprendre leurs vieilles habitudes. À l'exception des terroristes qui utilisent souvent les astuces des services secrets, la plupart des marginaux ont un « rapport au verbe » plutôt ambigu : convaincus que la loi du silence est la règle d'or dans le monde de la marginalité, ils ne peuvent s'empêcher de la rompre à tout moment. Les Corses, par exemple, en bons Méditerranéens et même se supposant écoutés, sont souvent victimes de leur irrépressible besoin de se confier.

En l'occurrence, les écoutes sur Barbier ne nous apprennent rien. Mais les nuits blanches et les journées de planque, elles, commencent à porter leurs fruits. Quelques figures nouvelles se fixent autour de Barbier : Jacques Barbier, son frère, Daniel Geoffroy, Claude

Brigand et Jacques Anselmi semblent constituer le cercle des fidèles. Nous avons extrait du Fichier central le *curriculum vitae* de ces drôles. Voilà une brochette dont tout nous dit que nous ne tarderons pas à la mettre sur le gril.

Nous photographions aussi beaucoup. Je crois que l'OCRB a fait plus de clichés de « ses » truands que David Hamilton de ses nymphettes. Mais ce ne fut pas toujours aussi agréable. À l'instar des *paparazzi* que nous sommes devenus, pourvus de puissants téléobjectifs, nous « shootons » nos sujets qui s'agitent un peu plus fébrilement de jour en jour. L'histoire prend une tout autre tournure lorsque nous les photographions en train de voler trois voitures : une Audi, une R 16 et une Simca 1100. Le lecteur non averti et épris de morale se demandera bien pourquoi nous ne les arrêtons pas quand, sous nos yeux, ils s'emparent du bien d'autrui. C'est que notre expérience nous dit que ces trois vols annoncent des crimes plus répréhensibles.

Une équipe affectée à chaque truand tente de définir la cible de la bande. Nous ne tardons pas à avoir notre petite idée à partir du moment où Anselmi passe et repasse devant la perception des impôts de Saint-Denis. Nous le photographions lors de ses allées et venues. C'est vraisemblablement la phase de reconnaissance des lieux. Ce mitraillage intensif au téléobjectif a pour but de démontrer la préparation d'un acte criminel à plusieurs, en vue d'établir, éventuellement, le délit d'association de malfaiteurs si l'interpellation en flagrance est impossible. Des photos, encore, montrent Barbier rejoignant Anselmi, puis Geoffroy. Nous avons désormais la certitude que la bande a le projet d'attaquer la recette de Saint-Denis. Nous nous enquérons du moment où les fonds sont au plus haut dans cette agence vétuste, et nous apprenons que, à chaque fin de mois, un gros apport en numéraire est acheminé en provenance de la Banque de France. Les trois voitures volées trouvent enfin leur justification. Elles sont les éléments classiques de la non moins classique logistique du hold-up : une voiture rapide (l'Audi) pour démarrer sur les chapeaux de roues après l'attaque, et les deux autres comme véhicules relais.

Le 26 avril 1977, la fébrilité des malfrats nous laisse à penser que le jour J n'est plus très loin et que nous devons nous tenir en état d'alerte. Une équipe est placée discrètement devant la recette tandis que tous les domiciles de tous les protagonistes sont sous la surveillance des autres équipes de l'OCRB. À l'OCRB, les yeux cernés des filles et les barbes bleuies des hommes disent ces jours et ces nuits consacrés à la traque de la bande à Barbier.

Le 27 avril, à 7 h 30 du matin. Jacques Barbier et Anselmi se retrouvent au bar La Caravelle, boulevard Poniatowski, où ils sont rejoints par Raymond Barbier et Brigand. Le coup est bien pour aujourd'hui.

Ils partent avec la R 16 volée et faussement immatriculée et arrivent à la Chaise de Poste, un autre bar à la sortie de l'autoroute du Nord. D'une voiture à l'autre, les équipes de l'OCRB échangent des messages radio laconiques, clairs et précis.

« A2 [1] de F8. Geoffroy Daniel, cheveux bruns, veste claire, rejoint les quatre hommes identifiés dans le bar. À toi... »

Un conciliabule destiné à une dernière mise au point s'éternise autour d'un « pot ». Nous savons, en outre, que l'Audi a été mise en place hier dans une rue proche de la perception. Ça y est, ils ressortent, montent dans les voitures et démarrent. J'attrape mon micro :

« A2 à toutes les voitures. Ça bouge les enfants, on y va... »

---

1. A2 (« Autorité 2 ») désigne le n° 2 dans la hiérarchie de l'Office.

Toutes les équipes suivent à distance les gangsters qui se dirigent vers la recette. Sur place, dans notre « sous-marin » – une camionnette banalisée garée en face de la perception –, les inspecteurs shootent au Nikon l'arrivée des truands qui se répartissent en deux équipes.

Il est 9 h 00. Tempête sous nos crânes. Doit-on les interpeller *avant* ? En ces temps de laxisme généralisé, même avec les photos comme actes préparatoires, le juge ne leur infligera guère plus de deux ans. Dans le même cas, la bande Gambier de la rue Picpus n'a été inculpée que pour « port d'armes » et « association de malfaiteurs », c'est-à-dire, peu de chose. Les laisser entrer dans la banque au risque de voir un innocent tué ? Pour le patron de l'opération, la responsabilité morale et pénale est écrasante. C'est pourtant cette dernière option qui est adoptée. Beaucoup de professionnalisme et un peu de chance devraient suffire...

Nous avons bien fait. L'équipe entrée dans l'agence par-derrière n'est pas armée. Brigand et Raymond Barbier, qui viennent de garer leur Simca 1100 volée devant la perception, pénètrent dans l'entrée principale. Leurs armes et celles de l'autre équipe sont dans un sac. Juridiquement, ce cas de figure est un véritable piège : nous n'aurions rien pu prouver.

Le quartier est cerné par l'OCRB. Les hommes de la BRI, dirigés par Leclerc et Broussard en personne, nous ont rejoints en observateurs, ainsi qu'Aimé-Blanc, le patron qui, fidèle à son éthique, me laisse diriger de bout en bout une affaire que j'ai initiée. Tous sont invisibles. La rue est insouciante, nul ne se doute du drame qui est en train de se jouer. Trop de passants, l'endroit nous interdit d'envisager une interpellation à la sortie des gangsters. Il est hors de question de risquer une fusillade dans ces conditions. Nous les prendrons donc en filature après leur forfait, une filature que nous prévoyons en deux ou trois temps : les malfrats prendront la fuite, changeront de véhicule et se retrouveront dans un studio loué, ou ailleurs à l'abri des regards, pour partager le magot. C'est le cas de figure habituel.

L'attaque vient d'avoir lieu. Ils ressortent en courant avec les 630 000 F sous le bras, s'engouffrent dans la 1100 et démarrent à fond. Quatre mètres à peine sont parcourus. « Merde ! » Ce cri du cœur résume le sentiment général. Une CX conduite par un vieux monsieur, soudain sortie d'un parking comme une mauvaise carte, vient bouleverser le scénario. La voiture des malfaiteurs lancée à vive allure percute violemment la CX. Les ordres de ne pas intervenir deviennent caducs. Il faut réagir à chaud. Un de mes inspecteurs se précipite hors de l'immeuble où il était posté l'arme au poing et se dirige vers les truands. Autant agiter une cape rouge dans une arène. Le premier tir part depuis la Simca froissée, donnant le coup d'envoi à la fusillade tant redoutée. Saint-Denis devient la grand-rue de nos vieux westerns. Les truands tentent de fuir en tirant de plus belle tandis que les passants s'abritent comme ils le peuvent, du moins pour ceux qui ont compris ce qui se passait.

Nous devons à tout prix éviter une prise d'otages en pleine rue et neutraliser les gangsters. Les balles pleuvent. Nous finissons par bloquer Anselmi au volant de l'Audi où il s'apprêtait à démarrer. Geoffroy, lui, est sorti *manu militari* de la 1100 écrasée. Les balles ne sont pas perdues pour tout le monde : Brigand et Raymond Barbier sont blessés. Jacques, son frère, a pris la poudre d'escampette avec l'argent et deux armes dont un fusil à canon scié. Nous le poursuivons alors qu'il tire encore. Nous répliquons, il est abattu. Le professionnalisme et le sang-froid ont eu gain de cause : les malfaiteurs ont payé, seuls. La chance aussi, il est vrai, était ce jour-là de notre côté.

Je crois pouvoir décrire cette affaire comme l'exemple type de la manière dont l'OCRB a travaillé pendant des années. Une enquête mitonnée comme une pièce montée avec pour cerise le « flag » magistral. Je n'aurai pas l'indécence de prétendre que la mort éventuelle d'un ou plusieurs des truands que nous filions depuis des semaines était comprise dans l'addition, mais elle n'était pas écartée *a priori*. Ce qui ne signifie nullement qu'elle était programmée. Le gibier que nous traquions avait en général une prédilection pour les gros calibres et n'hésitait jamais à s'en servir. S'il était pris en flagrant délit, le voyou savait la lourdeur de la peine qu'il encourait, d'où sa propension à tout faire pour y échapper.

Comme tous les hommes des brigades antigang, nous courions d'énormes risques à chacune de ces interpellations ; mais nous n'étions pas des flics américains qui dégainent d'autant plus facilement qu'ils sont souvent convaincus d'être le bras armé du Bien luttant contre le Mal. Le policier français, malgré la tendance des cinéastes à vouloir de plus en plus l'américaniser, n'obéit pas, ni moralement ni culturellement, à cette réalité d'outre-Atlantique. Notre travail n'avait pas cette connotation morale, cet aspect de lutte à armes égales entre le crime et la loi. L'OCRB, ce n'était pas la Bible dans une main et le 357 magnum dans l'autre. Nous étions des enquêteurs avant tout. En aucun cas des excités qui « prennent leur pied » quand il s'agit de tirer. Nous étions contre les méthodes musclées – chez nous, pas d'interrogatoires poussés – mais nous n'évitions pas le combat.

Quant aux motivations des uns et des autres à épouser cette vie dure et parfois risquée, elles variaient selon la personnalité de chacun, mais je puis dire sans me tromper que la soif de sensations fortes et le goût de la traque nous unissaient. Je pourrais bien sûr développer à ce propos une profession de foi sur le culte de la *res publica* et noircir le papier de considérations altruistes, mais je l'ai déjà lu ailleurs sans être véritablement convaincu.

Les bronzés sont marron

Les clins d'œil aux amateurs de polar et les références cinématographiques qui émaillent parcimonieusement mes souvenirs ne sont pas un hasard. Combien de fois les cinéastes et les auteurs ont-ils puisé dans nos vies et exploré les mécanismes de la formidable machine policière pour réaliser des œuvres d'autant moins crédibles qu'elles consistent souvent à entourer la réalité d'un peu d'imagination ?

Des gangsters, un hold-up, un mort, de l'argent et des filles ne suffisent pas à faire d'une enquête l'essence d'un roman policier. Encore faut-il ajouter à cette ébauche de recette les ingrédients qui corsent le goût et attisent l'appétit. Nous avons eu souvent cela au menu.

L'année 1977 commencée dans la tourmente des affaires successives va se poursuivre, à partir du mois de juillet, autour d'un véritable casse-tête chinois truffé de rebondissements et de seconds rôles : l'affaire dite du « hold-up de Corfou ». La plus longue traque que j'ai eu à effectuer et l'un des cas les plus passionnants de ma carrière.

Togna (Corse du sud), le 18 juillet 1977.

L'OCRB, en maîtresse exigeante, pompe l'énergie des plus vaillants. Après des mois sur la brèche, je reprends enfin l'espoir de vivre mes vacances d'été comme tout le monde. Le téléphone est débranché, mes réflexes de chef de bande mis en sommeil, mon arme de service rangée au fond d'un tiroir. La caresse d'une brise tiède et la blondeur alanguie d'une plage au soleil seront mon repos du guerrier.

On ne devrait jamais lire le journal en vacances... Dans ce matin parfumé à l'eucalyptus, l'actualité, la fameuse « information » qui fait office de culture pour une bonne moitié de la population s'éloigne bien égoïstement de mes préoccupations. Je survole d'un œil distrait la prose de quelque vieux barbon, glisse mollement jusqu'aux programmes de télévision et, par réflexe professionnel, je termine par la rubrique des faits divers où mon attention se fixe vaguement sur ce titre qui s'étale sur trois colonnes :

Corfou : hold-up au Club Méditerranée
Un mort et un blessé

« Trois hommes masqués se sont introduits dans un hôtel du Club Méditerranée, à Dassia (île de Corfou), et ont abattu le caissier et blessé un employé avant de prendre la fuite avec un butin de quelque 2 500 000 F. Le hold-up s'est déroulé au moment de la sieste : il n'y avait pas de garde et très peu de témoins en cette période creuse de l'après-midi. Trois individus firent brusquement irruption dans le bureau du club où était enfermé l'argent représentant les salaires des employés et la totalité des dépôts des clients.

« M. Maurice Picimbono (36 ans), de nationalité française, originaire de Narbonne et membre du personnel du club, qui tentait de résister aux malfaiteurs a été abattu à bout portant. M. Pascal Bonez (23 ans), qui s'était porté au secours de son camarade, fut légèrement blessé. Les bandits ont alors réussi à prendre la fuite à bord d'une Fiat blanche qui les attendait, puis se sont embarqués sur un yacht volé : *L'Alexia.*

« La police, pour qui ce hold-up est sans précédent dans les annales de l'île, n'exclut pas l'hypothèse d'une complicité à l'intérieur du club de vacances. »

Le flic de haut vol est un drogué. Les bonnes résolutions, les vœux pieux, les promesses de se consacrer davantage à la famille ne résistent jamais très longtemps à l'objet de cette dépendance. On ne décroche pas comme ça de la poursuite des criminels. L'adrénaline en grande quantité, le risque et la vitesse sont une came perverse qui, lorsqu'elle vient à manquer, provoque des fourmis dans les jambes.

L'article venait de réveiller en moi ce qui ne demandait qu'à l'être. J'essayais bien de m'en tenir au programme fixé par ma conscience – bonheur conjugal et joies de la paternité – mais, déjà, l'appel du large se faisait pressant. Un Français avait été tué à l'étranger dans le cadre d'une affaire criminelle, c'était du ressort de l'OCRB. Il me fallait cette affaire dont je ne savais rien. Un coup de fil à Paris devrait remédier à cette ignorance. Lucien Aimé-Blanc, chef de l'OCRB à l'époque, dont je suis l'adjoint et l'ami, se trouvait au 127, rue du Faubourg-Saint-Honoré.

« Salut Lucien. Ici Pel (mon surnom à la PJ). Rien de neuf ?

– Non... Calme plat. Les truands sont à la plage. Tu es bien placé pour le savoir, non ?

– Ils ne se seraient pas plutôt donné rendez-vous au Club Med, par hasard ?

– Tu as l'air bien renseigné...

– Non, justement. Je n'ai que des échos par la presse. C'est la raison pour laquelle je viens aux nouvelles !

– Pour l'instant, nous n'en savons pas plus, à part que les types qui ont fait le coup s'exprimaient dans un français « sans accent », pour ne pas dire impeccable. Tu as une idée ?

– Non, mais on pourrait peut-être aller aux nouvelles nous-mêmes, non ?

– Tu ne crois pas si bien dire ! Je pars demain avec Manu Farruggia pour la Grèce et je te tiens au courant. En attendant, profite de tes vacances. J'ai ton numéro de téléphone en cas de besoin. *Ciao !* »

L'enquête commençait donc sans moi. Cela ne m'enchantait guère même si, finalement, je n'étais pas trop mécontent de ne pas avoir, une fois de plus, à refermer promptement cette parenthèse de vie privée que je venais à peine d'ouvrir. Malgré tout, ces vacances en famille n'en furent pas vraiment pour mon esprit monopolisé par cette affaire qui, jour après jour, faisait la une des journaux et la joie des chroniqueurs. La presse, toujours avide de feuilletons, avait de quoi tenir en haleine le vacancier le plus exigeant. Un décor de rêve, un meurtre sans coupables, un yacht et mille pistes qui ne mènent nulle part. Voilà bien la solution à la crise de la presse !

25 juillet 1977.

Vivement la fin des vacances !

Depuis dix jours, lesté de ma pile de journaux de toute obédience, je tente d'assembler, à partir de cette documentation approximative, les pièces du puzzle qui me permettront de reconstituer les faits et d'établir un scénario parallèle à celui de mes collègues. Au fil des jours, les détails et les éléments établis par la presse, changent à la manière d'un ciel breton en automne. Le « caissier » abattu se révèle être un moniteur de ski nautique. Quant aux 2 millions du début, il semblerait qu'ils aient fondu comme neige au soleil de Grèce jusqu'à n'en plus faire qu'un. En outre, supplément d'information, 700 passeports ont été subtilisés dans la foulée, ce qui, compte tenu du prix auquel ce genre de document peut se négocier, grossit le butin de façon non négligeable.

Je vais aux nouvelles comme on va au marché. Je flaire les articles, je trie les informations en fonction de mon expérience et je rentre les bras chargés, prêt à concocter le scénario idéal, la manière précise dont s'est déroulé le hold-up sanglant.

Il est 13 heures passées quand trois individus s'arrêtent devant l'enceinte du club. Pas un paréo en vue, par un témoin. Le soleil de Zeus à cette heure de la journée est implacable. Bon calcul. Les Gentils Membres sont en train de déjeuner ou de s'adonner à une molle somnolence post-prandiale. Les trois hommes pénètrent par l'entrée de service, se dirigent vers la paillote qui tient lieu de réception et de coffre. Menaçant l'hôtesse de leurs armes, ils réclament l'argent. Croyant à la répétition d'un jeu organisé quelques jours auparavant qui avait simulé une attaque du même genre, la Gentille Gestionnaire éclate de rire. Ce n'est pourtant pas le moment.

« Te marre pas et file l'oseille ! »

Là, la fille ne rigole plus. Les salaires des employés, les bijoux et les devises étrangères, ainsi que les passeports des touristes du club changent de main. Quelqu'un crie, donnant aussitôt l'alerte. Panique chez les Bronzés ! Ou plutôt chez les voyous, qui prennent leurs jambes à leur cou quand ils avisent la meute de GO et GM qui s'élance à leurs trousses. Le sprint sous le soleil exactement rend insupportables les cagoules dont ils se sont affublés. C'est la ruée sur les trois Pieds-Nickelés qui voient le moment où ils vont se faire lyncher. Alors ils tirent sur leurs assaillants. L'un d'eux, Maurice Picimbono, un pilier de rugby narbonnais, rassure les troupes : « N'ayez pas peur, les gars ! Ils tirent à blanc... » Ce qui déclenche la riposte de l'un des malfrats : « Et celle-là, connard, elle est à blanc ? » et il lui loge une balle en pleine tête. Les gangsters franchissent le grillage de l'enceinte et sautent dans une Fiat blanche alors que les poursuivants, malgré le meurtre, continuent la folle cavalcade. Deux d'entre eux sont blessés par balles aux jambes. Ils n'ont pour seule arme que ces pierres qu'ils jettent contre le pare-brise en miettes. Blessé à la tête par l'un des projectiles, un des fuyards retire sa cagoule. Les malfaiteurs roulent jusqu'à une marina distante de quelques kilomètres où les attend le yacht *L'Alexia*. Les membres du club ne renoncent pas et la chasse à l'homme se poursuit sur les flots. Faute de carburant, les GO sont contraints d'abandonner. *L'Alexia* s'éloigne au large et disparaît en direction des côtes yougoslaves, à moins qu'il n'ait mis le cap sur l'Italie.

Tels sont les faits.

L'enquête est beaucoup plus sinueuse. Il faut dire que tout le monde y va de son petit avis. Les journalistes français, grecs et italiens courent après le scoop en suivant les chemins parallèles des polices des trois pays impliqués. Cette débauche de moyens est à double tranchant : d'un côté, les pistes se perdent dans des dizaines de supputations, de l'autre la concurrence oblige à un nombre considérable de suppositions et d'investigations susceptibles d'aboutir à du « solide ».

Alors que les premières versions des médias évoquaient un « yacht volé » ou ses propriétaires pris en otage, les enquêteurs semblent à présent privilégier la thèse de la complicité. Selon les témoins, le capitaine et sa compagne attendaient les bandits moteur tournant.

Mieux, les Italiens ont identifié le couple. Il s'agit d'un journaliste italien, Alessio Monselles, et son amie Daniella Valla. Pour les uns ils sont complices, pour d'autres ils sont otages. Complices peut-être, car il se trouve que Monselles, journaliste à l'agence parlementaire de Rome, est surtout un ancien play-boy soupçonné de proxénétisme et l'ex-tenancier d'une boîte de nuit. Notamment de l'Opus Gate où il avait été en contact avec un certain Legendre, un Français, impliqué quelques mois plus tôt dans une affaire « d'usage d'arme à feu » à Hambourg. Or trois Français, parmi lesquels un Michel-André Legendre, sont descendus dans un ou deux hôtels de Corfou pendant la période du hold-up. En outre, ce serait Michel-André Legendre qui aurait loué la Fiat blanche des gangsters. Ses complices, eux, répondraient aux noms de Philippe de Vrau et Philippe Laro, des noms qui, bien évidemment, se révéleront rapidement être des faux.

Coup de théâtre, le 21 juillet le play-boy et sa compagne passent un coup de fil à leurs familles respectives : « Nous sommes en Yougoslavie. Nous venons d'être libérés par des bandits. Nous rentrerons dans deux jours. En attendant, pas un mot à quiconque. Aucune information à la presse, ni à la police... » C'est raté !

Nul besoin d'être Maigret pour poser les bonnes questions : Pourquoi le couple n'a-t-il pas précisé l'endroit où il se trouvait ? Pourquoi avoir différé le retour de deux jours ? Pourquoi n'avoir pas prévenu les autorités yougoslaves, à défaut des italiennes ?

Toutes les polices impliquées dans l'enquête devaient se poser les mêmes questions. Nous étions à la fin juillet et, une fois de plus, la fameuse « coopération européenne » aboutissait à une cacophonie assourdissante au sein de laquelle chacun tentait tant bien que mal de faire entendre sa voix. Les pistes étaient aussi nombreuses que les enquêteurs.

Depuis mon coup de fil à Aimé-Blanc, l'OCRB n'avait pas chômé. Les inspecteurs s'étaient rendus au siège du Club Méditerranée, place de la Bourse, où Gilbert Trigano, ayant écourté ses vacances, multipliait les déclarations visant à apaiser les esprits et assurer l'OCRB de l'entière collaboration de ses services. Le Gentil Président n'avait pas envie que de vilains nuages viennent ternir la réputation de ses lieux idylliques. Pourtant plusieurs faits divers dignes d'une série noire allaient obscurcir cet été en pente douce à l'ombre du trident.

Le 10 août, un article de *L'Aurore* soulevait un nouveau lièvre : « Affaire de Corfou : les racketteurs après les braqueurs ? » En vérité, on pouvait se le demander. Le Club Méditerranée de Tignes venait de subir plusieurs incendies criminels, celui de Cargèse, en Corse, un attentat, tout comme celui de San Ambrogio, toujours en Corse. Le Grand Hôtel du club de Vittel avait dû déplorer un vol avec violence, et un autre club, en Calabre, un hold-up.

Intimidation de la part de racketteurs ? Pistes politiques ? L'affaire se compliquait. Trigano, lui, réfutait la thèse du complot organisé, destiné à ébranler son assise dans le monde de la haute finance. Lucien Aimé-Blanc fit confronter toutes les manières d'opérer, tous les indices. Sans résultat. Aucun lien entre les affaires. Le hold-up de Corfou avait tout simplement donné des idées à des malfrats en panne d'imagination.

Les policiers entreprirent donc de se pencher sur les fichiers des GO et des GM de Corfou, des formulaires d'identité qui leur permettraient peut-être de découvrir un indice suspect, dénicher un nom familier à leurs oreilles averties.

Le 24 juillet, l'OCRB recevait par télégramme les mandats d'arrêt lancés par la police grecque contre les auteurs présumés du hold-up. Avec les fausses identités des trois Français.

Aimé-Blanc et Farruggia ont retenu de leur séjour en Grèce plusieurs choses, notamment que les gangsters pourraient bien être français et, à ce titre, intéresser l'Office au premier chef. Ensuite, les braqueurs sont vraisemblablement des amateurs, des chiens fous, plutôt que des truands chevronnés. Autre certitude, l'enquête sera longue. L'absence d'indices nous donne à penser qu'il faudra travailler sur la base de témoignages. Heureusement, il n'en manque pas. Enlever sa cagoule juste après le braquage est sans doute l'erreur la plus grossière de ce coup fumeux.

16 août 1977.

Je suis de retour à Paris, muni de tous les éléments que ces vacances très studieuses m'ont permis de collecter. Mes supputations et mes jeux de construction élaborés à partir de quelques coups de fil et de la presse ne sont pas éloignés des conclusions émises par les polices de Rome, Athènes et Belgrade. Pour autant, les fausses pistes continuent de s'accumuler. Mais si nous voulons être saisis de l'affaire, nous devons prouver au juge d'instruction que nous avons de sérieuses raisons de l'être et, pour cela, nous activer.

Les Italiens font une véritable fixation sur le fameux Legendre dont nous avons pourtant passé tous les homonymes de France et de Navarre au crible. Cela ne leur suffit pas. Les demandes de renseignements pleuvent sur nous, dont l'exploitation se révèle stérile. Une autre « piste définitive italienne » privilégie les Brigades rouges. Ce n'est pas complètement loufoque quand on sait que l'Italie, à l'instar de l'Allemagne, est à l'époque des « années de plomb » régulièrement secouée par les attentats, les hold-up et les meurtres politiques en provenance de l'ultragauche révolutionnaire. Pourtant je n'y crois guère. Le fait que le casse n'ait pas été revendiqué suffit à démentir cette hypothèse. Des gens qui ont été capables de tuer Aldo Moro s'organisent mieux que cela et ne prennent pas le risque d'ôter leur cagoule en pleine action.

À la mi-août, Paris est une fournaise qui neutralise l'esprit et immobilise l'enquête. C'est décidé, Manu se rendra à Split, en Yougoslavie, inspecter le yacht et moi à Rome où je compte sur un de mes bons amis policiers pour me faire une opinion. De plus, les Italiens doivent être en possession d'éléments dont nous ne disposons pas encore. La guerre des polices ignore les frontières.

Tout ce que Manu a rapporté de Dalmatie, c'est le souvenir d'une belle région, de l'indifférence de la police titiste et une montre suisse trouvée sous une couchette du bateau...

Rome. La Ville éternelle sent bon la *Dolce Vita* mais Anita Ekberg attendra. Mes homologues me confirment l'impression de psychose que je subodorais chez eux. Les Brigades rouges, encore les Brigades rouges, toujours les Brigades rouges ! Je leur abandonne bien volontiers ce tuyau et reviens à Paris avec quelques éléments nouveaux qui nous permettent d'affiner les portraits-robots du trio infernal et d'établir avec quels types d'armes ils ont ouvert le feu. L'examen des balles récupérées nous y aide fortement tandis que celui des taches de sang relevées dans la Fiat blanche indique une appartenance au groupe O.

L'exploitation de tous ces éléments commence à porter ses fruits quand nous obtenons la certitude que les trois gangsters sont bien des Français qui ont séjourné dans un ou plusieurs hôtels de Corfou et qu'ils se sont rendus en visiteurs au club Corfou Ipsos (car il y a deux clubs à Corfou, l'autre étant l'Hélios Corfou) dans la période précédant le hold-up. On évoque un « signalement » proche des portraits-robots. Là, au dire de certains témoins, les trois hommes ont rencontré trois jeunes femmes, probablement des clientes du club.

« Bon sang, mais c'est bien sûr ! » comme disait Raymond Souplex. « Cherchez la femme », l'hypothèse de travail par définition, surtout dans un tel contexte. La plongée en apnée dans l'océan des fichiers du Club Méditerranée nous permet d'établir assez rapidement l'identité de trois jeunes femmes présentes au club de Corfou en juillet, qui ont été vues en compagnie des trois voyous. L'OCRB vient de marquer un premier point décisif.

Paris, août 1977.

« Où sont les femmes ? » Pas une boîte de nuit n'échappe à la question lancinante et légitime que pose cet été-là Patrick Juvet dans un disco endiablé. Le tube de l'été rejoint nos préoccupations de l'instant et nous ne mettons pas longtemps à retrouver la piste des trois sirènes qui avaient navigué entre deux eaux à Corfou. Après maintes tergiversations au téléphone, nous finissons par les convaincre de se présenter dans les locaux de l'OCRB.

Brigitte, Isabelle et Florence, encore toutes dorées, incarnent à merveille ces petites Françaises telles que les imaginent les étrangers. Jolies sans être belles, charmeuses mais pas aguicheuses, chipies plutôt que garces, nullement idiotes mais incontestablement légères, elles affichent une trentaine épanouie qu'un quotidien assez quelconque n'a pas encore terni. Car les donzelles, loin d'être des aventurières, mènent la vie tranquille et un peu morne de millions d'autres Françaises exerçant des métiers honorables (rééducatrice, traductrice, programmatrice) mais sans surprise. Deux d'entre elles sont mariées et toutes trois se sont connues au club où elles ont séjourné du 8 au 28 juillet.

Dans son bureau aux relents de tabac froid et de renfermé, Manu Farruggia, véritable cheville ouvrière de cette enquête fleuve, a eu l'excellente idée de les convoquer séparément. Il accorde à chacune des trois filles toute son attention. Non seulement à leur physique – on a beau être flic, on n'en reste pas moins homme – mais surtout à leurs propos et à leur attitude qui évoluera de manière de plus en plus surprenante au fil des mois.

« Bon, vous savez pourquoi vous êtes là. Que pouvez-vous me dire à propos de vous et des hommes en compagnie desquels vous avez été vues, et dont je vous rappelle qu'ils sont soupçonnés de meurtre ? »

Manu est courtois mais ferme.

« Eh bien, j'ai rencontré Philippe au bar du club, répond un peu intimidée Florence, la blondinette aux yeux bleus. Il m'a offert une limonade et m'a fait des compliments sur ma personne. »

Une lycéenne n'aurait pas dit autre chose.

« Donc, vous ne connaissiez pas ces trois hommes avant, pourtant vous acceptez de faire une croisière à bord de *L'Alexia* en leur compagnie.

– Ben oui... Enfin non... Le 9 juillet, Brigitte, Isabelle et moi et les garçons avons fait connaissance ; nous avons dansé et, le lendemain, nous sommes allés faire une promenade en mer. Ce n'est que le 10 que nous sommes partis pour la croisière d'une semaine. C'était génial ! »

C'était probablement « génial », en effet. Comme dans la chanson de Jean Sablon, il y avait « le ciel, le soleil et la mer » que les années libérées et Gainsbourg traduiraient par « sea, sex and sun ». La raison, comme prévu, avait cédé la place à l'affectif et, surtout, au plaisir. En chaque petite femme sage et gentille, sommeille une Emma Bovary fantasque qui rêve de bouleverser la routine d'une existence sans fantaisie. Avec Florence, Brigitte et Isabelle, nous étions confrontés au cas le plus classique qui soit. Les salariées laborieuses, les honnêtes épouses abonnées aux soirées monotones des week-ends conjugaux avaient découvert la « grande vie ». Champagne, yacht, amour au soleil, c'est quand même mieux que métro-boulot-dodo. Nous pouvions bien leur parler de meurtre et de hold-up, cela semblait les concerner autant que leur premier Bikini. Une incrédulité manifeste leur interdisait de souscrire à nos propos. Et ce d'autant plus que notre « fameux hold-up », comme l'appelait l'une d'entre elles, elles n'y avaient pas assisté car « devenues de très bonnes camarades » sur le bateau, elles avaient passé toutes les trois la journée à Corfou « à faire du shopping ».

Ce qui nous importait avant tout, c'était de pouvoir, à travers elles, reconstituer les jours précédant le casse, et surtout affiner notre connaissance des trois voyous.

En fait, la croisière s'était achevée plus tôt que prévu, quand le 14 juillet au soir les garçons s'étaient soudain découvert d'impérieuses raisons de rentrer en France. « Michael » devait regagner Paris pour ses « affaires », « Michel » et « Philippe » ramèneraient le bateau en Italie. Que savions-nous de plus sur leur physique ou leur personnalité ? Pas grand-chose. Les trois hommes n'étaient pas des pros du braquage mais ils n'avaient pas poussé l'amateurisme jusqu'à révéler à leurs nouvelles amies leurs vraies identités, leurs adresses en France et, surtout, leurs numéros de téléphone. Leurs trois conquêtes se moquaient bien de ces détails. Elles semblaient d'ailleurs se moquer de tout ce qui pouvait assombrir le souvenir radieux de cette semaine dédiée à Aphrodite et Apollon. Trois petites filles voulaient encore croire au prince charmant. Et tant pis pour la moralité.

Quelques éléments cependant transpirent de ces entrevues. « Michael » (le nouveau nom de « Philippe de Vrau ») semblait être le leader du trio ; lui seul était intéressé à la navigation, passant des heures avec le capitaine de *L'Alexia* que, apparemment, il ne connaissait pas auparavant. Contrairement aux déclarations des Italiens, aucune pression manifeste ne semblait alourdir le climat à bord (le couple était-il complice ?). Philippe se mettait rarement au soleil et portait la plupart du temps une chemise à manches longues censée protéger ses bras recouverts de bandelettes en raison d'une crise de furonculose. D'autre part, les filles, à qui nous avions demandé de faire un petit effort pour tenter de situer l'origine des truands, avaient évoqué des « titis ». « Ils parlaient le parisien », avait affirmé Isabelle. Enfin, les hommes logeaient à l'hôtel Chandriz, à environ un quart d'heure à pied du club, et ils avaient loué une Fiat 127.

Cette pêche en haute mer n'était pas formidable. Il y avait peu d'espoir que nos lascars reprennent contact avec leurs amours d'été, bien que ces dernières leur aient laissé leurs coordonnées. À l'évidence, les trois filles sont étrangères au coup de Corfou. Elles se sont « envoyées en l'air » avec de soi-disants « hommes d'affaires », mais cela n'implique pas une complicité quelconque. Pourtant, elles éprouvent à l'égard de ces garçons comme une sorte de reconnaissance. Bien moins triviale qu'on peut l'imaginer et probablement aussi romantique qu'on puisse le redouter. En une semaine, les Pieds-Nickelés ont transporté les trois petites Bovary au-delà de ces rêves que leurs maris, avec leurs matchs à la télé et leurs problèmes de bureau, n'imagineront jamais.

Dans cette affaire, on marche sur des œufs. L'inspecteur Manu Farruggia en est bien conscient. Le policier de l'OCRB, je l'ai dit, devait être bon tireur, conduire vite et réfléchir de même. Il devait aussi savoir manier toutes les nuances de l'âme humaine et s'appliquer à maîtriser les ressorts psychologiques des individus qu'il était amené à rencontrer quand ceux-ci laissaient entrevoir la lueur d'une issue possible à un labyrinthe conjoncturel.

Ces interrogatoires, sous son impulsion, se muèrent vite en conversations amicales entre les filles et lui. Il ne forçait pas tellement sa nature : elles étaient charmantes et futiles comme seules peuvent l'être les Parisiennes et, surtout, très touchantes par leur naïveté. Pourtant, elles n'étaient pas si naïves que nous le pensions. Mais ne brûlons pas les étapes. Les petits ports blancs et bleus, les criques désertes tapissées de sable blond où elles s'étaient données sans compter aux éphèbes à l'accent de Ménilmuche demeuraient ancrés dans leur cœur, leurs prunelles et leurs reins. Manu entreprit de refaire le périple en leur compagnie sans quitter son bureau. La méfiance des premiers temps fondait. Peu à peu, une confiance s'instaura, comme si cette croisière immobile et la relation enchanteresse de ces souvenirs scellait un pacte entre elles et lui. Elles parlaient, détendues, et il les écoutait. L'ambre de leur peau pâlissait au fil des entrevues mais la timidité des premiers temps avait laissé place à un enthousiasme certain pour cette histoire à dormir debout. Car elles doutaient encore de s'être réellement embarquées avec des truands, des ombres devrais-je dire, tant la minceur de notre dossier les dissuadait de nous croire.

Au bout de plusieurs heures en leur compagnie, Manu se risque à revenir sur un détail qui le taraude depuis le début. Il lui paraît impensable que, parmi ces trois petites touristes, pas une n'ait pensé à rapporter la moindre photo immortalisant le rêve. Isabelle, un peu hésitante, déclare :

« Bon... ben (Isabelle disait toujours “ Bon... ben ”), Florence et moi, nous avons pris des photos. Mais lors d'une escale, on nous a volé les appareils avec les pellicules dedans...

– Vous n'avez fait développer aucune pellicule avant le vol ? Vous êtes bien sûres ?

– Ah ! mais si, j'y repense. J'ai une petite caméra super 8. Je l'ai retrouvée il y a quelques jours dans mes bagages.

– Eh bien, voilà ! exulte Manu, il faudrait me l'apporter.

– Bon... ben, vous savez, c'est un film où l'on ne voit que des paysages...

– Comment se fait-il ?

– C'est les garçons, ils ne voulaient pas être filmés par rapport à leurs femmes et tout ça...

– Apportez-le toujours, nous verrons bien. »

La belle écervelée, qui ne l'était pas tant que cela, venait de nous rendre un grand service.

Le lendemain, nous organisons une projection à l'OCRB. Ce « rush » ressemble à ces films de vacances que les bons amis ont parfois le mauvais goût de vous infliger lorsqu'ils reviennent d'un séjour au soleil. L'intérêt est un peu plus soutenu quand apparaissent sur l'écran des silhouettes masculines. Mais manifestement les garçons ont pris soin de ne pas s'exposer de face. Nous passons et repassons le film jusqu'à la migraine, mais rien n'est exploitable *a priori*. L'image et les plans sont de trop mauvaise qualité et à aucun moment l'un des hommes n'apparaît distinctement à l'écran. Pourtant, un énième visionnage vient démentir ce sentiment, où l'on aperçoit, l'espace d'une demi-seconde, un homme pivotant sur lui-même au moment où la caméra se braque sur lui. Mais, même au ralenti, le visage furtif est indistinct. Au laboratoire nous demandons de tirer une photo. Victoire ! (ou presque) : le visage de trois quarts d'un homme âgé d'une trentaine d'années ressort du bac de révélateur.

Nous sommes à la mi-septembre et il faut coûte que coûte mettre un nom sur ce visage qui ne dit rien à personne au sein de l'OCRB. On compulse le Fichier central, le *Who's Who* de la criminalité : rien. On diffuse alors à toutes les polices et gendarmeries de France la photo de l'inconnu.

Quelques jours plus tard, le 21 septembre, un compatriote du SRPJ de Lille, l'ami Comiti, m'appelle et me livre l'une des clés de l'affaire. Celui que nous avions identifié sur la photo comme étant Philippe de Vrau ou « Michael », s'appelle Gaston Rucquois. C'est un vieux cheval de retour et, contrairement à ce que nous avions cru au début, un calibre moyen mais malin. Et dangereux. Il a été libéré de prison en 1975, une libération conditionnelle qu'il aurait vraisemblablement mise à profit pour opérer quelques braquages dans la région lilloise. Comiti et le Groupe de répression du banditisme de Lille m'enlèvent une sacrée épine du pied. L'affaire redémarre là où elle commençait à s'enliser. Le dispositif se met en branle. Lille nous communiquera le CV de Rucquois, son environnement, sa famille, ses habitudes, ses copains ; Farruggia et un autre inspecteur de l'OCRB partent sur-le-champ dans le Nord pour mener l'enquête de proximité. « L'affaire Rucquois » a commencé.

Octobre 1977.

Dans mon bureau, aussi net qu'une vitrine du Printemps – en bon anarchiste, je ne puis supporter le moindre désordre dans mes meubles –, je compulse une fois encore la fiche de Rucquois. Comme pour bien fixer l'individu, cerner le bonhomme et m'imprégner de son mode de fonctionnement.

Né en 1943 à Roubaix. Mariage en 1963 avec une certaine Danielle L. Un fils de douze ans. Pas d'emploi déterminé. Inscription au chômage en 1976. Commence à faire parler de lui à partir de 1969, en se faisant appréhender une première fois pour coups et blessures volontaires. De nouveau en 1970. L'année d'après pour vols qualifiés. En 1973, condamnation pour vol qualifié à cinq ans d'emprisonnement par le tribunal correctionnel de Lille. Le 26 novembre 1973, condamnation par la cour d'assises à trois ans. Plusieurs permissions. En 1976, il est soupçonné d'avoir commis le vol à main armée de la station-service d'un supermarché dans le Nord. Parmi ses relations : André Toller, Jean-Claude Morand, René Érulin, Michel Mozel, Georges Chandon sont également connus des services de police. Rucquois possède un magasin de confection à Lys-les-Lannoy (Nord), géré par son épouse. Il est propriétaire d'une CX blanche.

Nous « avions » donc Rucquois (façon de parler) mais toujours rien sur ses complices. Un dispositif de surveillance autour de toutes les « tombées » du Lillois (domicile conjugal, magasin, domicile des « relations », etc.) avait été mis en place. Sans parler des écoutes.

L'autosatisfaction commence à gagner l'équipe en charge de l'affaire jusqu'à ce jour d'octobre où Aimé-Blanc me convoque ainsi que Farruggia pour nous annoncer qu'un juge d'instruction, un substitut et un vice-questeur italiens, munis d'une commission rogatoire internationale, doivent arrivés d'ici quelques jours à Paris pour interroger nos trois protégées.

« Pas besoin de vous faire un dessin : nous allons nous faire doubler par les Italiens au moment même où notre travail commence à porter ses fruits. Donc, si nous voulons rester seuls sur l'enquête, nous devons mettre le turbo. »

Le turbo est donc enclenché. Farruggia et Aimé-Blanc repartent en Grèce soumettre les photos de Rucquois à tous les témoins du hold-up. Là-bas, tout le monde confirme nos soupçons : c'est bien lui qui a loué la Fiat le matin du hold-up et il est bien l'auteur reconnu du meurtre de Picimbono.

Un nouveau rapport adressé au juge d'instruction Cornuault (une vieille connaissance avec laquelle j'entretiens d'excellentes relations) aboutit enfin au but ultime de toute cette agitation : le 3 décembre, l'OCRB est officiellement saisi de l'enquête. C'est-à-dire seul maître à bord de cette galère... Beau cadeau de fin d'année ! Cela n'empêche pas les enquêteurs italiens d'entendre les filles dans nos locaux, qui, deux mois après leur première audition formelle, sont obligées de raconter à nouveau leur aventure, quoique de manière sans doute moins désinvolte puisque, entre-temps, nous les avons avisées de la véritable personnalité de Gaston Rucquois, dit Philippe de Vrau, « Michael » pour ces dames.

L'affaire, malgré sa longueur et bien qu'elle concerne un crime qui s'est déroulé à plusieurs milliers de kilomètres de Paris, obéit finalement aux schémas traditionnels d'une criminalité sans grande surprise. L'identification de Rucquois, en outre, autorise à penser qu'une issue, à plus ou moins long terme, est envisageable.

Cet optimisme un peu béat s'estompe pourtant le jour où Farruggia, qui a demandé à me voir, me fait part de ses doutes.

« Il y a quelque chose de pas clair dans cette histoire, patron. Je suis certain que les filles nous mènent en bateau.

– Cela devient une habitude chez elles, le bateau..., ne puis-je éviter de ricaner.

– Non, sérieusement ! Je veux dire qu'il semblerait qu'elles se soient donné le mot. J'ai consulté à nouveau leurs PV et j'ai trouvé plein de contradictions, des zones d'ombre dans leurs déclarations.

– Tu veux dire qu'elles seraient complices ?

– Non, pas forcément. Enfin, ce n'est pas exclu, mais j'ai plutôt l'impression qu'elles protègent Rucquois et les deux autres. »

J'avoue très humblement que je ne suis pas convaincu par les arguments de Manu Farruggia. Nous épluchons ensemble les procès-verbaux respectifs des trois jeunes femmes, qui révèlent effectivement quelques discordances. Mais ce sont des détails qu'on peut facilement mettre sur le compte d'une mémoire aléatoire (deux mois avaient passé entre les faits et la première audition), d'un état psychologique perturbé (nous avions fait tomber le masque de ces hommes en qui elles avaient cru). Enfin, elles n'étaient pas parfaitement en règle avec leur vie privée et il leur fallait préserver un mari ou un petit ami.

Manu, lui, reste convaincu que les filles ne sont pas nettes.

« D'accord, ce n'est pas très évident sur les PV mais je suis certain qu'il y a quelque chose qui cloche. Au début, Isabelle me dit qu'on lui a volé son appareil photo. Florence, elle, dit qu'elle a dû le faire tomber à l'eau pendant la croisière et Brigitte, enfin, parle d'un appareil photo qui se bloquait tout le temps et ajoute que Michael aurait emporté deux pellicules qu'il se proposait de développer à Paris...

– Et tu n'as pas pensé que les voyous auraient pu balancer le tout à l'eau, non ?

– Si, justement, mais il n'empêche que j'ai quand même le pressentiment qu'elles mentent et qu'elles les protègent.

– Si c'était le cas, elles ne t'auraient pas donné le film. Elles savaient bien qu'on pourrait identifier leurs julots à partir de là. Et puis, elles les ont bien reconnus sur les photos, non ?

– C'est vrai, mais je vous rappelle qu'Isabelle était persuadée d'avoir filmé uniquement des paysages. Je vais vous dire : elles nous baladent depuis le début et, mieux, je suis certain qu'elles les ont revus. »

Dans un polar ou une série, bref dans la fiction, une telle scène dans laquelle un subordonné « interpelle » le commissaire divisionnaire avec des arguments aussi faibles, le subordonné est souvent l'objet d'une colère de cabot de la part de son chef. Et c'est pour l'héroïque incompris le début d'un long périple mouvementé qui verra le triomphe de la vérité et la preuve de sa sagacité. Si Manu, qui avait fait ses preuves dans d'autres affaires, prenait la peine de venir me trouver avec aussi peu de matière et, quand même, le risque de passer pour un bleu, c'est que ses pressentiments valaient que je les prenne en considération.

Je réfléchis donc, sans parvenir cependant à maîtriser une pointe d'énervement à l'idée du temps perdu.

« Alors là, ça change tout. Mais tu aurais pu commencer par là. Les filles nous promènent depuis trois mois, et c'est maintenant que tu t'en aperçois ? Je croyais même que toi, Max et Michel vous étiez devenus leurs copains...

– Ça, patron, sauf votre respect, c'est du domaine privé. En plus, c'est platonique. Mais ça n'empêche rien. Elles peuvent très bien nous avoir à la bonne et protéger l'équipe de Rucquois.

– Ce serait la meilleure de l'année. Si c'est le cas, on s'est bien fait avoir ! »

Pour la bonne compréhension du récit qui commence à prendre une tournure moins conforme à l'orthodoxie supposée des enquêtes policières, je me dois de préciser qu'à l'issue de l'audition des filles, lorsqu'il avait été établi qu'elles avaient bien passé une semaine de croisière avec les auteurs du casse de Corfou, je les avais priées, au cas où ils reprendraient contact avec elles, de nous joindre immédiatement. Manu, Max et Michel, avec lesquels elles avaient sympathisé, leur avaient donné leur téléphone privé dans cette éventualité. Une sorte d'amitié réciproque s'était instaurée entre les flics et les trois filles.

Les supputations de Manu n'étaient pas irrecevables. Le flic de l'OCRB est l'antithèse de la brute épaisse fermée aux nuances du comportement humain ; l'on pouvait fort bien considérer que, sous leur « virginité » apparente, nos trois petits chaperons rouges entretenaient avec les trois grands méchants loups des rapports plus qu'ambigus. Leur innocence était formellement établie et rien, ni dans leur passé, ni dans leur fonctionnement psychologique, ne trahissait la moindre complaisance à l'égard du crime. Cela, nous l'avions vérifié. Elles étaient aussi éloignées de ce monde que la Terre du Soleil, mais il se pouvait, comme le disait Manu, que ce Soleil dont elles avaient goûté les caresses ait quelque peu grillé leur innocence.

Je voulais en avoir le cœur net. Ces trois gourdes étaient-elles en fait des manipulatrices ?

Il n'y avait pas cent cinquante solutions. La moins avouable, mais non la moins agréable, fut vite trouvée.

« Bon écoute, vieux. Si ces trois nanas continuent de sortir avec les voyous, c'est simple : *primo*, elles n'ont pas froid aux yeux ni ailleurs ; *deuxio*, elles aiment les vrais mecs. Ce n'est pas ce qui manque ici. Alors, toi, Max et Michel, vous vous arrangez pour exploiter au mieux l'" amitié " qui vous lie à nos clientes et tu essaies de " retourner la situation " en notre faveur, si tu vois ce que je veux dire... »

Manu, perplexe, me regarde droit dans les yeux, craignant d'avoir trop bien saisi.

« Patron... Vous... Vous nous demandez de sauter les nanas ?

– Non, je demande à mes enquêteurs de tout mettre en œuvre pour obtenir les confidences de trois filles que nous soupçonnons de couvrir une bande de truands. Les moyens pour arriver à ces fins ne me regardent pas.

– C'est-à-dire que c'est pas aussi simple... Elles sont mariées et puis...

– Et puis quoi ? Si elles se font trois voyous, qu'est-ce qui les empêcherait de coucher avec des flics ? Alors, ne vient pas me parler de morale conjugale dans cette histoire. Allez, exécution, c'est un ordre, vous êtes couverts ! »

À cet « ordre de mission » s'ajoutait une filature en règle des filles qui, dès lors, devenaient notre priorité.

Le 28 novembre, au cours d'une fusillade opposant l'OCRB à une bande de gangsters soupçonnés de vouloir enlever deux pointures du patronat français, Manu Farruggia est sérieusement blessé au bras. La « bande des permissionnaires », cinq voyous au casier lourd comme une cantine, ouvrait une courte et tumultueuse parenthèse dans notre emploi du temps et donnait à Manu l'occasion de prouver que, après quinze fusillades, son courage restait intact.

L'affaire Rucquois ne tarde pas à nous mobiliser de

nouveau. Là encore, la lumière vient du Nord. Le commissaire Comiti – il exulte à l'idée de me servir pour la deuxième fois « un de la bande de Corfou » sur un plateau – me « donne » Engel.

« Oh ! Charles !

– Encore toi ?

– Comme tu vois. Et pas les mains vides.

– Ne me dis pas que tu as logé Rucquois ?

– Pas encore, mais j'ai un second type. Tu notes, Charles : Alain Engel, né le 28 juin 1943 à Annecy. »

Mon compatriote lillois n'avait pas le triomphe modeste et ne se priva point de me faire comprendre qu'une fois encore je lui devais une fière chandelle. J'en convenais volontiers.

Quelque temps plus tard, une enquête de *curriculum vitae* menée antérieurement par les hommes de Le Taillanter me permet de préciser le profil de notre deuxième homme : enfance difficile ; scolarité perturbée ; « a travaillé », s'étonne le rédacteur ; vol et recel ; faux en écritures ; escroqueries. Et surtout, une quantité impressionnante de vols à main armée et de cambriolages de bijouteries. Une multitude de séjours en prison dont un à celle d'Ensisheim (Haut-Rhin), où il a connu Rucquois qui devient son « meneur » dans plusieurs affaires de vol à main armée dont quatre rien que pour l'année précédant le hold-up de Corfou.

C'est alors qu'une nouvelle tombe en provenance d'Italie où le capitaine de *L'Alexia* et sa petite amie de dix-neuf ans, Daniella, sont tous deux incarcérés en attendant que leur non-participation soit avérée. Lors d'une confrontation devant le juge, la fille a craqué : « Avoue donc ! Ils nous ont proposé 100 000 lires pour les aider à s'enfuir en Yougoslavie et tu as accepté ! »

L'identification d'Engel tombe à point nommé.

Il doit être 18 heures. La période des fêtes de fin d'année illumine Paris de guirlandes de lumière et le quartier de l'Élysée, siège de nos pénates, n'en est que plus beau encore. Bientôt Noël... et une enquête qui, bien que commencée dans le brouillard, s'oriente, plus précise, vers la clarté du jour. Ce n'est pas encore la victoire, mais on avance. Deux suspects identifiés sur trois, ce n'est déjà pas mal. Détente, donc. Les deux jambes posées sur ma table de travail, la cravate relâchée, un whisky à la bonne température et le premier cigare de la journée sont ma façon à moi de prendre le large, de m'égarer un peu au cœur même de la tourmente. Je pense aux vacances très proches, c'est-à-dire à la Corse.

Patatras ! Un de mes gars, chargé de la filature des filles, déboule dans mon bureau. Retour sur terre.

« Patron, on a logé Engel !

– Où ça ?

– Aux basques d'Isabelle, à la sortie de son bureau à la République.

– Comment ça ? »

Et l'inspecteur de me faire son rapport. Depuis quelques jours, l'équipe qui surveille Isabelle a repéré le manège d'un individu qui, régulièrement, aborde la jeune fille à la sortie de son bureau vers les 18 heures. Cet homme, qui malgré sa vigilance n'a jamais repéré les inspecteurs, n'est autre qu'Alain Engel.

À la tienne, Comiti ! Manu avait eu du nez. Non content d'aller au casse-pipe comme on va à la salle de gym, ce sacré inspecteur avait aussi le sixième sens qui fait les grands flics. Il ne s'était pas trompé : nos petites nanas nous roulaient dans la farine depuis le début !

Joie et colère. Je triomphe à l'idée que nous avons enfin trouvé la trace, après des mois d'investigation de la part de plusieurs polices européennes, de l'un des protagonistes du hold-up, mais je m'en veux de nous être fait avoir comme des bleus par trois petites nanas « innocentes ». Ah ! Les garces ! Alors comme ça, elles seraient dans le coup depuis le début ?

Mon courroux est d'autant plus violent que rien, je dis bien rien, n'a été laissé au hasard quant à nos recherches les concernant. J'ai la très nette impression d'avoir été pris pour une truffe... Je me verse un autre whisky.

« Pour l'instant, on laisse Engel dans la rue, mais on ne le quitte plus d'une semelle. Il peut nous mener jusqu'à Rucquois. D'autre part, on doit savoir précisément ce que les filles viennent faire dans cette histoire.

– OK patron. »

La séduction n'est pas une matière enseignée à l'École de police mais cela n'a pas empêché deux de mes inspecteurs de mener à bien leur mission auprès de nos sirènes.

Ces « heures sup » ne furent pas tout à fait vaines. Au bout du compte, les deux flics sont convaincus qu'elles n'ont jamais rompu avec les truands. Mais conviction n'est pas preuve, il faut continuer.

Cet aspect de l'enquête est sans doute, d'un point de vue moral, contestable, mais c'était le cadet de mes soucis. J'avais un mort, le courageux GO abattu par ces types, et une brochette de petites nymphettes qui continuaient à voir les tueurs en les préservant de nos griffes.

Ces filles n'étaient pas des voyoutes, des Bonnies azimutées, mais de banales petites minettes qui avaient choisi de s'amuser sans s'encombrer de notions aussi rébarbatives que la raison ou la loi. Je m'étais donc rangé à l'avis de Farruggia : ces filles honnêtes pouvaient se comporter en amantes protectrices vis-à-vis d'hommes dont elles ignoraient les agissements au moment du hold-up.

Mais justement parce qu'elles n'étaient pas des femmes à voyous, il devait y avoir moyen de les « retourner », de les culpabiliser et de les mettre dans notre poche, de les convaincre que l'aventure dans laquelle elles s'étaient fourvoyées pouvait très mal finir si elles n'y mettaient pas rapidement un terme. Dès lors, une partie d'échecs s'instaure entre elles et nous. Si nous voulons attraper Rucquois – qui reste invisible –, il faut que ces filles nous y mènent et, pour cela, que la peur change de face.

La première arrive en fin d'après-midi au 127 de la rue du Faubourg-Saint-Honoré. Moins bronzée – pour ne pas dire blême – et plus soucieuse, elle s'assied en face de nous. On lui donnerait le bon Dieu sans confession, mais je ne suis pas curé. Et aujourd'hui, je joue au flic méchant.

« Bon, si je t'ai fait venir ici, c'est pour t'annoncer la fin de la récréation. Et même la fin des grandes vacances. J'ai laissé jouer Farruggia. Il t'aime bien Manu, mais maintenant je prends le relais.

– Je ne comprends pas ce que vous voulez dire, réplique l'ingénue qui saisit quand même le changement de ton.

– Si, tu comprends très bien ! Tu t'es mise dans un sacré pétrin et tu es mouillée avec les voyous. Je ne dis pas que tu es complice mais que tu risques de le devenir. »

Mouvement de la fille sur son siège. J'ai trouvé la tonalité. Grosse voix et gros yeux dans le registre « flic à voyous ».

« Alors écoute-moi, on va te montrer l'envers du décor. Soit ces types te menacent, et il faut le dire ; soit tu ne te rends pas compte, tu crois qu'on est au cinéma et que tu peux t'amuser comme ça, sans risques. Dans un cas comme dans l'autre, le mieux pour toi, c'est de tout dire.

– Mais j'ai déjà tout dit à Manu. Nous n'étions pas au courant du hold-up et, de toute façon, nous ne voyons plus ces garçons.

– Et Engel à République, c'est quoi ? Le hasard ? Le destin ? Il y a cinq millions de quidams qui grouillent dans Paris et ta copine tombe sur Engel, et plusieurs jours de suite encore ! Il ne faut quand même pas nous prendre pour des idiots ! »

L'interrogatoire est houleux. Je suis l'empêcheur de délirer en rond, le prof qui siffle la fin de la récré, bref, le trouble-fête. Il fallait bien cela. Nous étions en novembre et les filles avaient toujours la tête au Club Med. Elles jouaient les prolongations sans se rendre compte qu'à l'automne le terrain est plus glissant. Elles avaient beau protester et affirmer leur bonne foi, je commençais à sentir que la leçon portait. Elles étaient probablement menacées, elles avaient peur de parler, mais la peur était en train de changer de camp. Il fallait maintenant qu'elles marinent dans leurs réflexions.

Ce cas était un billard à trois bandes, une partie inédite où l'on voyait pour la première fois des témoins innocents jouer sur les deux tableaux. Car ces filles étaient innocentes ! Ce que je voulais, c'est qu'elles finissent par nous donner les voyous. Pour cela, elles devaient comprendre que nous étions à terme les vainqueurs et qu'elles avaient tout intérêt à nous aider.

Les jours passent. Engel, que nous collons comme un chewing-gum aux semelles, se met à suivre l'une des filles sans qu'elle s'en aperçoive. Farruggia file le fileur qui le conduit jusqu'à son propre domicile au 63, rue de Courcelles, à deux pas de chez nous (!). L'équipe planque jour et nuit dans une 4 L bleu laitier.

Quelques jours après, le 13 décembre, nous organisons une descente rue de Courcelles. L'oiseau s'est envolé. Des affaires de ski et de la nourriture trahissent un départ précipité. Dommage. Nous comptions sur Engel pour « faire la chèvre », pour nous amener jusqu'à Rucquois. Voilà un revers dont je me serais bien passé et auquel les filles, me semble-t-il, ne sont pas vraiment étrangères.

Le 20 décembre, Brigitte se « met à table ». Enfin. L'alternance de la pression psychologique et des câlins a payé. Je découvre que ces filles n'ont cessé de jouer un double jeu depuis le début, un jeu pervers, une sorte de partouze virtuelle dans laquelle elles sont prises en sandwich par les flics d'une part et les voyous de l'autre. Par intérêt ? Plutôt à la fois par jeu et par nécessité ; pour le plaisir, pour rompre le rythme monotone de leur petite vie sans surprise. Se réveiller dans les bras d'un flic en pensant au voyou qu'on verra le soir même, vibrer sous les caresses du prédateur quand la proie se cache dans l'ombre, c'est un peu plus excitant que de sortir avec le comptable de son entreprise !

Le visage défait et un soupçon de panique dans l'œil, Brigitte se dévoile peu à peu façon Gilda après les heures de bureau. Ce strip-tease de l'âme nous confirme ce que nous pensions : la poupée cachait des trésors.

« Les filles et moi, nous n'étions au courant de rien. Pas plus du hold-up que du reste. Ça, je vous l'ai déjà dit et c'est vrai.

– Je sais, mais la suite...

– Quand je suis rentrée à Paris, j'ai aussitôt revu Michel [Alain Engel]. Tout allait bien. Nous étions amoureux. Et puis, vous m'avez convoquée et là, quand, étonnée, je lui ai raconté, il s'est troublé et il m'a demandé de ne rien dire à propos de la croisière, de lui et des deux autres.

– Et là, tu ne t'es pas dit qu'il y avait anguille sous roche ?

– Non, pas au début parce qu'il m'a donné une explication qui se tenait. Mais ensuite, oui, parce que après les auditions chez vous, n'y tenant plus, j'ai dit à Michel [Engel] que je savais qu'il était mêlé à cette histoire. C'est à partir de là qu'il m'a menacée avec son pistolet en me disant de la boucler.

– Et Michael [Rucquois] ?

– Je l'ai revu aussi après vous avoir remis le film grâce auquel vous l'avez identifié. Il m'a menacée de son arme, lui aussi, en m'ordonnant de ne rien vous dire qui puisse lui nuire. Mes entrevues avec eux se sont espacées mais ils venaient régulièrement me retrouver dans les environs de mon travail pour savoir où vous en étiez de l'enquête. Moi, j'avais très peur, alors je leur disais ce que je savais en les assurant que je ne vous disais rien. C'était très perturbant, vous savez. Au bureau, ils se sont bien aperçus que je n'étais pas dans mon assiette.

– Et pour cause ! Et ton mari, il n'est quand même pas dans la confidence ?

– Non, non, vous n'y pensez pas ! répond-elle, paniquée, comme si, dans cette histoire de fous, c'était la chose la plus grave.

– Justement, si, j'y pense ! Cette affaire est tellement surréaliste que je m'attends à tout.

– Non, c'est déjà assez compliqué comme ça. »

En effet, ce n'était pas simple. Brigitte nous raconta dans le détail l'évolution de ces liaisons dangereuses : la version des voyous à propos du hold-up (ils prétendaient n'avoir tué personne), le couple d'Italiens innocents mais acceptant finalement de brouiller les pistes après le coup contre une somme d'argent, la douche écossaise avec Engel qui alternait menaces et déclarations d'amour pour être sûr de tenir *sa* fille.

La confession de Brigitte à l'abbé Farruggia ne fut

suivie d'aucune pénitence car elle constituait une avancée capitale. Grâce à elle, nous définissions mieux les cibles. Pour autant, malgré ou à cause de ses déclarations, elle devait comprendre qu'elle jouait désormais dans notre camp. Exclusivement.

« À partir d'aujourd'hui, toi et tes copines, vous allez devenir nos indics. Si vos julots vous sonnent, ne leur lâchez plus la grappe comme si rien n'avait changé. Sauf que, maintenant, c'est nous que vous affranchirez. »

La fille marque un temps, puis lâche :

« Je n'ai rien compris à ce que vous venez de me dire... »

Se paie-t-elle ma tête ?

« Vous venez de me parler " en parisien ", comme les garçons, et je ne comprends pas. »

J'avais oublié que la jeune femme assise en face de moi n'était pas une « gagneuse » qui protégeait son homme. Elle n'était pas une délinquante, encore moins une criminelle. Seulement une minette un peu fantasque qui avait mis le doigt dans un engrenage qui était en train de la broyer. Elle n'appartenait pas à notre univers et ne comprenait pas le « parisien ». Je la trouvai presque touchante.

Une traduction gentiment ironique suivit la leçon d'argot :

« Je te demande simplement de bien vouloir nous tenir au courant si tes amis vous recontactent, toi et les deux autres. Nous te demandons en outre de tout mettre en œuvre pour leur inspirer confiance afin d'en savoir un peu plus. Je veux que vous vous considériez, à partir de maintenant, comme des auxiliaires de la police. Pigé ?

– Je crois, oui... »

Elle repartit plus apaisée, la conscience libérée, légère comme une robe d'été.

Un bonheur n'arrivant jamais seul, au début du mois de janvier, Rucquois se manifeste – bien involontairement – à l'occasion d'un accident de voiture sur l'autoroute à la sortie de Versailles. Sans attendre que les premiers gyrophares pointent à l'horizon, il prend ses jambes à son cou, laissant là sa voiture à l'intérieur de laquelle nous retrouvons une valise de vêtements, des papiers, des documents, des adresses et des numéros de téléphone, et rien de moins qu'un projet d'enlèvement d'enfant. Décidément, il est temps de l'arrêter celui-là. Le comble, c'est que sa propre épouse puis ses deux frères se présentent au SRPJ de Versailles pour tenter de récupérer ces affaires pour le moins embarrassantes. Refus répétés du commissaire et, aussitôt, analyse par l'OCRB de ces éléments.

Février 1978.

Le baron Empain a été enlevé il y a quelques jours. Un aller et retour en Italie, pour m'assurer que le « gang des Marseillais » qui opère de l'autre côté des Alpes dans des affaires d'enlèvement n'était pas mêlé à cette histoire, m'a permis d'oublier, l'espace de deux jours, l'affaire Rucquois. La presse évoque mon « mutisme » à propos d'Empain. Et pour cause ! Je ne sais rien de plus. Ma seule certitude, c'est que c'est en France qu'il faut chercher. Ottavioli est déjà sur le coup. Il s'illustrera brillamment.

Lundi matin, réunion hebdomadaire avec tous les inspecteurs de l'OCRB. J'ai déjà vu des lundis plus joyeux et mes gars plus mobilisés. Leurs états d'âme ne m'intéressent pas. Pas aujourd'hui.

À l'ordre du jour, l'affaire Rucquois.

En quelques jours, nous avons perdu tous nos acquis. Nous remettons tout à plat et disséquons les erreurs commises. Elles ne sont pas si nombreuses mais capitales. Nous avions un atout en main (le studio d'Engel loué sous un faux nom par Rucquois) et on l'a perdu. Conclusion : il faut repartir de zéro, éplucher les documents, planquer du côté des filles et « faire l'environnement », c'est-à-dire suivre les proches, et insister sur les écoutes. Retrouver un truand en cavale, c'est repartir à l'assaut de forteresses que l'on croyait démantelées, faire une fois de plus le tour des ports d'attache, des zones de repli, délimiter encore les issues de secours dont tout malfaiteur a pris soin de baliser sa vie errante. Churchill, pendant la Seconde Guerre, avait promis à son peuple du sang et des larmes. Toutes proportions gardées, c'est le programme que je laisse entrevoir aux deux équipes conduites par Farruggia et Leboucher que je venais de charger de cette remontée du courant.

La tâche la plus ingrate est sans conteste celle qui revient aux inspecteurs chargés des écoutes. L'un d'eux, que le hasard d'une affaire a cantonné à ce rôle pénible mais prépondérant, est chargé d'exploiter les numéros que le juge nous a autorisé à brancher, c'est-à-dire ceux des proches, des femmes ou des petites amies. À ceux qui s'indignent de telles pratiques, je dirai simplement que les « bretelles » ont toujours existé, et qu'elles ne sauraient être sacrifiées sur l'autel de je ne sais quel respect de la vie privée quand il s'agit de malfaiteurs. Qu'on s'indigne que quelques stars dans une affaire récente aient eu le « privilège » d'être écoutées, c'est sans doute fondé, encore que je ne sache pas tout de ce dossier. Il ne saurait en être de même en ce qui concerne le cercle plus ou moins large des suspects en cavale. D'ailleurs, cette vie privée dans laquelle nous pénétrons par effraction est le plus souvent sans grand intérêt, et s'il n'est pas très agréable de se savoir écouté, ça l'est encore moins d'écouter. Combien de « conversations de ménage » devons-nous subir avant que notre ouïe ne soit titillée par un détail qui abattra enfin un pan de mystère dans une affaire muette ? Combien de « Comment ça va ? » et « Et toi, tu as beau temps ? » avant la première anse du pot aux roses ? De plus, comme je l'ai déjà dit, les truands chevronnés ont appris à se méfier du téléphone. Ils ont leurs codes, leurs expressions et inventent des stratagèmes parfois efficaces. À Lyon, Monmon Vidal et ses complices, pour fixer un rendez-vous à Tassin-la-Demi-Lune, se disaient « rendez-vous près du bon Dieu » ; d'autres ajoutaient systématiquement un jour et trois heures à chaque information délivrée : « Rendez-vous mardi à 13 heures » signifiait mercredi à 16 heures...

J'avais un bon inspecteur, Jacques N., un briscard originaire du Sud-Ouest, dont l'oreille frétillait en mesure. Jamais à contretemps. Il passait des heures à auditionner ses « camemberts » (bandes magnéto) en se laissant porter par la monotonie et la banalité des échanges. Il était le meilleur car il avait la patience indispensable à ce genre d'exercice et qu'il connaissait toujours, condition *sine qua non,* son dossier sur le bout des doigts. Les protagonistes, les lieux et les noms n'avaient aucun secret pour lui. Derrière le débit du ton ou la qualité des silences, il savait deviner l'état psychologique de l'interlocuteur qui, à mots couverts ou par le biais d'une phrase banale en apparence, venait de vendre la mèche.

Pourtant, une semaine après notre morne briefing du lundi matin, l'inspecteur aux oreilles bien pendues n'avait toujours rien. Des papotages de bonnes femmes, des discussions décousues et vaines, bref une masse de mots pour ne rien dire. Pas une fois les noms d'Engel et de Rucquois n'étaient apparu, pas la moindre allusion. L'attention baisse au fur et à mesure que les bandes défilent et il arrive un moment où tout finit par se brouiller.

Fin de semaine, fin de journée, début d'une nouvelle partie. L'inspecteur Jacques intercepte son dernier coup de fil avant d'aller rejoindre son épouse. Il y a de la friture sur la ligne mais une voix connue lui dit qu'un gros poisson est en train de passer par là. C'est la sœur de Rucquois :

« Allô, Monique ? Comment ça va ? Dis, j'ai eu des nouvelles de mon cousin celui qui joue au tiercé et qui gagne souvent. Figure-toi qu'il s'est mis au Loto. Il me donne des tuyaux maintenant. Tu as un crayon ?

– Non, attends... Oui, je t'écoute.

– Alors note les numéros : 19-34-7-1-17-06. Surtout, tu ne dis rien à personne, hein ? On va jouer entre nous. »

Bizarre, pour le moins. Je n'ai jamais entendu parler de quiconque allant communiquer des numéros « gagnants » au Loto. Même à son meilleur copain... C'est aussi la première pensée de l'inspecteur aux grandes oreilles qui vient de dresser la plus aiguë des deux. Et puis, ce numéro a quelque chose d'étrange... Jacques se repasse la bande, à l'affût du détail qui fera mouche. *Surtout, tu ne dis rien à personne...* Ça sent l'embrouille, mais laquelle ? Il repasse encore : *19-34-71...*

« Ça y est ! On les tient ! »

Il est 19 heures. Aimé-Blanc et moi sirotons tranquillement notre whisky en refaisant le monde. On frappe à la porte.

« Entrez ! »

L'inspecteur aux écoutes entre, fébrile.

« J'ai le téléphone de Rucquois. Il est en Espagne...

– Quoi, tu es sûr ?

– Presque. J'étais sur écoute d'une des gonzesses,

quand j'ai entendu un numéro... Soi-disant les numéros du Loto. Mais les trois premiers chiffres correspondent à l'indicatif de Palma de Majorque. J'y ai passé des vacances l'année dernière. Le 19, c'est l'international ; le 34, c'est l'Espagne ; et le 71, Palma de Majorque. »

Le chivas attendra. Nous vérifions, téléphonons au Bureau central national (Interpol Madrid) et identifions le numéro comme étant celui d'une villa des Baléares, appartenant à un Anglais...

À nous deux Palma !

14 février 1977.

Puerto de Andraitx est une sorte de Saint-Tropez des Baléares, un petit port que les années 60 et le soleil généreux ont transformé en station à la mode où les rombières tannées comme des pêcheurs bretons, les gigolos besogneux et les Suédoises disponibles viennent faire leur marché chaque été.

La commission rogatoire internationale délivrée par le juge français m'autorise à poursuivre mon enquête en terre hispanique mais aux côtés des autorités espagnoles. Manu et un autre inspecteur m'accompagnent mais, comme moi, ils ont dû laisser leurs armes à Paris. C'est la loi. Mais l'excellent accueil de la Guardia civil, désormais orpheline de Franco, est une consolation et laisse augurer une collaboration sans faille. Nous devons cependant acheter nous-mêmes une paire de jumelles et louer une voiture pour effectuer la reconnaissance des lieux, et nous familiariser avec les allées et venues de nos cibles aux abords de la villa. Parmi les cinq silhouettes visibles, nous identifions Engel.

Dès le lendemain, nous montons l'opération. Plusieurs véhicules banalisés cernent la villa tandis que je prends officieusement la tête de l'opération, car mes prérogatives officielles sont très limitées : seuls les policiers espagnols ont le droit de pénétrer à l'intérieur de la maison. Heureusement, ceux-ci ne sont pas trop à cheval sur le règlement.

Nous décidons d'intervenir à la nuit tombée. Un policier espagnol se faisant passer pour un voisin frappera à la porte sous un prétexte quelconque, et Manu, le seul d'entre nous à bien connaître les voyous, lui emboîtera le pas afin de confirmer qu'il s'agit bien de nos truands en cavale.

Les choses se déroulent exactement comme prévu. Nous sommes en grappe, cachés derrière le policier-voisin. Il sonne à la porte, quelqu'un vient lui ouvrir, Manu jette un œil rapide et crie :

« Go ! »

Cinq policiers, l'arme au poing, se ruent à l'intérieur tel un troupeau d'éléphants dans un magasin de porcelaine.

« Tout le monde par terre ! »

Debout devant la cheminée où crépite un feu, Engel, interdit, lève les bras. Un blond à lunettes, le sosie de l'inspecteur Malahude, qui portait un plat fumant lâche, paniqué, le repas du soir qui s'étale sur le sol tandis que les autres convives imitent Engel, tremblant de tous leurs membres. C'est qu'il y a de quoi. Les Espagnols pointent méchamment leurs armes sur les cinq individus tétanisés. Ruée à l'étage supérieur, fouille au corps, menottes et tout le monde couché par terre.

« Où est Rucquois ? »

Pas de réponse, mais ma question lève le dernier doute qui subsistait chez Engel quant au but de cette visite impromptue.

Manu se dirige vers Engel. Il porte la cicatrice de la pierre reçue en pleine face lors de sa course pour échapper aux GO de Corfou.

« Salut Engel, lui lance-t-il dans le genre flic de série B américaine. Tu vois, on est patients. On a fini par t'avoir, non ? »

L'autre joue aussi. À l'innocente victime.

Le sosie de notre inspecteur, le blond malingre qui porte des lunettes et laisse tomber les plats, a les nerfs fragiles. Il tremble comme un peuplier. Manu continue dans le même registre, narquois et cynique.

« Il me semble qu'on s'est déjà vus quelque part. Tu ne me remets pas ? C'est pas très gentil pour de vieilles connaissances.

– Non, non, vous devez faire erreur », répond le blondinet au bord de l'apoplexie.

La villa perquisitionnée livre quelques secrets : argent, faux passeports, billets d'avion pour Caracas et faux papiers d'identité pour Engel et son complice. Mais toujours pas la moindre trace de Rucquois. Je repose la question.

« Nous ne savons pas qui c'est... »

Il y a des claques qui se perdent, parfois.

Ils sont bons pour l'interrogatoire au commissariat local. Je ne suis pas habilité officiellement à prendre la direction de cette seconde phase de l'enquête, mais une fois de plus les Espagnols se montrent coopératifs.

15 février 1977. 1 heure du matin.

Les voyages forment la jeunesse, certes, mais le dépaysement ne favorise pas nécessairement le policier qui se trouve privé des repères indispensables à son fonctionnement. Un interrogatoire dans des conditions inhabituelles peut tourner très vite à l'avantage du suspect. Heureusement, à Palma j'étais comme chez moi. Une île de la Méditerranée avec ses vieilles en noir assises devant leur maison ocre, des odeurs de poisson, et la mer... Même l'hôtel de Police me ramenait à ma

Corse. Un vieil immeuble du XIXe siècle avec ses balcons en fer forgé, les murs blanchis à la chaux, l'odeur de pipi de chat et de graillon, les tommettes rouges et les marches d'escalier incurvées par l'usure dont semblaient aussi atteints quelques vieux fonctionnaires.

L'interrogatoire, c'est une scène en plusieurs actes. C'est la pièce maîtresse pendant laquelle les acteurs vont se donner la réplique en essayant de se surpasser. L'interrogatoire, c'est la meilleure école de théâtre que je connaisse, une sorte de Cours Florent spécialisé dans le « néoréalisme » à l'écriture dépouillée, où la psychologie et l'observation de l'autre, la feinte et les coups bas rythment la trame et les dialogues. La mise en scène est capitale. Une atmosphère lourde doit être instaurée, une tension insupportable entretenue. Le flic est conscient que s'il veut des « aveux spontanés », il lui faudra les gagner. Le type en face risque des années de prison s'il parle, ou pis encore, cinq balles dans le dos s'il balance un ami. Pour le policier, il s'agit de grignoter au fil des heures les défenses psychiques du suspect, le déstabiliser, lui faire perdre pied. Torture morale, me direz-vous ? Pas en ce qui me concerne. Je n'ai jamais interrogé un suspect sans m'appuyer sur la solidité d'un dossier méticuleusement constitué. D'Engel, nous savions tout ou presque. Seuls quelques blancs subsistaient, il nous fallait les remplir.

La pièce au sous-sol est enfumée comme un trou de renard et les mégots de Ducados débordent du cendrier. Une table, deux chaises et une ampoule nue qui fait office de lustre, laissant dans la pénombre les deux policiers locaux commis d'office que la loi oblige à être présents. Dommage. La confrontation d'homme à homme est un autre gage d'efficacité.

Engel n'est pas trop long à se livrer. Il faut dire que nous avons potassé le dossier à fond et que Manu, en particulier, n'ignore plus rien du personnage. Il fait le beau mais il sait que nous savons. Il se débat néanmoins.

« Et ta blessure au front ?

– C'est à cause de la minuterie chez moi... J'ai pris la porte de ma cave en pleine poire...

– Eh, oh ! C'est nous qu'il faudrait voir à pas prendre pour des poires ! Tu as été formellement identifié par les témoins qui t'ont couru après à Corfou. Ta cicatrice, c'est quand tu t'es pris un caillou en pleine tête. Allez, avoue, qu'on en finisse. »

Nous savons tout : son adresse à Paris, le nom de sa petite amie, la date de son départ, son passé de truand, ses faiblesses.

Les heures passent, monotones. Il est tellement cerné que la question n'est plus de savoir s'il va avouer mais à quelle heure il va le faire. Enfin, acculé, il dépose les armes. Il avoue sa participation, confirmant la version des faits qu'avaient donnée les filles et les témoins, avec d'autant plus de facilité que personne ne l'accuse d'avoir tué. Mieux, il confirme que c'est Rucquois l'assassin. Cela, nous le savons. Mais où se trouve-t-il ?

« Vous n'attendez quand même pas que je le balance ?

– Non, bien sûr. On veut juste que tu nous aides à faire notre boulot. Ça fait six mois qu'on travaille sur Gaston, alors maintenant il faut conclure. Tu nous en dis un peu et nous on se charge d'alléger ton dossier. »

Engel n'est pas né de la dernière pluie. Il sait ce que peuvent coûter ses silences. De la prison à rallonge. Il sait aussi ce que peuvent lui rapporter quelques renseignements... Dans le cas présent nous lui promettons « d'oublier » qu'il avait une arme. Dans notre jargon, cela s'appelle « jouer technique ». Le voyou, qui a une conscience élastique, veut bien lâcher quelques confidences qui allégeront son cas mais sans pour autant « donner » son complice qui pourrait le lui faire regretter.

Le jour se lève. Après cette nuit blanche, les yeux sont rouges et les joues bleues, mais nous en savons un peu plus. Engel a consenti à lâcher que lui et son complice ont passé deux semaines au ski en compagnie de Rucquois jusqu'au 17 janvier dernier. Où, nous l'ignorons, mais cela n'a plus d'importance.

Deuxième round avec l'homme à lunettes. Il semble au bout du rouleau. Le manque de sommeil et l'angoisse. Ça va être du gâteau. Au moins avec lui, en une heure ce sera expédié. Avec la peur qui lui ronge le ventre, il va s'allonger en deux temps trois mouvements.

Le soir nous y étions encore. Sous le personnage malingre, souffreteux, se cachait en fait un rusé, un drôle de lascar fait d'un mélange de faiblesse et de force mentale, les deux harmonieusement distribuées, ce qui lui permettait d'encaisser notre pression tout en donnant le sentiment d'être sur le point de craquer. Il roulait des billes dans ses orbites et tordait ses doigts de nervosité, mais c'était un dur à sa façon. Il avait, en outre, un avantage sur nous. Nous ne le connaissions que sous la fausse identité de son passeport. Ce Gaudin était inconnu au bataillon et son portrait-robot ne pesait pas bien lourd.

Manu et moi avons eu recours à toute la palette dont dispose le flic en interrogatoire. La ruse, la menace, l'indulgence, la violence verbale. Rien. Pas même le coup du « tandem », un grand classique. Les rôles sont simples : Manu joue au flic méchant qui hurle et frappe du poing sur la table en promettant les charges les plus lourdes, moi, j'incarne le gentil qui intervient après des heures de ce régime. La cigarette qu'on propose, le sourire complice et le ton un peu las :

« Faut pas te frapper, mon vieux. Mes inspecteurs sont comme ça, mauvais et teigneux. Il faut les comprendre : ça fait des mois qu'ils vous courent après, nuit et jour. Allez, tu me dis un petit quelque chose, et on va se coucher. »

Avec les novices, ça marche quelquefois. Pas avec ce numéro qui les connaissait tous.

« Celle-là, commissaire, on me l'a déjà faite. »

C'était donc un dur. Une « carpe » peut-être, une de ces exceptions qui confirment la règle quand un truand au caractère en acier trempé et rompu à des dizaines d'interrogatoires a décidé de se murer dans un silence difficilement concevable dans un tel contexte. À Lyon, j'avais connu un type de ce genre. « La Carpe » était d'ailleurs son nom de guerre. Et à Lyon, dans les années 60, les flics avaient la réputation de cogner fort...

Depuis ce matin, l'inconnu que nous harcelons n'a pas daigné nous dire quoi que ce soit. Il tremble mais ne craque pas. La nuit revient. Cela fait deux jours que nous ne dormons pas et la garde à vue se rapproche dangereusement de son terme. Pas question de relâcher cet individu dont ne nous savons rien mais que tout accuse.

« Bon, puisque tu ne veux pas nous aider, on va être obligés de te faire le grand jeu », lui dis-je de ma voix la plus méchante.

Dans mon esprit, à aucun moment il ne s'agit d'employer la manière forte, bannie de l'OCRB et encore moins applicable à un homme menotté. Mais visiblement, ce principe n'est pas parvenu à la connaissance du myope qui se met à trembler de plus belle. Mais cette fois-ci, la part de comédie fait place à une authentique panique. Il est à point. Nous devons maintenir la pression. Cela fait maintenant plus de vingt-quatre heures qu'il est entre nos mains et peut-être la perspective de passer le même temps dans des conditions que nous allons rendre plus pénibles sera-t-elle décisive. Menottes, station debout, cigarettes qu'on refuse, collation qu'on déguste sans la partager, les coups qu'on évoue, bref, le grand jeu.

Et la dignité humaine dans tout cela ? Je ne sais pas ce que cela veut dire, dans ce cas-là, monsieur le juge. Le GO qui a été tué non plus.

La deuxième nuit fut moins longue que la précédente. Lecomte Maxime-Éléonore nous avoue son identité quand, après avoir relu dans le dossier la déposition des filles, je tombe sur le détail des « bandelettes » que le troisième homme portait en permanence à l'un de ses bras. Ce n'était pas une furonculose qui justifiait le port de ces bandes, mais un magnifique tatouage encadré par les initiales L et M (Lecomte Maxime) que l'amateur « d'art » ne tenait pas à exhiber.

Prié de se mettre torse nu et poussé dans ses derniers retranchements, ce Maxime Lecomte que Manu croyait reconnaître – et pour cause, il l'avait arrêté à Mulhouse pour une histoire de casse – nous avoue sa participation au hold-up de Corfou et n'hésite pas à « charger » Rucquois en lui attribuant le beau rôle, celui du tueur de GO. Il nous donne même le nom de la station de sports d'hiver où ils sont allés tous les trois et, beau prince, nous confie :

« Méfiez-vous de Rucquois. C'est un dingue de la gâchette, un chebraque [un fou, en argot], un vrai sauteur de crânes. Faites gaffe, il a juré qu'on ne l'aurait pas vivant. Ce sera lui ou vous... »

Nous verrons bien. En attendant, *¡ Vamos a hacer la fiesta con los amigos !*

Paris, février 1978.

À la une de *France-Soir :* « Sept mois pour arrêter les tueurs de Corfou : Après le hold-up du Club Méditerranée où un animateur avait été tué, la police s'est livrée à une extraordinaire enquête à travers l'Europe. »

Deux truands sous les verrous, les vestiges du hold-up et les passeports retrouvés dans la villa de Palma (les autres occupants ont été mis hors de cause, ignorant tout de la personnalité de Lecomte et Engel). Parallèlement à cette opération, cinq équipes de l'OCRB ont effectué des perquisitions chez les proches et la famille des trois hommes, y compris en Belgique d'où est originaire Rucquois. L'audition des frères, des sœurs, des beaux-parents, des maîtresses, bref de tout le monde, n'a pas pour but de retrouver Rucquois – ce serait trop beau – mais d'obtenir encore des renseignements.

L'analyse des déclarations des uns et des autres est loin d'être vaine. Nous apprenons que Rucquois continue à voir sa famille régulièrement, laquelle le protège en mentant de manière éhontée (tout le monde « s'étonne » d'apprendre qu'il pourrait être mêlé à un hold-up...) ; Engel était bien le lieutenant de Rucquois. Cela signifie que ce dernier va devoir se trouver un nouveau lieutenant car peu de truands peuvent se passer d'un brillant second. Or, si on peut identifier le lieutenant, on remontera rapidement jusqu'au capitaine. Autre constatation, le portrait croqué par ses proches, guère flatteur, ne suscite pas vraiment la sympathie. Sa personnalité s'oriente autour de plusieurs axes : il est naïf, méfiant, rusé, parfois imprudent et surtout, ses frères et sa maîtresse s'accordent à le dire, il est radin. Point capital, car un voyou qui n'est pas aimé est un client de choix pour les informateurs. Nous avançons donc à grands pas mais pas encore assez vite à mon goût. L'euphorie des équipes chargées de l'enquête retombe aussitôt quand je leur annonce, au cours d'une de nos réunions hebdomadaires, qu'il va falloir en « mettre un coup ».

« Écoutez, je suis convaincu que nous n'allons pas tarder à entendre de nouveau parler de Rucquois. L'argent va lui manquer et, avec sa photo à la une des journaux, ça va pas être facile pour lui de monter une nouvelle équipe sans se découvrir un peu. Alors, il y a deux objectifs prioritaires : la famille, qu'on surveille de plus belle, et les relations de prison. Je veux qu'on identifie tous ceux qui ont été en prison avec Lecomte, Engel et Rucquois. »

Ce dernier point ne contribue pas à augmenter ma popularité auprès des inspecteurs qui croyaient le plus dur de cette affaire derrière eux. Ce que je demande est un travail énorme, fastidieux, d'une ingratitude telle que les écoutes à côté sont une partie de plaisir.

« Je sais que c'est long et difficile et que vous commencez tous à en avoir assez de cette histoire. Mais il faut que vous sachiez que si c'est pas nous qui " sortons " Rucquois, d'autres le feront ! »

Malgré cette tentative d'émulation qui laisse entrevoir l'ombre des services rivaux et qui, d'ordinaire, donne du cœur à l'ouvrage, je vois bien que mes troupes sont fatiguées et qu'elles rechignent un peu à aller au charbon. Rucquois a vraiment usé les dernières résistances de l'OCRB. « Marre de cette vie de dingue ! » grommelle un des inspecteurs en quittant la salle de conférence.

C'est vrai. C'était une vie de dingue, mais ils avaient tous postulé pour la mener. Quant à moi, je ne faisais pas mon métier, *j'étais* mon métier. Chef des Groupes opérationnels de l'OCRB n'était pas un travail à mi-temps. Pendant que plusieurs équipes cherchaient Rucquois, d'autres tentaient de loger Mesrine alors qu'un troisième groupe travaillait sur une affaire de rapt, etc. Aimé-Blanc et moi-même répartissions les tâches et coordonnions les actions, en y participant si besoin était. Ma conception du chef était claire : montrer l'exemple et ne rien exiger de ses hommes que l'on ne puisse soi-même exécuter. C'est ainsi que j'ai mené ma carrière et que j'y ai pris beaucoup de plaisir. Cette vie n'était pas un long fleuve tranquille mais un polar tumultueux dont chaque jour j'écrivais un nouveau chapitre.

Avril 1978.

Un matin, l'inspecteur Leboucher ouvre la porte de mon bureau. « Patron, j'ai un tuyau sur l'affaire Rucquois. Il est à Paris dans le 16e arrondissement. C'est une « gagneuse » de l'avenue Mac-Mahon qui me l'a dit.

– Tu es sûre d'elle ?

– Faut voir. C'est le premier tuyau qu'elle me donne mais j'ai de bonnes raisons de penser qu'elle me ment pas. Elle a trop d'ennuis en ce moment.

– Que dit-elle exactement ?

– Rucquois aurait eu des problèmes suite à l'explosion de gaz de Passy [1]. »

Le renseignement ne me paraissait pas présenter tous les gages de crédibilité, mais nous ne pouvions l'ignorer. Nous avions déjà déployé notre énergie à rechercher la trace de Rucquois dans les lieux mal famés où les truands ne manquent jamais de revenir quand il s'agit de reconstituer un gang. Avec cette information, le cercle se réduisait désormais à un quartier. Nous allions donc tout mettre en œuvre pour l'exploiter.

Munis d'un jeu de photos de notre homme, une

1. Le 17 février, une explosion de gaz dans le quartier de Passy avait fait trois morts et la une de tous les journaux. Le quartier, privé d'eau, de gaz et d'électricité, avait été paralysé pendant plusieurs jours.

dizaine d'inspecteurs part sur-le-champ à l'assaut des commerçants, des concierges, des pressings, des boulangeries, bref de tous les lieux indispensables à la vie quotidienne.

Deux jours plus tard, l'OCBR est à nouveau en proie à la fièvre qui précède les grandes manœuvres. Rucquois a été repéré grâce à la concierge du 8, rue Singer où il loue un studio au nom d'Alain Altmann. La gardienne est formelle. La photo est bien celle de Rucquois.

Nous n'irons pas « sauter » Rucquois à la légère. L'homme a déjà tué, et au dire de ses propres complices c'est un « fondu ». « Ce sera lui ou vous », disait Lecomte qui purge sa peine dans une prison madrilène. De plus, tout bon policier qui se respecte sait que le malfrat en cavale est atteint d'une paranoïa aiguë. Il voit, sent, entend des flics partout. La moindre étincelle peut mettre le feu aux poudres. Pas de vagues inutiles, donc.

Je convoque Farruggia et les autres pour leur donner mes instructions.

« Pour le moment, pas de panique. On met une sonnette en planque rue Singer et on attend. Moi, je suis appelé à Saint-Cyr-au-Mont-d'Or pour une conférence et je ne serai pas de retour avant demain matin. On a attendu huit mois, on peut encore patienter une nuit ou deux. Contentez-vous de noter les allées et venues, et quand je rentre, je décide et nous interpellons ensemble. Manu, tu ne mets que des gars de première sur le coup.

– Jojo Besançon et Masson, ça ira ?

– Parfait. Dis-leur d'entrer en contact avec la concierge. Son mari est gardien de la paix. Le mieux serait de planquer chez eux si elle est d'accord. »

L'épilogue de l'affaire Rucquois se profilait enfin.

Nous étions sur le point de tourner la page ultime de ce polar chaotique et, comme pour mieux l'apprécier, j'avais décidé de ne pas en précipiter la chute. C'est le cœur léger et l'âme sereine que je me rendis en voiture à Saint-Cyr-au-Mont-d'Or.

26 avril 1978.

« Rucquois a filé ! m'annonce au bout du fil l'inspecteur de permanence rue du Faubourg-Saint-Honoré.

– Comment ça, Rucquois a filé ? Qu'est-ce que tu me racontes ?

– Patron, c'est parce que... Ils ont voulu le sauter. Il a tiré et il s'est échappé. »

En l'espace de quelques minutes, le château de cartes méticuleusement élaboré depuis presque un an vient de s'écrouler. Le cœur léger et l'âme sereine laissent la place à la colère la plus froide.

« Qu'est-ce que vous avez foutu ? » ai-je crié en m'éjectant de ma voiture face à l'attroupement d'inspecteurs qui campent rue Singer.

Besançon, dans ses petits souliers, vient vers moi :

« C'est moi, patron. J'étais en planque avec Masson. Rucquois est rentré. Après, on l'a entendu regarder le film à la télé. J'ai envoyé Masson vérifier le numéro de la voiture. C'était bien ça. Masson en a profité pour crever un pneu pour empêcher l'autre de s'enfuir au cas où. Et puis, Rucquois est sorti au bout d'une heure et, quand il s'est aperçu que sa roue était crevée, il a sorti son matériel pour la changer. C'est là que j'ai décidé qu'on pouvait le prendre sans problème. »

Besançon avait fait ce qu'il avait cru bon de faire, prenant l'initiative d'interpeller Rucquois, *a priori*, fait comme un rat. Une initiative absolument contraire aux ordres que j'avais donnés, non pas par goût de l'autoritarisme mais parce que je savais le bonhomme rusé et aux abois. On n'interpelle pas un truand en cavale comme un vulgaire dealer. Ce fut l'erreur de Masson et Besançon de le penser.

« Rends-toi, Rucquois, tu es fait ! » crie Besançon tandis que Rucquois, un genou à terre, est en train de manœuvrer le cric. « Je suis fait », admet Rucquois, se résignant à se voir passer les menottes que l'inspecteur est en train de sortir. Il aura suffi d'une fraction de seconde, d'une virgule d'inattention, pour que Rucquois dégaine son arme à la vitesse d'un cobra et tire. La balle s'écrase contre la plaque de police et le portefeuille de Besançon, placés dans la poche intérieure de son blouson. Indemne mais secoué, il tombe sous le choc pendant que Rucquois prend la fuite. Besançon se relève et tire à son tour, atteignant le truand à la main. Que fait Masson ? Ce qu'il peut ; la scène se fragmente en secondes, et même le policier le mieux entraîné ne peut échapper à un temps plus ou moins long de réaction. Besançon poursuit Rucquois dans cette rue Singer d'ordinaire si calme. Les balles sifflent. Besançon prend à nouveaux deux balles dans le cuir de son blouson, mais il n'est pas touché. Il se planque derrière une voiture en stationnement, puis repart au front. D'autres coups de feu claquent dans la nuit. Rucquois court de plus belle, laissant dans son sillage de larges empreintes sanglantes. C'est alors qu'une voiture passe ; Rucquois braque la conductrice, une jeune femme médecin, s'engouffre l'arme à la main et l'oblige à redémarrer. Paris vient d'avaler Rucquois. C'est fini, il a disparu.

Je ne peux pas dire que mon flegme, déjà passablement entamé, ait longtemps résisté au récit de cette interpellation ratée. Deux inspecteurs, plus le mari de la concierge – le gardien de la paix muni de son arme de service – s'étaient fait avoir comme des bleus par un voyou que nous traquions depuis des mois.

« Tu parles d'une équipe. J'en connais qui vont bien rigoler », ai-je ironisé amèrement à l'endroit de mes inspecteurs. J'imaginais déjà les railleries de circonstances, sans parler de celles de la presse. *France-Soir* ne se fait pas attendre en titrant peu après « Western dans le 16e ». Western d'accord, mais dans lequel les bons se sont fait dépasser par les méchants.

Plus grave, il va falloir rendre des comptes à la hiérarchie, subir les réprimandes comme un mauvais élève...

Ma fureur est aussi légitime que l'indulgence qui lui succèdera bientôt. Dans cette affaire, Besançon avait risqué sa vie et il est clair que le ciel n'avait pas voulu de lui ce jour-là. Cet ancien commando de marine avait sauté sur Diên Biên Phû et été scalpé lors d'un corps à corps dans une embuscade en brousse indochinoise. Il ignorait la peur et misait trop souvent sur cette bravoure, cette assurance qui avaient forgé sa réputation. De plus, il n'avait pas agi à la légère comme je l'avais cru au départ : les détails sur le déclenchement de cette arrestation ratée m'en avaient donné la confirmation.

La perquisition du studio de la rue Singer me console un peu. Des armes en quantité, des cartouches, des uniformes de gardien de la paix, des fausses plaques numéralogiques, du matériel d'imprimerie, des numéros de téléphone, des listes communes et de l'argent tapissent cette garçonnière comme autant de trophées trahissant le chasseur émérite. La voiture, qui est souvent le coffre-fort des truands, n'est pas mal non plus : le SRPJ de Versailles y trouvera des papiers d'identité, des permis de conduire, des cartouches, des photos de Rucquois et celles d'un jeune garçon (son fils, sans doute), une grande enveloppe au nom d'Altmann Alain et une fiche de paye à celui de Floris René. Pourquoi le SRPJ de Versailles vient-il se greffer sur cette affaire ? Tout simplement parce que notre perquisition a révélé le lien avec un hold-up commis en terre versaillaise.

Divers témoignages nous permettent de tracer l'itinéraire de fuite de Rucquois. Dans un premier temps, il se fait conduire à Bougival. Après avoir ordonné à la jeune médecin de lui poser un garrot – il saigne abondamment –, il l'abandonne et s'empare de sa voiture. Arrivé à Saint-Germain-en-Laye, il prend un passant en otage (M. Smadja) qu'il ne libère que le lendemain à 14 heures. Saint-Germain-en-Laye, fin de la cavale.

J'épargne au lecteur la description longue et répétitive du processus que nous instaurons. De Versailles à Rouen en passant par Dijon et Lille, plusieurs SRPJ sont mis à contribution pour retrouver la piste de Rucquois à partir des nouveaux éléments dont nous disposons. Même la BRI parisienne pointe son nez dans cette enquête qui n'en finit pas. Écoutes, planques, filoches, analyses des documents et des armes trouvés reviennent comme une rengaine.

La nature m'a doté d'un fatalisme plutôt gai. C'est heureux car cette affaire n'est pas vraiment une promenade de santé. Il n'est que de voir mes grognards qui commencent à ruer dans les brancards. Ils en ont assez de Rucquois. Mais ils ne faibliront pas. L'homme a tiré sur l'un des nôtres, et cela ne s'oublie pas. Farruggia, lui, n'a pas pris deux jours de vacances depuis des mois. Plus qu'aucun autre à l'Office, il veut ce voyou qui nous nargue. Nous avons sur Rucquois plusieurs points d'avance : il est blessé – je ne m'en félicite pas, je le constate d'un point de vue professionnel – et traqué. Deux handicaps majeurs qu'il lui faudra surmonter. D'autre part l'interrogatoire de cet Alain Altmann dans le studio duquel logeait Rucquois ne saurait être complètement inutile. Il est très vite retrouvé à son adresse de la rue des Abbesses où il vit avec sa petite amie, Marie-Antoinette S.

Contrairement aux interrogatoires de Palma, celui-ci va se dérouler aussi bien qu'on puisse l'espérer. Altmann, la trentaine minable, n'a rien d'un dur à cuire. Petit trafiquant et consommateur de drogue, il a rencontré Gaston en prison où il purgeait une courte peine. Il est celui qui logera Rucquois à plusieurs reprises contre un peu d'argent. L'interrogatoire se déroule un peu comme une séance de psychanalyse. Altmann et sa maîtresse vident leur sac, un trop-plein de rancœur, sans le moindre scrupule. Altmann était le petit Chose tenu à l'écart des gros coups qui rapportaient beaucoup et dont il ne voyait jamais la couleur. Pour couronner le tout, Rucquois avait confisqué le studio mis à sa disposition et couché avec la maîtresse de son « logeur », cette Marie-Antoinette à qui il avait fait perdre la tête, mais pas au point de mettre entièrement la fille dans sa poche. « Je ne l'intéressais que dans la mesure où je couchais avec lui, sinon il ne me faisait pas confiance. Ni à Alain d'ailleurs. » Il n'avait pas tort.

Quelques détails d'importance filtrent de cet entretien : Engel, et non Rucquois, serait le meurtrier du GO de Corfou ; Rucquois aurait l'intention de faire évader ses complices de leur prison espagnole et pour cela chercherait à se procurer des grenades ; il aurait eu également l'intention de commanditer un attentat contre l'OCRB, à coups de grenades justement. Un certain Joseph, dit « Jo », serait un complice majeur de Rucquois qui était resté l'attendre en Italie après le hold-up en Grèce ; un autre complice, un dénommé « Le Grand » serait aussi de ses amis et complices pour les futurs coups en préparation.

L'interrogatoire, à défaut d'être décisif, est fructueux. Il confirme au moins une chose : Rucquois est encore plus dingue que nous le pensions et de plus en plus seul. Mais il a une énergie à toute épreuve, celle du désespoir.

Plusieurs jours passent qui voient arriver les identités des complices présumés de Rucquois. Jo, donné par Altmann, se nomme en vérité Georges Bobard, et fait l'objet d'un mandat d'arrêt pour une affaire de vol à main armée sur le bureau des PTT de Saint-Leu-la-Forêt. Quant au fameux « Le Grand », il s'agit en fait de Floris. Les deux ont déjà été condamnés à plusieurs reprises pour des vols. Bobard était un des acolytes de Maxime Lecomte lorsque celui-ci sévissait à la tête de sa bande dans la région de Mulhouse. Grâce à la Sûreté de Mulhouse, nous retrouvons le reste de la bande : Hubert, Joly, Buisson, Vivien, Tricoire, Canal.

Chaque tiroir que nous ouvrons nous conduit plus loin dans l'enquête. C'est un jeu de poupées russes que plusieurs services de police judiciaire démantèlent au fil des semaines et nous en arrivons à la conclusion provisoire que Saint-Germain-en-Laye, où Rucquois est apparu en dernier lieu lors de sa cavale, n'est pas une destination innocente compte tenu que plusieurs acolytes de Lecomte ont établi leurs pénates dans cette banlieue résidentielle. Rue de la République, très précisément, où habite, comme par hasard, Nicole Buisson. Surveillance.

L'adresse de Floris à Vincennes est aussi identifiée. Nous y organisons une surveillance. Nous plaçons même un micro à l'intérieur. Vincennes est dans le ressort de la préfecture de police et nous prévenons la Brigade de recherches et d'intervention. Quelque temps après, nous montons une opération visant à appréhender l'occupant (Floris) de cet appartement qui pourrait bien être la nouvelle planque de Rucquois. N'avons-nous pas retrouvé des pansements dans le vide-ordures de l'immeuble ?

Broussard, le patron de la BRI prend naturellement la direction des opérations puisqu'il est sur son territoire et met en place un dispositif conséquent. Tireurs d'élite sur les toits alentour et bouclage hermétique. Avec une équipe d'inspecteurs, nous arrivons dans le couloir, frappons à la porte – « Police ! Ouvrez ! » – que nul ne viendra ouvrir. Avec toute l'autorité bougonne qu'on lui connaît, Broussard réclame une pince-monseigneur. Il l'introduit dans la serrure qui, rétive, la lui renvoie en boomerang sur la figure. Après quelques autres tentatives de ce type, décision est prise d'enfoncer la porte... qui ne cachait rien d'autre qu'un intérieur rangé, mais vide. Chou blanc, une fois de plus.

Il nous fallait travailler encore et encore, tout vérifier, écouter, surveiller. Nous étions déjà en juin. Presque un an que nous courions après Rucquois...

Septembre 1978.

Revenir de ses vacances d'été en retrouvant posée sur son bureau une épaisse chemise marquée au feutre rouge « Affaire Rucquois » n'est pas, on s'en doute, la meilleure manière d'aborder la rentrée. C'est pourtant ainsi que se profilait la mienne, comme celle d'un redoublant redécouvrant au sommaire de ses six mois d'enfermement les mêmes matières rébarbatives. Car il arrive un moment où l'excitation que suscite la traque finit par se muer en lassitude.

Bien sûr, j'avais d'autres lièvres à courir mais Rucquois était l'écharde dans le pied, le caillou dans la chaussure. Farruggia, lui, avait fait de cette enquête une affaire personnelle, dépité qu'un Rucquois qui n'avait ni l'intelligence d'un Spaggiari ni l'envergure d'un Mesrine, puisse tenir en échec notre sagacité et notre persévérance.

Le 13 septembre, Jacques N., notre oreille maison, écoute un de ses « camemberts » qui restitue une conversation entre deux filles liées à la bande de

Bobard, Tricoire et Floris, dont Rucquois est le chef présumé.

A priori, rien de très instructif. On échange des propos badins, des recettes de cuisine et des secrets d'alcôve, des lieux communs et des petites perfidies quand soudain une phrase fait sursauter l'inspecteur : « Ils ont eu des problèmes... Filo [c'est le surnom de Rucquois] a dû sortir son flingue... Finalement ils ont abandonné la bagnole... » Une fois de plus, des filles vont causer la perte de ces grands naïfs que sont les hommes en se livrant au seul exercice dans lequel nous ne saurons jamais les égaler : le bavardage. C'est plus fort qu'elles. Même les femmes de voyous, qui savent mieux que quiconque combien le silence est d'or, ne peuvent résister longtemps à leur penchant naturel.

Nous avions déjà assez d'informations pour relier cette confidence avec d'autres éléments rassemblés par les inspecteurs du SRPJ de Versailles. Rucquois et ses trois comparses venaient de braquer la veille un garagiste de la Celle-Saint-Cloud. À ce stade de nos investigations, même si l'enquête n'était pas encore bouclée, le moindre indice comblait le blanc qui allait compléter la charade, colmater le rébus.

Nous ne savions toujours pas où se cachait Rucquois mais nous avions localisé ses acolytes. De plus, un casse était imminent : la voiture qu'ils avaient tenté de voler au garagiste annonçait un coup en préparation.

Une fois encore, nous décidons de laisser les seconds couteaux dans la nature. Ils nous conduiront tôt ou tard à Rucquois.

Quelques jours nous suffisent pour apprendre que la bande a choisi Port-Camargue pour une « semaine de vacances ». Le lieu n'est pas vraiment un hasard quand on sait qu'un certain Jacques Larcheron y a loué une marina pour tout le mois de septembre. Vérification faite, ce Larcheron ressemble à s'y méprendre à Rucquois. Ce ne peut être que lui.

La plage en septembre est pareille à tous ces slows un peu navrants sur lesquels on dansait dans les années 60, quand la nostalgie d'un amour d'été et la mélancolie en quatre accords embuaient les yeux des puceaux duveteux. Certes, en cet instant privilégié, le bord de mer et la lumière d'équinoxe sont comme la promesse d'un amour naissant. Pourtant Manu Farruggia et Jackie Marinont ne sont pas venus à Port-Camargue pour batifoler, mais bien pour loger Rucquois et sa bande. À cette époque de l'année, ce ne devrait pas être trop difficile : plus un touriste, l'adresse précise des truands et le repérage de leur Mercedes.

Dès le 19, Floris est « redressé » ainsi qu'un certain « Manu le Portugais ». Pendant une semaine notre binôme, appuyé par d'autres équipes, va jouer au couple amoureux en surveillant Floris qui passe le plus clair de son temps à se faire bêtement bronzer sur la plage déserte. À quoi peut bien penser un type comme Floris – « belle gueule, belles dents, mais un seul pois dans le cigare » de l'avis d'un inspecteur travaillant sur son dossier – pendant ces heures immobiles ? Peut-être au coup à venir, à ses nuits dissolues – il les consacre au jeu, à l'alcool et aux prostituées. La surveillance n'est pas, pour l'instant, d'un grand enseignement. Aucun des trois autres ne l'a rejoint ; chaque journée ressemble à la précédente qui se renouvelera le lendemain.

Les policiers cuisent au soleil avec leur talkie dans le sac de plage et l'œil aux aguets derrière les lunettes de soleil.

Le 21 septembre, à 9 h 30, Manu et l'inspecteur Aubailly somnolent sur le sable déjà chaud, bercé par le ressac. Ils ont suivi Floris une partie de la nuit, jusqu'à ce que celui-ci daigne rentrer chez lui, au petit matin, en compagnie d'une fille. À partir de 8 heures, Jacques N. et Jackie ont pris le relais. La sieste est vite interrompue par le bip du talkie-walkie caché dans le sac de plage.

« Vite ! Floris et le Portugais sont en train de monter dans la Mercedes. Ils se font la malle avec deux valises ! »

Ce départ imprévu donne le coup d'envoi d'une longue filature, la plus longue puisqu'elle s'achève à l'entrée du péage de Fleury-en-Bière aux environs de Paris, où leurs camarades de l'OCRB se chargent de la poursuivre dans les rues de la capitale.

Cette fois, pas question de commettre la moindre bévue. Surtout, ne pas nous faire repérer. Manu, grâce à son expérience, a pu suivre Floris depuis la Camargue jusqu'à Paris sans éveiller le moindre soupçon. À nous de continuer. Toute la science de la filature consiste à voir sans se faire voir. Plusieurs équipes réparties dans des voitures devront suivre et précéder la cible dans les rues de Paris.

Est-il indispensable de préciser que, depuis que l'équipe de Port-Camargue nous a prévenus de ce soudain changement (le départ de Floris), l'OCRB est sur le pied de guerre ? J'ai pris la direction de l'opération en demandant au SRPJ de Versailles de mettre des hommes et des véhicules à notre disposition, car il faut absolument remonter jusqu'à Rucquois. Et quelque chose me dit que c'est aujourd'hui ou jamais.

Après des heures à le suivre dans Paris, Floris s'étant délesté de ce Manu le Portugais a fini par échouer à la terrasse du café Le Champerret vers 20 h 30. Il est bientôt rejoint par un deuxième individu, puis par un troisième quelques minutes plus tard. Les inspecteurs observent de loin le conciliabule du trio qui a déplié des documents sur la table. L'inspecteur Leboucher pénètre dans le bar et revient avec la certitude que le troisième homme est Gaston Rucquois. Le commissaire Tourre, de Versailles, entre à son tour pour vérifier l'information. Il ressort dubitatif. Il n'est pas convaincu qu'il s'agisse bien de Rucquois. Décision est prise de ne pas intervenir.

À 20 h 55, les trois hommes, celui qui est peut-être Rucquois, Florix et X. – nous ne l'avons pas identifié –, se lèvent et quittent le bar. « Rucquois » monte dans une Golf noire mais tout va trop vite, il s'est volatilisé avant que la filature n'ait pu être engagée. Floris, lui, a retrouvé sa Mercedes et sera filé tard dans la soirée jusqu'à ce que, la circulation diminuant, nous renonçions. Nous ne voulions pas prendre le risque d'être repérés.

Une fois encore, nous avons perdu la trace de Rucquois. À ce niveau de malchance, peut-être aurait-il mieux valu que je reconsidère ma carrière ainsi que celle de mes hommes et que nous envisagions une reconversion en bloc dans un service sédentaire. Mais enfin, toute cette activité me laissait penser que la bande était sur un coup et que si Floris avait traversé tout Paris pour se rendre au Champerret, c'est que l'endroit devait avoir une signification particulière. C'était le lieu de rendez-vous habituel de Rucquois, Floris, Bobard et consorts.

Tous les efforts fournis jusqu'à présent ne sont rien comparés à ceux que la situation exige à partir de maintenant. Il va falloir être sur tous les fronts, surveiller vingt-quatre heures sur vingt-quatre tous les protagonistes directs et indirects de cette affaire, contrôler le Champerret jour et nuit, écouter, enregistrer, analyser le moindre mot suspect.

Nous avons besoin d'effectifs en nombre pour effectuer nos contrôles simultanément à Port-Camargue, à Rouen, dans le Nord et jusqu'en Belgique où Rucquois a ses attaches. À raison de dix équipes composées de deux hommes, huit heures par jour, les effectifs de l'OCRB ne suffisent plus. Nous allons devoir recruter parmi les autres offices.

Le temps de la galère était arrivé. On allait planquer dans des voitures glaciales ou surchauffées, dormir recroquevillés dans des positions à faire pâlir un kiné, croquer dans d'infâmes sandwichs au pâté de campagne, travailler plus du double des heures légales et surtout, pour certains, affronter les reproches d'épouses ou de maîtresses, parfois des deux à la fois, de moins en moins compréhensives.

« Cette fois c'est terminé. Je démissionne dès qu'on a bouclé l'affaire. Non seulement on bosse comme des chiens mais en plus on est mal payés, mal-aimés... Y'en a marre. » Tous les flics de l'OCRB, à un moment ou à un autre, ont maudit leur métier, y compris moi, mais aucun n'a jamais failli à sa mission. Nous avions tous parfois des états d'âme mais l'attrait du métier l'emportait toujours.

Le plus dur pendant quelque temps fut donc de maintenir au plus haut le moral des troupes, qui accusait des chutes inquiétantes. Trop longue, trop dure, cette enquête semblait interminable. Rucquois, c'était l'Arlésienne...

Vendredi 6 octobre.

Leboucher se présente dans mon bureau et m'annonce nerveusement la nouvelle :

« Patron ! Ça y est. Ils sont sur un « chantier » [un coup en argot]. On a vu Floris et Bobard et un troisième type qu'on ne connaît pas [nous l'identifierons plus tard comme étant Tricoire] au Champerret. On a réussi à se placer incognito à côté de leur table et malgré le vacarme des flippers on a chopé quelques infos.

– Je t'écoute, Pierrot...

– D'abord, il y a un rendez-vous lundi prochain à 6 heures du matin au métro Michel-Ange... Mais on ne sait pas quel Michel-Ange, si c'est Molitor ou Auteuil... Et ensuite ils ont parlé de la porte de Saint-Cloud et d'un café, Les Trois Buts, je crois... Et le troisième type a dit à Floris : " Toi, tu le cueilles au métro, il aura ce qu'il faut... " et il a ajouté en se marrant : " Surtout, t'oublie pas ta boîte à outils ! " Patron, c'est sûr, ils sont sur un coup ! Et Rucquois y sera sûrement.

– On brûle, les enfants, on brûle ! »

Trois jours. Nous avons trois jours pour préparer l'opération. Les truands seront quatre et nous connaissons trois points de chute, peut-être quatre : deux stations de métro, la porte de Saint-Cloud et un café, Les Trois Buts, que nous devons identifier.

Le café en question se nomme en fait Les Trois Obus. L'équipe envoyée en reconnaissance n'a pas eu trop de mal à le localiser porte de Saint-Cloud.

« Bon, Manu, il faut du monde pour lundi. Tu rassembles vingt gars. Dix équipes, deux par bagnole.

– Il faudrait associer Versailles, ils sont aussi sur le coup, objecte-t-il.

– C'est vrai. Tu vois avec eux. Prévois deux équipes de chez eux. Moi j'y serai et toi aussi. Il nous faut les voitures rapides mais on continue les planques au cas où il y aurait du nouveau. Et prudence. C'est pas le moment de se faire « renifler », alors n'hésitez pas à lâcher les filatures à la moindre alerte. Allez, au travail, les enfants ! Réunion à l'Office, dimanche, à 18 heures. »

Ce week-end un peu particulier que je devais passer dans la perspective d'un lundi agité fut marqué par une nouvelle en provenance de Madrid. L'officier de permanence de la rue du Faubourg-Saint-Honoré savait où me joindre par téléphone et ne se priva pas de le faire. Il eût été dommage, en effet, de ne pas connaître ce rebondissement surréaliste à la veille du dernier acte de cette comédie.

« Vous informe que, selon renseignements confidentiels, Lecomte se serait évadé de prison. Stop. Des enquêtes sont en cours en vue de déterminer si l'intéressé se trouve dans la prison. Stop. Son lieu actuel de résidence n'a pu être découvert malgré l'enquête effectuée. Stop. Des recherches sont menées sur l'ensemble de notre territoire national. Stop. Interpol. »

La tentation fut grande, je l'avoue, de répondre à ce télégramme par un autre plus laconique mais assez explicite dans le genre : « Toutes mes félicitations. Stop. Bande de blaireaux ! Stop. »

En vingt ans de service, je n'avais jamais été confronté à une telle loufoquerie. Et encore, ce n'était que le début car les télégrammes qui allaient se succéder les jours suivants relevaient davantage d'un service neuropsychiatrique que policier. Qu'on en juge : « La première fois que Lecomte n'a pas été retrouvé dans sa prison, était le 4/9/78 [...]. Il se peut qu'il se soit enfui quinze jours auparavant. Mais il se peut également qu'il se cache dans la prison. Vous serez informés de tout fait nouveau concernant cette affaire. »

Du délire ! Ce renseignement « confidentiel » – on se doute à la lecture d'une telle prose que ses rédacteurs ne tiennent pas à sa publicité – annonçait à la fois l'évasion, la date mystérieuse de la disparition de Lecomte et la durée – invraisemblable : plus d'un mois – pendant laquelle on ne l'avait pas retrouvé à l'intérieur de ladite prison ! Même San Antonio n'a jamais osé !

Lundi 9 octobre 1978.

5 h 30 du matin. C'est le grand jour, la rentrée des

classes en quelque sorte. D'ailleurs, avant de partir de la maison, en bon élève, j'ai bien vérifié une dernière fois si toutes mes affaires étaient dans mon « cartable » préparé la veille. Bien sûr, la trousse, les cahiers et les livres ont été remplacés par les brassards de police, les menottes, mon arme de service, le 357 magnum Smith & Wesson, les cartouches, les papiers et formulaires. Compte tenu du climat, j'ai aussi pris mon Hersal automatique. Cela tient chaud.

J'attends dans ma 306 stationnée porte d'Auteuil. Le dispositif est déjà en place. Presque tous les effectifs de l'OCRB et quelques inspecteurs du SRPJ de Versailles planquent un peu partout dans les environs et commencent à échanger des propos anodins sur le réseau. Moins pour rompre le silence que pour s'assurer du bon fonctionnement du matériel.

La veille, à l'Office, j'ai réuni tout le monde pour faire le point et donner les dernières instructions. Cette fois-ci, nous n'avons plus droit à l'erreur. Il n'y a qu'une seule chose que je redoute ce matin : le ridicule. Si Rucquois nous échappe encore aujourd'hui, je demande ma mutation ! Pour le reste, la proximité de l'action ramène le calme dans mon esprit et mon corps. D'ailleurs, j'ai dormi comme un mort et j'attends la suite des événements avec sérénité en rêvassant.

Il est 5 h 30, Paris s'éveille. L'aurore parisienne est bleue et blême comme un film de Melville, cocasse comme une chanson de Dutronc. La place que je toise depuis ma voiture étriquée est tachetée de pigeons froufroutants qui s'égaillent devant la lente promenade d'une vieille dame emmenée par son chienchien. Les dernières Porsche en provenance de chez Castel croisent les premiers bus en direction de Boulogne-Billancourt. Tout est en ordre.

C'est curieux, sur les ondes, les inspecteurs

décrivent l'inspecteur Clément en train de regagner sa voiture. Je ne vois rien de tel. Il se passe quelque chose de pas normal. Je prends mon micro :

« Ici A2. J'appelle l'équipe. Qu'est-ce que vous racontez ? Où avez-vous vu F2 (Clément) ? Où est-il passé ?

– A2 de F1. F2 a regagné son véhicule. Le café n'est pas encore ouvert.

– Quel café ?

– Mais là, devant nous, Les Trois Obus ! Comme convenu !

– Merde ! »

Je viens de réaliser ma bourde. Pour Melville, on repassera ! C'est plutôt le gendarme de Saint-Tropez égaré chez les superflics ! J'ai confondu porte d'Auteuil et porte de Saint-Cloud... Quand je parlais de ridicule... Demi-tour crissant avant la risée générale.

Les Trois Obus sont à présent à portée de mon canon. Le quartier est cerné de voitures banalisées. Nous n'attendons plus que les malfrats. Pourvu qu'ils n'aient pas changé de programme au dernier moment...

Les inspecteurs Florence et Clément sont maintenant assis à l'intérieur du café, comme un couple d'amants qui prolongent une nuit blanche autour d'un petit noir.

Le poste grésille. L'équipe en planque devant le domicile de Floris signale que celui-ci vient de sortir de chez lui et qu'il monte dans un taxi. Une autre équipe annonce que Bobard, lui aussi, quitte à l'instant son studio et qu'il s'engouffre dans une Alpine. Un quart d'heure plus tard, Bobard range son Alpine devant Les Trois Obus, bientôt rejoint par Floris. Ils entrent dans le café et consomment comme d'honnêtes ouvriers sur le chemin du labeur.

Florence quitte le café, vient me rejoindre dans la 306 exiguë. Jacqueline Métayer, une autre femme inspecteur de l'OCRB, l'a remplacée dans le bar, suivie de Farruggia.

6 h 10. Floris et Bobard sortent des Trois Obus et montent dans l'Alpine. Toujours pas de Rucquois.

Les ordres étaient simples : dès qu'on le voit et que toutes les conditions sont réunies, on le « saute ». Le problème c'est que pour le sauter, il faudrait le voir...

La voiture des bandits démarre.

« A2 à tous. On suit ! F1 tu leur colles au train, V2 vous suivez, et moi je viens derrière. Les autres, comme vous pouvez...

– Qu'est-ce que vous pensez, patron ? me demande Florence tandis que je démarre calmement. Vous croyez qu'on s'est fait avoir encore une fois ?

– Je ne sais pas. Selon nos prévisions, Rucquois devait arriver par le métro et voilà que les deux lascars dégagent en direction du pont de Sèvres sans le principal intéressé. Ce n'est pas logique... Mais ne les perdons pas de vue. Ils vont bien nous mener quelque part... »

Le soleil se lève sur l'autoroute, embrasant la nature encore engourdie. Nous nous dirigeons vers le sud sans avoir la moindre idée ni du lieu de l'objectif que se sont fixé les truands ni de l'objectif lui-même. Vont-ils braquer un supermarché à Orléans, une station-service à Tours, une banque à Bièvres, une poste à Vélizy... ? Nous sommes dans l'expectative. Nous avons quitté le territoire de la préfecture de Police, ce qui signifie que, à l'exception des quatre inspecteurs du SRPJ de Versailles, nous sommes entre nous. D'ailleurs, à cette heure matinale, nous représentons les trois quarts de la circulation. Pour ne pas nous faire repérer par les occupants de l'Alpine, nous alternons nos positions. Une voiture ouvre le cortège devant l'Alpine, elle-même suivie à distance par d'autres véhicules. Tous les trucs qui font la parfaite filature sont appliqués.

Cette promenade matinale dans la plénitude d'un automne radieux serait presque agréable si le contexte était autre. Comment Frédéric Dard aurait-il traité la situation ? Qu'aurait-il fait de Pellegrini et de sa jolie inspectrice, tous deux coincés dans cette voiture exiguë ? J'ai bien une petite idée mais elle ne venait à l'esprit d'aucun de nous deux, d'autant que le compagnon de Florence, Hervé, était l'un de mes inspecteurs.

Nous venons de passer Bièvres, à une demi-heure de Paris, et toujours rien. De rares messages laconiques entre les voitures ponctuent notre périple vers l'inconnu. Je consulte mes troupes : l'un ou l'autre des inspecteurs aurait-il une idée de leurs intentions ? Farruggia (F1) se manifeste.

« A2 de F1. Juste avant de quitter les Trois Obus, Floris est allé téléphoner. Clément l'a entendu dire : “ On vous attend, à tout à l'heure. ”

– Pouviez pas le dire plus tôt ! » ai-je éructé dans mon micro.

La nouvelle vient un peu tard et cela ne manque pas de m'agacer mais ce n'est pas mauvais pour nous. Le rendez-vous avec Rucquois n'est plus aussi compromis que je le craignais.

« A2 à tous. On approche d'Orléans, ouvrez bien l'œil, c'est peut-être là qu'ils ont décidé de quitter l'autoroute. »

Non, pas encore. L'Alpine poursuit en direction de Tours.

« Moi je parie sur Tours, me dit Florence. On y sera vers 9 heures. L'heure des braquages de banques... Un convoyage de fonds, quelque chose dans le genre matinal... »

Aucune inquiétude dans la voix de Florence. Pour elle, le risque et l'action faisaient partie du quotidien. Au moins elle ne s'embarrassait pas de tartuferies sociales ou pédagogiques. Le « rôle préventif » de la police, elle s'en moquait comme de sa première grenadine. Surtout, elle ne prenait pas notre « mission au service de la société » trop au sérieux. Peut-être n'étais-je pas étranger à cet état d'esprit largement répandu au sein de l'OCRB où les risques encourus, les nuits brûlées, les vies privées négligées tenaient davantage du plaisir de vivre et de travailler « vite et fort » que d'un quelconque sens de l'abnégation.

Ce périple autoroutier est long et calme. Du moins jusqu'au kilomètre 150, quand Michel Vincent, l'un des inspecteurs (auquel j'avais pourtant donné l'ordre au départ de Paris de rentrer au service), nous alerte depuis son véhicule poussif qui nous suit en retrait de plusieurs kilomètres.

« A2 de F8. L'objectif principal [Rucquois] vient de me passer sous le nez, il va bientôt vous rejoindre. Je répète : Golf GTI noire sur l'autoroute, pleins gaz. »

La contrariété de savoir qu'un ordre n'a pas été observé – « On règlera ça plus tard », ai-je menacé – est compensée par le fait qu'enfin Rucquois se manifeste.

« A2 à tous. Vous avez entendu, notre objectif arrive. Dispositif d'alerte. Faites-vous tout petits. Cette fois, c'est la bonne. Pas question de se faire repérer. Terminé. »

En principe, d'après la position de l'inspecteur « rebelle », nous devrions bientôt voir pointer, puis grossir, la petite tache noire dans notre rétroviseur.

La tension quasi inexistante jusqu'alors commence à monter dans l'habitacle. Pour évacuer un début de nervosité, Florence chantonne. À vingt-cinq ans, elle est déjà un inspecteur chevronné et n'a nul besoin d'un chaperon. Mais qu'y puis-je si je me sens un peu responsable de cette gamine ?

« Ça ira, Flo ?

– Ça ira très bien patron. »

Une voix éclate dans le poste :

« A2 de F3, A2 de F3. Attention, patron, la Golf derrière nous, elle fonce plein pot ! »

Un réflexe involontaire de prudence, sans doute, me pousse à doubler la voiture de Farruggia qui me précède. Ainsi, quand Rucquois aura remonté toute la file du cortège, s'il vérifie dans son rétro la tête des conducteurs, il ne verra qu'un couple ordinaire – Florence et moi – dans une voiture ordinaire.

« A2 de F3. Ils viennent de nous dépasser. Ils sont deux. Ils portent des perruques. C'est bien Rucquois. Avec lui, je crois avoir reconnu Tricoire. Terminé. »

Pas terminé du tout. Cela commence, plutôt. Une fois de plus, je vais être obligé d'improviser. Bien sûr, je pourrais contacter la PJ de Tours et leur demander de bloquer le péage mais ce serait trop long, trop hasardeux, trop dangereux. Rucquois a déjà fait la preuve de sa détermination. C'est un dingue qui n'hésite pas à tirer. Pas question de jouer les cow-boys avec cet Apache.

Ça y est, la Golf noire grossit dans mon rétroviseur. Elle arrive à ma hauteur et fait un appel de phares en direction de l'Alpine qui répond en allumant ses feux de détresse. Message reçu. Sans les regarder, nous avons vu les occupants de la Golf s'ébrouer dans des gestes de joie.

Rira bien qui rira le dernier. Alberghi, Clément, Leboucher, Hervé, Farruggia, Maury, Renucci, « la bande » en un mot, doivent bouillir d'impatience d'en finir avec cette traque qui nous mobilise depuis quinze mois.

« Je crois que vous avez raison, Florence, il semblerait que nous soyons bons pour un petit tour à Tours. »

Nous avons dépassé Blois tandis que Rucquois, qui s'est porté en tête de notre cortège, roule à une allure régulière. La scène est d'ailleurs assez cocasse : deux voitures occupées par des truands sur le point de commettre un coup suivies d'une quinzaine de véhicules de flics.

Depuis ce matin, ignorant les objectifs de Rucquois et de sa bande, nous subissons leur loi. L'heure est venue d'inverser les rôles. Maintenant que tout ce petit monde est là, à notre portée, nous n'allons pas le laisser filer. C'est décidé : nous interpellerons au péage de Tours, le péage de Monnaie. Nous n'avons pas le choix. À cette heure-ci, il n'y a pas beaucoup de circulation, ce qui réduit considérablement les risques d'accident.

J'avais calculé et recalculé la question sous tous ses aspects et je me préparais à donner l'ordre à toutes les équipes de se tenir prêtes, quand le destin, appelons-le comme ça, vint décider à ma place de la suite des opérations. Depuis quelque temps, l'Alpine semblait accuser des baisses de régime, ralentissant puis repartant. Le yoyo allait s'amplifiant, traduisant des ennuis mécaniques. La Golf, prévenue par des appels de phares, ralentit et laisse l'Alpine remonter à sa hauteur. Un conciliabule par gestes s'échange de voiture à voiture dont on peut penser qu'il signifie à peu près ceci : « Ennuis mécaniques. Ne vous occupez pas de nous. Continuez. On vous retrouve plus tard. » La Golf continue tranquillement sa route alors que l'Alpine ralentit et clignote en direction de la bande d'arrêt d'urgence.

La suite ne va pas excéder les deux minutes trente.

« A2 à tous. Attention, interception immédiate. Manu avec moi. Les trois voitures rapides qui suivent, vous ne lâchez pas Rucquois. Dépêchez-vous, il est déjà loin. Deux véhicules encore avec moi. Les autres, vous continuez la chasse. »

Florence et moi sortons nos revolvers tandis que je braque vers la bande d'arrêt.

« Ça ira Florence ?

– Bien sûr ! » répond-elle piquée au vif.

La suite appartient au patrimoine du cinéma policier mais surtout au manuel de police car l'interpellation, si elle apparaît toujours comme une mécanique assez simple – quoique spectaculaire –, procède d'un savoir-faire longuement élaboré.

Florence est en position : revolver dans la main droite, main gauche sur la poignée de la porte, repliée sur elle-même, prête à bondir. L'Alpine va lentement se ranger sur le bas-côté. Chaque équipe a reçu les instructions.

« Florence, vous prenez le passager ; moi, je m'occupe du chauffeur. »

Un coup d'accélérateur, un brusque coup de volant, un coup de frein brutal. Comme à la parade. Nous bondissons tous les deux de la 306 l'arme au poing, jambes fléchies, bras tendus.

« Police ! Mains en l'air ! »

Manu et Jean-Marc nous ont rejoints, ce qui porte au nombre de quatre les armes braquées sur les bandits qui restent interdits, pétrifiés dans leur voiture. L'effet de surprise a opéré au-delà de nos espoirs. C'est bien simple, les deux hommes n'osent plus bouger un cil.

Les lascars sont virés sans ménagement de la voiture, immobilisés à terre face contre l'asphalte et menottés. Fouille du véhicule : deux 357, et deux grenades quadrillées.

« Et ça, qu'est-ce que c'est ? Où alliez-vous ? C'est pour quoi faire, ça ? Et les autres, vous devez les retrouver où ? »

Questions qui restent bien sûr sans réponse. Nous verrons plus tard.

« Hervé, tu les prends en charge. Tu règles tout et tu les amènes à la PJ de Tours. Tu les préviens. Moi je file. Manu et Jean-Marc avec moi. Florence avec les autres. »

Je vis à l'œil réprobateur de ma coéquipière qu'elle ne goûtait point ce changement, mais je ne voulais pas qu'elle risque sa jolie peau sur le prochain épisode qui serait sûrement moins facile. En effet, si ces deux-là avaient des grenades, Gaston pouvait bien avoir pire, et pas seulement pour la décoration.

« Manu, vite, un talkie ! On prend l'Alpine. Il faut qu'on les rattrape. »

Aussitôt dit... En quelques secondes nous avons déjà atteint les 200 km/h.

« Ici A2, Manu qui parle. Tout s'est bien passé. On les a eus. Attention, on rapplique dans l'Alpine rouge. Où en êtes-vous ? À vous. Terminé.

– A2 de F4. Ici Leboucher, on est toujours derrière Rucquois. Ils n'y ont vu que du feu. On est à une vingtaine de kilomètres du péage. Qu'est-ce qu'on fait ? »

Tant pis pour le flag. Je ne voulais pas voir Rucquois entrer dans Tours et risquer de nous compliquer la vie. Je décidai de confier la direction des opérations à Leboucher pour qu'il intercepte la Golf. J'enrageais de devoir quitter la partie au moment où tout allait se jouer mais je ne pouvais pas risquer de compromettre plus d'un an de travail par un orgueil mal placé.

Je dois les bonnes fortunes de ma carrière à trois ou quatre choses essentielles : la chance, l'instinct, une certaine forme d'inconscience devant le danger et un sens de l'improvisation. Mais que sont l'instinct, l'improvisation et l'inconscience sinon d'excellents moyens de se planter si la chance n'est pas de la partie ? Qu'allais-je m'emparer de cette Alpine à la mécanique aléatoire ? Mon fameux sens de l'improvisation, sans doute.

« *Porcu infernu !* » ai-je lâché retrouvant d'emblée mes origines.

Le voyant lumineux qui clignote, là, juste sur le tableau de bord, vient de rendre son verdict : toutes les jauges d'essence sont à sec. Le coup de la panne, ce n'est pas possible ! L'ultime secousse de l'agonie ne laisse plus aucun doute, tant et si bien que je suis obligé de me ranger sur le côté. Comme les truands tout à l'heure...

Sans un mot, blême de rage contenue, je m'arrache au siège baquet sans un regard pour les coéquipiers. L'air est vif encore du jour à peine éclos. Une bordée de jurons rageurs vient de m'échapper. Je massacre le bolide à coups de pied. J'en veux autant aux voyous qu'à moi-même. À ces abrutis qui partent sur un coup sans penser à faire le plein de leur réservoir. Je m'en veux de m'être engouffré, idée géniale, dans la voiture qui a causé leur perte.

« Une voiture ! crie Manu, lui aussi sorti de l'Alpine.

– Vite, les brassards. »

Le véhicule que nous voulons réquisitionner est encore loin et nous avons le temps de mettre autour de nos bras le célèbre POLICE orange fluo.

« On a du pot, une Jaguar ! Ça vaut bien une Alpine ! »

Nous nous précipitons tous trois au milieu de la route déserte en agitant nos étendards comme des toreros burlesques.

« *Putanaccia !* »

Trois bras d'honneur saluent l'honorable vieux bourgeois qui vient de nous ignorer somptueusement, nous prenant sans doute pour de vulgaires auto-stoppeurs.

« C'est pas possible, il n'y avait pas une minute à perdre... Maintenant c'est fichu.

– Voilà les autres qui arrivent ! »

En effet, les autres équipes qui nous suivaient un peu en retrait piquent l'horizon de ce *road-movie* à la française.

« Qu'est-ce qui se passe ? demande le premier inspecteur qui s'est arrêté à notre hauteur.

– Panne d'essence. Allez, on fonce ! Dis, t'as fait le plein j'espère... »

À peine sommes-nous repartis que le poste grésille. C'est Leboucher.

« A2 de F4. Péage en vue. On va intercepter. »

Silence

« A2 de F4. J'aperçois la Golf arrêtée entre deux camions. On intercepte. Terminé.

– A2 à F4. Bien compris. Allez-y. »

Quelques minutes se sont écoulées quand nous arrivons au péage. Des voitures dans tous les sens, des gens qui courent. Leboucher, là-bas. Nous pilons à ses pieds.

« C'est fini, patron. Ils ont tiré on a riposté.

– Morts ?

– Oui. Tous les deux. Pas de casse chez nous. »

On a beau être habitué, la vue d'un cadavre ensanglanté n'est pas un spectacle auquel on demeure insensible. Le ciel se reflète dans la vitre des yeux sans vie comme un ultime signe de pureté et cela seul peut vous transporter dans des abîmes de questions...

Leboucher, qui en a pourtant vu d'autres, n'est pas au mieux de sa forme. Il semble hébété par ce qu'il vient de vivre. Ils n'avaient pourtant pas eu le choix.

« Comment ça s'est passé, exactement ?

– C'est Rucquois, il a reconnu Max [1] au moment où on allait les intercepter dans la file d'attente. La Golf

1. Max était l'un des inspecteurs avec qui les trois filles avaient noué des liens. Rucquois, dont nous devions apprendre plus tard qu'il surveillait le 127 de la rue du Faubourg-Saint-Honoré, avait repéré Max.

était coincée entre deux camions. C'était du gâteau, on pouvait les avoir sans tirer un coup de feu...

– Rucquois a reconnu Max, et après ?

– Eh bien, il a sorti son 11,43 et ouvert le feu. Quant à Tricoire, il est sorti l'arme au poing. Alors tout le monde a allumé en même temps. »

Leboucher était désemparé comme si ce carnage aurait pu être évité. Il aurait pu l'être si les deux voyous n'avaient eu ce réflexe suicidaire. Je crois l'avoir écrit déjà, la mort était partie intégrante du cahier des charges, mais cela ne justifiait pas des prises de risques inutiles. Les corps criblés de balles des deux truands n'étaient pas les trophées glorieux de notre traque d'une année. Certes, nous avions chargé nos armes avant de partir. Je m'étais moi-même muni, en plus de mon arme de service, d'un pistolet m'appartenant. Tout le monde, à l'Office, voulait « en finir » avec Rucquois. Mais pas forcément de cette manière...

« Ne t'en fais pas Pierrot ! Tu n'y pouvais rien. J'aurais fait comme toi. Comme l'avait dit Rucquois, c'était eux ou nous. »

Un inspecteur affairé me rejoint pour me rendre compte des objets récupérés dans la voiture : des pistolets, deux grenades, un fusil. Je l'interroge :

« Au fait, qu'est-ce qu'on sait du coup qu'ils projetaient ? Vous avez trouvé quelque chose dans la Golf ?

– Ils allaient attaquer un Mammouth à Tours, me répond laconiquement l'inspecteur. On a retrouvé un plan détaillé. »

Un scénariste aurait sans doute inscrit là le mot FIN. Hélas, après l'issue dramatique d'une histoire comme celle-ci, la réalité continue. Il nous fallait faire les constats sur les cadavres, rendre compte à la hiérarchie. Mais aussi subir l'opprobre et se faire traîner dans la boue par une partie de la presse.

Le 11 octobre suivant, c'est-à-dire le surlendemain de l'interpellation, les journaux annoncent que la veuve de Rucquois porte plainte pour *assassinat*. Selon elle – du moins selon ceux qui l'instrumentalisent –, nous aurions tiré les premiers, et d'après *Libération*, toujours très à la pointe du combat antiflics, peut-être avec des balles explosives, preuve formelle de « l'intention homicide des policiers » comme l'affirme l'avocat de la veuve.

La requête de Mme Rucquois fut acceptée et le procureur belge – elle habitait Tournai – décida de faire exhumer le cadavre. L'horreur et la stupeur devaient légitimement présider à l'ouverture du cercueil pour la bonne raison qu'il renfermait un cadavre... sans tête. Il fallut alors se pencher sur la présence incongrue d'un sac en plastique estampillé Carrefour posé à côté du corps en décomposition pour découvrir la tête, du moins ce qu'il en restait : des bouts d'os et un scalp.

Bien évidemment, nous n'avions pas tiré les premiers et encore moins avec des balles explosives, mais cela n'était qu'un détail pour ceux qui rêvaient de se « payer » les cow-boys de l'OCRB. Et ils étaient nombreux. La même presse orchestra donc ce début de scandale, répercutant à l'envi les propos de l'avocat de la veuve qui n'envisageait rien de moins que de s'adresser à la Commission des droits de l'homme de la Cour européenne de justice.

La campagne dura le temps que l'enquête ordonnée dévoile les dessous de l'énigme : le médecin légiste de Tours avait consciencieusement découpé le crâne afin de localiser la balle et déterminer son trajet. Son sordide mais nécessaire labeur achevé, il avait rassemblé les « restes » dans un sac en plastique et déposé celui-ci dans le cercueil. Bien sûr, il nous avait suffi de présenter les photos de Rucquois sur la table d'autopsie, avec toute sa tête, pour établir que nous ne l'avions pas décapité. Trop tard. Nos contempteurs avaient inoculé le virus et une partie de leurs lecteurs ne pouvaient plus douter, dès lors, de la sauvagerie intrinsèque des policiers et de leur propension à accumuler les bavures.

8. La mode du rapt

« La France a peur. » Roger Gicquel, dans le rôle du Monsieur Catastrophe du journal de 20 heures, avait l'art et la manière d'annoncer les drames. Avec cet inimitable sens du tragique que ses cernes profonds et sa voix d'outre-tombe servaient magistralement, il donnait à l'information un air de requiem qui contribuait à entretenir la sinistrose ambiante.

Pourtant, une fois au moins, le masque tragique s'imposait. Philippe Bertrand, un petit garçon de huit ans enlevé à Troyes, avait été retrouvé mort étranglé par son ravisseur plusieurs jours après sa disparition.

Le 30 janvier 1976 en fin de matinée, l'OCRB est averti de l'enlèvement de Philippe Bertrand. Sans plus attendre, nous nous mettons en route pour Troyes afin de venir en renfort aux enquêteurs du SRPJ de Reims, saisis de l'enquête. La neige, l'absence d'autoroute et quelques accidents aux environs de Maisons-Alfort nous font perdre un temps précieux, et c'est au beau milieu d'une réunion de crise qui se tient à la préfecture que nous débarquons. Si toutefois nous pouvons parler de « réunion de crise » pour qualifier cette cacophonie alimentée par les gendarmes, les policiers du cru et les magistrats qui en sont encore à se demander comment le ravisseur dont ils avaient localisé l'appel a pu s'échapper...

Pendant que nous tentions difficilement de rejoindre Troyes, le ravisseur a contacté la famille au téléphone pour exprimer ses exigences, une rançon d'un million de francs, avec la promesse que l'enfant serait bien traité. Les parents, qui avaient pour consigne de faire parler le ravisseur le plus longtemps possible, parviennent à retenir celui-ci au bout du fil pendant vingt minutes, un temps extrêmement long qui trahit l'amateurisme du personnage, et qui permet aux enquêteurs de situer l'appel depuis une cabine téléphonique des environs de Troyes. Policiers et gendarmes convergent vers cet objectif de manière désordonnée et indiscrète. Les uns par méconnaissance de la ville, et les autres par une arrivée toutes sirènes hurlantes. L'homme s'arrache de justesse à l'étau en s'enfuyant à travers les jardins maraîchers avoisinants.

C'est là que l'OCRB entre en scène, lors de cette piètre réunion à la préfecture où tous se renvoient la responsabilité d'un échec d'autant plus cuisant qu'il y va de la vie d'un enfant.

Ces affaires de rapts n'ont jamais manqué de me sidérer. Pas tant par le fait qu'on enlève quelqu'un en échange d'une rançon – c'est odieux mais dans la logique des kidnappeurs – qu'à cause de ce goût aigre pour la délation, pour la lettre anonyme, l'esprit revanchard, la bassesse des sentiments qu'expriment beaucoup de nos compatriotes dès que l'opportunité se présente à eux. Oui, « le Français a le cœur sec et la tripe molle... », comme l'écrivait Bernanos. Les coulisses du drame provincial mettant en scène la famille Bertrand n'étaient pas plus ragoûtantes que les feux de la rampe dont le baron Empain serait la victime. Les ragots les plus sordides ont couru sur la mère et je ne parlerai pas de ces lettres anonymes qui nous parvenaient chaque jour, les « témoignages » sournois de ces gens « bien intentionnés ».

C'est aussi dans ce genre d'affaires que l'on touche du doigt toute l'ambiguïté du tandem police-médias. Notre rôle, dès que l'enlèvement est avéré, est de nous rendre auprès de la famille. Nous écoutons ce que les uns et les autres peuvent avoir à dire en tentant de trouver dans leurs propos éplorés l'ébauche d'une piste. Bien sûr, parallèlement, nous menons nos investigations en « fouillant » en toute confidentialité dans la vie de la victime. Tout est envisagé, aucune piste n'est négligée et rien ou presque de ce qui fait la vie d'un homme – ou d'une femme – ne doit nous demeurer étranger.

De son côté, la presse conduit sa propre enquête. Seulement, à la différence des policiers qui gardent pour eux le fruit de leur récolte, certains journalistes oublient tout : les scrupules, la compassion, la dignité. Et, pis, ils publient tout : leurs doutes, leurs certitudes, les « zones d'ombre » dans la vie de la victime, les pistes – réelles ou supposées –, bref ils publient l'impubliable sans se soucier ni du chagrin, ni de la pudeur des familles, ni de la bonne marche de l'enquête. Il n'est que de se souvenir des cruelles inepties de Marguerite Duras lors de l'affaire du petit Grégory pour se rendre compte qu'un rapt est, plus qu'aucune autre affaire, un drame à prendre avec circonspection et humanité.

L'OCRB, c'était un peu Zorro débarquant à l'heure de la sieste. C'était le branle-bas de combat, un véritable tremblement de terre pour nos collègues de province habitués au train-train de la délinquance pépère.

Notre premier souci matériel était de nous loger dans un endroit suffisamment à l'écart, de manière à ce que les journalistes ne nous pistent pas en permanence. Lors de l'affaire de Troyes, hélas, nous partagions avec la presse locale et nationale le même hôtel où les tuyaux bidons et les fausses rumeurs nous parvenaient jour et nuit, sans parler de la pression psychologique.

En ce qui concerne l'affaire, il ressort de l'enquête préliminaire que le ravisseur du petit Philippe Bertrand connaît l'enfant puisque celui-ci, selon les témoignages, a suivi de son plein gré une personne venue le chercher à la sortie de l'école. Selon le procédé habituel, nous fouillons dans les relations de la famille et vérifions les alibis des uns et des autres. Quelques jours après l'épisode de la cabine téléphonique, un autre message – plus prudent – est adressé à la famille, sommée de remettre la rançon en suivant les instructions du ravisseur. Selon la technique classique, un jeu de piste est organisé dans cette forêt qui jouxte Troyes, jeu de piste sordide jalonné de chaussettes et de chaussures appartenant à l'enfant. Le périple s'achève sur le parking d'une auberge de la région, mais nul ne viendra prendre la rançon déposée selon la volonté du malfrat.

Le ratissage de l'endroit passé au peigne fin aboutit à l'interpellation d'un certain Patrick Henry, un jeune homme de vingt-quatre ans, qui a bien du mal à nous convaincre du bien-fondé de sa présence en un tel lieu. La garde à vue qui s'ensuit mène à la conviction policière que nous sommes peut-être en présence du coupable : Henry connaît la famille Bertrand, il a besoin d'argent et surtout, d'un point de vue matériel, la consommation d'essence qu'indique la jauge de sa voiture correspond exactement au trajet le long duquel ont été semés les vêtements de l'enfant. Si je devais décrire cet interrogatoire, je pourrais m'inspirer, dans une certaine mesure, du film *Garde à vue* dans lequel le commissaire Lino Ventura tente d'établir la culpabilité du présumé coupable Michel Serrault. Le huis clos qui nous opposa pendant de longues heures à cet individu, dont tout nous disait qu'il était celui qui avait enlevé un petit garçon de huit ans, fut d'une intensité dramatique très éprouvante nerveusement. Cette affaire fut sans doute la seule au cours de ma carrière où je me sentis concerné d'une manière personnelle. Je n'étais plus en présence d'un voyou, d'un tueur, d'un braqueur, bref d'un marginal, mais d'un homme « normal » qui s'était attaqué à un enfant de l'âge de mon fils, à l'innocence même, à la vulnérabilité. Cela, nous ne pouvions l'accepter. Ce garçon blond aux sages lunettes d'écaille répondit à mes questions pressantes sans se départir d'une assurance et d'une morgue qui ne faisaient qu'amplifier notre colère. Pourtant, notre conviction profonde butait sur l'absence de preuves.

En désespoir de cause, et la rage au cœur, hanté par la photo de cet enfant, j'ai décidé de prendre mes distances avec la procédure pénale en embarquant Patrick Henry, au beau milieu de la nuit, dans une dernière tentative pour découvrir la vérité. Le décor devait être à la hauteur du drame qui se jouait.

La forêt sombre des alentours de Troyes. Une nuit glaciale et le vent qui hurle dans les arbres. Et nous, flics mais aussi justiciers, menant une ultime reconstitution des trajets accomplis par le présumé coupable. Au bord d'un fossé, notre cortège s'immobilise. Je sors brutalement Henry de la voiture, le fait mettre à genoux et lui lance, l'arme au poing : « Écoute ! On sait que c'est toi qui as kidnappé le môme ! Tu vas être libéré, et ça nous ne l'admettons pas ! Alors, ou tu avoues et tu seras jugé, ou tu t'obstines à nier et on te bute. On dira que tu as essayé de t'enfuir... » Mon coup de bluff a échoué. L'homme ne bronche pas. Mieux, il ne tremble pas et me rétorque, avec le calme des cyniques : « Tuez-moi si vous voulez, je suis innocent. » À mi-chemin entre ma conviction intime et le doute qu'insinue en moi tant d'assurance, je décharge l'intégralité de mon barillet... à quelques centimètres de lui sans qu'il se défasse de son impassible raideur. Fallait-il, ne fallait-il pas ? J'avoue que la raison, dans le cas présent, était passée au second plan. L'image du petit Philippe ne me quittait plus. Pourtant, je savais qu'il me fallait redevenir rapidement le policier froid et distant, retrouver le détachement nécessaire du vrai professionnel par rapport à son métier, quelles que soient les circonstances.

Je recouvre mes esprits assez promptement, et il est décidé avec les autorités compétentes de relâcher Patrick Henry au terme de sa garde à vue. D'abord parce que les charges sont insuffisantes, ensuite parce que s'il a réellement enlevé l'enfant et que celui-ci est encore vivant, nous ne saurions nous pardonner sa mort faute de soins.

Dès sa libération, Patrick Henry se prête de bonne grâce aux questions des journalistes en donnant une conférence de presse. Je pense que tous ceux qui étaient, à l'époque, en âge de comprendre, se souviennent encore de ces images lorsque Patrick Henry apparaissait tous les soirs dans les foyers français. « Les ravisseurs d'enfants méritent la peine de mort », déclare-t-il sans ambages aux médias. Il profite aussi de l'occasion pour s'indigner du traitement qu'il aurait subi et n'hésite pas à me mettre personnellement en cause. Pourtant, nous avons tous la certitude que, tôt ou tard, nous parviendrons à le coincer.

Pour les parents, l'attente est terrible. Leur calvaire est encore renforcé par les rumeurs ignominieuses. Je crois que seul le cœur d'un père ou d'une mère peut réellement ressentir ce qu'ont vécu les parents de Philippe Bertrand. Cette solitude, cette douleur psychologique qui très vite se transforme en souffrance physique quand l'incertitude mine un peu plus chaque jour les résistances psychiques.

Pour les policiers, à un degré moindre bien sûr, l'affaire est très éprouvante. Nous travaillons sans relâche jour et nuit. À la différence des autres formes de criminalité, y compris les meurtres de collègues, nous sommes en permanence habités par l'image de ce petit garçon qui pourrait être celui de chacun d'entre nous. La dimension humaine et affective de ce dossier est indescriptible. Rien, absolument rien ne saurait être négligé. Pas même les paramètres les moins crédibles. Les affaires de rapt drainaient – je parle au passé car le phénomène a pratiquement disparu en France – toute une cohorte de personnages plus ou moins charlatans allant des sourciers aux voyants en passant par les radiesthésistes. De surcroît, il nous fallait subir les pressions de notre hiérarchie qui elle-même devait rendre des comptes aux politiques qui, plus cyniquement, jouaient avec cette affaire une partie d'échecs avec l'opinion publique chauffée à blanc. La France entière avait les yeux braqués sur nous et cela n'échappait pas à Maurice Bouvier, le directeur central de la police judiciaire, qui suivait pas à pas le dossier depuis Paris, donnant ses instructions quotidiennes à Émile Guinard, le patron du SRPJ de Reims.

Les journalistes ne nous lâchaient plus d'une semelle, menant de leur côté des enquêtes plus ou moins judicieuses. Des reporters de *Match* dînaient avec Patrick Henry quand d'autres relayaient les rumeurs les moins avouables. Pendant ce temps, un petit garçon, s'il n'était pas déjà mort, vivait un cauchemar.

Dès sa sortie de nos locaux, Henry ne peut plus faire le moindre geste sans que nous soyons au courant. De manière discrète et efficace, les policiers de Reims dirigés par le commissaire Cariven et l'OCRB suivent tous les faits et gestes du présumé coupable. S'il est véritablement l'auteur de l'enlèvement, il ne tardera pas à les mener jusqu'à sa victime.

Nous aurions préféré nous être trompés depuis le début, mais nous savions, comme beaucoup d'autres policiers, que Philippe Bertrand était déjà mort. Un pressentiment, bien plus qu'une déduction scientifique, nous disait que Patrick Henry était assez ignoble pour avoir pu tuer de sang-froid un enfant de huit ans... Il a été suivi par Cariven jusqu'à cet hôtel où il avait loué une chambre sous un nom d'emprunt. Sous le lit, dans un sac de couchage, sordide sarcophage, le petit corps de l'enfant reposait sans vie.

Le « partisan de la mort pour les assassins d'enfant » avait méticuleusement étranglé sa victime quelques jours plus tôt. À l'horreur du geste s'ajoutait celle du jeu pervers de ce personnage qui, depuis sa sortie, multipliait les déclarations à la presse, confiant au pays que nos soupçons lui causaient un préjudice moral important. Il paradait sous le feu des projecteurs, répondait à toutes les questions, assurait la famille de son soutien alors même qu'il cachait le cadavre de l'enfant sous un lit. Il n'y a pas de punition assez lourde pour cela.

C'est volontairement que j'ai « expédié » cet épisode de ma vie professionnelle, le plus éprouvant, en quelques pages. Je n'ai pas, plus de vingt après, le cœur à fouiller mes sentiments d'alors ; encore moins à construire un quelconque suspense à partir de ce drame dont l'intensité émotionnelle et l'importance médiatique au niveau national ont été considérables. J'en suis conscient mais je ne peux oublier que les parents de Philippe Bertrand pleurent encore la mort de leur enfant.

Robert Badinter, très logiquement, défendra Patrick Henry lors de son procès le 21 janvier 1977. L'ardent ennemi de la peine de mort parviendra même à arracher au jury les circonstances atténuantes en dépit du refus des psychiatres de concéder au coupable le statut de malade mental. L'habileté de Badinter a été de convaincre le jury de se dissocier du jugement, *a priori,* des ministres de la Justice et de l'Intérieur qui avaient réclamé la mort pour l'assassin, une peine capitale que son propre père avait aussi réclamée. La perpétuité fut donc infligée à Patrick Henry. La perpétuité, c'est-à-dire une vingtaine d'années. J'ignore et ne veux savoir si Patrick Henry est déjà libre à l'heure qu'il est.

Que n'a-t-on pas dit du baron Empain, cet homme délaissé par sa famille, lâché par ses associés, soupçonné par la presse. À n'en point douter, lorsqu'on a de tels amis, on n'a plus besoin d'ennemis. Édouard-Jean Empain, P-DG à l'époque du groupe industriel Empain-Schneider, n'était probablement pas un ange, mais il faut se souvenir que quelques individus, aujourd'hui en liberté, l'obligèrent à passer pendant l'hiver 1978 deux mois sous une tente, enchaîné, humilié, amputé d'une phalange dans des conditions d'hygiène impensables. Si le fameux « syndrome de Stockholm » devait le pousser à pardonner, et même à aider ses ravisseurs à leur sortie de prison, ni son épouse et encore moins ses associés n'ont bénéficié de son indulgence. Ni tous ceux, d'ailleurs, qui profitèrent de ce drame intime pour l'écarter du gigantesque monopoly de la haute finance.

Pour le grand public et une certaine presse, cet homme avait le grand tort d'être beau, riche et aimé des femmes, un triptyque très éloigné de la mode des années 70 qui érigeait les criminels en vedettes et le ressentiment en idéologie. Alors, avec Empain, tous les coups étaient permis. De Dunkerque à Biarritz, il ne se trouvait plus un Français ignorant encore que cette ombre maigre et enchaînée qui faisait la une des journaux jouait au poker avec Yves Montand avenue Foch et sortait avec les plus belles filles de Paris. On jeta en pâture l'existence dorée d'un homme riche et puissant au moment où celui-ci tentait de survivre dans les ténèbres de la souffrance et de l'incertitude.

Cette odieuse exhibition m'est apparue, à l'époque, comme la revanche des cloportes. Après tout, le baron Empain avait peut-être vu juste : les tortionnaires lui avaient coupé un doigt mais ils lui avaient ouvert les yeux. Il ne rompit le silence dans lequel l'épreuve et le mépris l'avaient emmuré que pour rendre hommage aux policiers de l'Antigang.

Bernard Galle n'a pas bénéficié d'un meilleur traitement en 1980 quand, cinq jours après son enlèvement, les pires rumeurs souillaient déjà les pages des journaux qui s'en faisaient l'écho. Le conditionnel suffit-il à dégager les auteurs de toute responsabilité et à atténuer la portée de telles allégations ? « Bernard Galle, acculé pour des raisons personnelles, aurait été amené à commettre certains actes inconsidérés, voire à disparaître quelques jours de la vie publique [...]. Maître Chaîne [NDLA : le beau-père de Bernard Galle] serait en possession de dossiers explosifs en cette période préélectorale et certains individus douteux tenteraient de faire chanter le notaire afin de récupérer des documents compromettants. Autant d'hypothèses, de rumeurs que rien, pour l'instant, ne vient étayer. » Voilà bien la lâcheté dans toute son horreur. On propage un message pernicieux pour ensuite se défendre d'y accorder le moindre crédit. Il faut tenir le lecteur en haleine, n'est-ce pas ?

On aurait bien voulu que cet honnête homme, père de deux enfants, enlevé le 22 septembre 1980 ait une vie de débauche, quelques amis dans le Milieu et pourquoi pas des dettes de jeu, ou pire encore. Or, l'existence de Bernard Galle était aussi transparente et tranquille que celle de son beau-père, bien éloignée des frasques d'une certaine bourgeoisie lyonnaise dont j'avais pu découvrir quelques années auparavant la distorsion entre l'être et le paraître. Cela n'empêchera pas l'évocation à plusieurs reprises de l'hypothèse de « l'auto-enlèvement » que nos investigations avaient rapidement écartée.

Louis Chaîne, à qui les ravisseurs réclament une rançon de cinq millions de francs une demi-heure après la disparition de son gendre, est un notaire et notable lyonnais, ami personnel de Raymond Barre alors Premier ministre. Deux jours après l'annonce de l'enlèvement, la voiture de Bernard Galle est retrouvée sur un parking.

Maître Chaîne ne montre pas grand enthousiasme à collaborer avec la police. Il fait même part de ses réticences aux journalistes. Pourtant, le commissaire Mesini, patron du SRPJ de Lyon, et moi-même parvenons à le convaincre de nous laisser agir selon nos méthodes éprouvées. Les rapts obéissent en effet toujours aux mêmes règles : dès l'enlèvement, les ravisseurs prennent contact avec la famille, imposent un jeu de piste et tentent de s'emparer de la rançon en échappant aux policiers. Le pourcentage de réussite des gangsters est très faible compte tenu des techniques policières bien rodées et répétées des centaines de fois. Dès que les ravisseurs avaient annoncé dans un premier message l'endroit où ils déposeraient le prochain, une équipe partait immédiatement sur les lieux et attendait, camouflée et invisible, l'arrivée du proche de la victime, porteur de la rançon.

Parallèlement, une autre équipe se positionnait dans un cercle très large, de manière à repérer toute voiture ou tout individu suspect. Une troisième équipe, enfin, se tenait un peu à l'écart, prête à foncer sur le lieu du second message. Dans tous les cas, y compris dans l'affaire Galle, la voiture suivie était sonorisée. Aussi M. Chaîne, qui finalement devait accepter de collaborer avec nous – en dépit de la mise en garde des truands –, se plia-t-il aux règles du jeu imposées par les ravisseurs de son gendre avec, posé à l'intérieur de son véhicule, un micro grâce auquel il nous communiquait le contenu de chaque message.

Le jeu de piste, ponctué de cinq ou six messages, s'achève en fin de journée dans une cour d'immeuble déserte. Cette première « prise de contact » entre eux et nous n'était en fait qu'un test destiné à jauger le notaire et à détecter un éventuel dispositif policier. Un entretien assez orageux entre Chaîne et nous-mêmes succéda à cette première tentative. Nous l'apprîmes plus tard, le notaire, tout en nous assurant de sa collaboration, avait décidé de se passer de nos services et de payer la rançon.

Qui sont les ravisseurs ? Des professionnels sans aucun doute. Ils savent tout de leur victime et de ses proches et ne laissent rien au hasard. Pas d'indice, mais quelques pistes. La voix d'un des ravisseurs, enregistrée lors d'une communication téléphonique, trahit peut-être une origine italienne. La Mafia n'est pas implantée directement à Lyon mais le Milieu local peut servir de relais. On motive les indics, quelques descentes sont organisées mais sans succès.

La piste politique ? Louis Chaîne est en effet un proche de Raymond Barre mais le notaire n'est gênant pour personne *a priori.* Un mandat sous l'étiquette CDS au conseil général ne peut justifier sérieusement un tel enlèvement. D'autant que cette tradition appartient davantage au patrimoine italien. Pourtant nous réfléchissons à cette éventualité, soupçonnant les Brigades rouges d'être à l'origine du rapt et ce d'autant plus fortement que la modicité de la somme demandée – les ravisseurs du baron Empain exigeaient dix fois plus, et ceux de Christophe Mérieux empochèrent vingt millions de francs – est une signature possible des terroristes, beaucoup moins avides que les droits communs mais plus impitoyables avec leurs victimes auxquelles ils ne laissent aucune chance. Les familles d'Aldo Moro et de Schleyer en savent quelque chose.

Toutes les hypothèses, donc, furent abordées. Aucune n'aboutit. Nous étions convaincus que, tenant compte de nos avertissements mais également de ceux du préfet et de Raymond Barre, maître Chaîne collaborait complètement. En effet, payer la rançon revenait à signer l'arrêt de mort de Bernard Galle. Nous avions acquis la certitude que ses geôliers agissaient à visage découvert, ce qui faisait de lui un témoin particulièrement gênant.

Le 17 octobre 1980, à 5 heures du matin, maître Rousseau, l'associé de maître Chaîne, roule à moto en direction du rendez-vous que lui ont fixé les truands. À Décines, dans le quartier des manouches où naquit Monmon Vidal, il dépose les cinq millions de francs exigés. Comme le dira l'un des inspecteurs à un journaliste du *Nouvel Observateur :* « Le vieux nous a blousés. Avec ces bourgeois, on ne peut pas travailler. Ils n'ont pas peur de nous. Ils ont trop d'appuis politiques. »

Un peu brutal, certes. Pourtant, cette réflexion traduisait bien le sentiment général. Dans les jours qui suivirent, toute la région allait être passée au peigne fin. Des mois durant, une partie de l'Europe fut ratissée pour retrouver une ébauche de piste et, surtout, Bernard Galle. Je me rendis moi-même au Venezuela sur l'insistance du Premier ministre pour tenter de localiser Galle qui, disait-on, avait été vu du côté de Puerto Cabello. En vain. Bernard Galle n'a jamais été retrouvé. (Je reviendrai sur mon séjour au Venezuela dans le chapitre suivant, lorsque j'évoquerai l'Amérique du Sud.)

Après toutes ces années, je me demande encore ce qui me répugnait le plus : des ravisseurs qui ont plongé une famille dans l'horreur de l'incertitude ou de ceux qui profitèrent des circonstances pour déverser leurs aigreurs.

Maître Chaîne l'a, hélas, prouvé à ses dépens : il n'existe pas, pour l'instant, de meilleure solution que de faire confiance à la police de son pays.

L'enlèvement de Michel Maury-Laribière, le vice-président du CNPF, au mois de juin 1980, a connu une issue plus heureuse. Claude Bardon, directeur du SRPJ de Bordeaux, qui deviendrait plus tard directeur des Renseignements généraux, était en charge de la famille avec laquelle il entretenait des relations. Il a en fait vécu toute l'affaire en « sous-marin » auprès d'elle, jouant un rôle capital. À la fois comme soutien moral, mais aussi pour la convaincre de collaborer avec la police. Chaque soir, nous nous retrouvions dans nos appartements, une modeste chambre de l'unique hôtel de Roumazière, pour faire le point. C'était pour nous l'occasion de confronter nos informations et de les exploiter du mieux que nous pouvions. Cela dit, Bardon n'occupait pas la meilleure place dans cette affaire : c'était à lui que revenait la tâche ingrate de réceptionner tous les coups de fil de dingues, de détraqués ou de plaisantins qui se manifestaient à la cadence de plusieurs dizaines par jour. Honoré Gévaudan, lui, était chargé « d'amuser » la presse. Il avait un talent exceptionnel pour organiser de grandes conférences destinées à orienter les journalistes sur de fausses pistes.

J'avais pour ma part la responsabilité de mener la troupe de rapaces qui devait fondre sur les ravisseurs au moment de la remise de la rançon. L'ultime message des malfaiteurs sommait la famille de se rendre d'Angoulême à Périgueux où l'argent devrait être déposé dans les toilettes d'un stade situé à la périphérie de la ville. La voiture, équipée d'un émetteur et conduite par le fils de la victime, était suivie en permanence par l'hélicoptère de la Protection civile, muni du récepteur, dans lequel je me trouvais. À 20 heures, je me pose dans un champ pour rejoindre le reste du dispositif. Nous laissons l'inspecteur Clément Contri attendre patiemment avec son fusil à pompe l'arrivée des ravisseurs.

Ils ne se manifesteront pas. Le siège est levé au petit matin et nous reprenons nos âpres recherches dans la région. Ce n'est que quelques jours plus tard, grâce à un témoignage, que Michel Maury-Laribière sera retrouvé, allongé sur un lit de camp dans une maison isolée.

Un moment, nous avions soupçonné François Besse, le lieutenant de Mesrine, d'être l'auteur de ce rapt. Le ravisseur s'appelait en fait Jacques Hyvert, un obscur voyou qui serait arrêté quelques semaines plus tard par la PJ locale dans une discothèque de la région d'Orléans. Sa complice et maîtresse, une jeune fille de bonne famille, était à l'origine de notre fiasco lors du dépôt de la rançon : Hyvert lui avait confié qu'aux alentours du stade, le soir de la remise de l'argent, une voiture à l'arrêt lui semblait louche. « J'ai vu une 504 noire avec des espèces de valises sur le toit... » Puis, se voulant rassurant, il avait ajouté : « Mais ce n'était pas une voiture de poulet. » En fait, le voyou se trompait : cette voiture chargée de valises était effectivement à nous. Quant aux valises, elles se justifiaient par le fait que nous devions bien trouver un moyen de cacher les quatre petites antennes d'émission-réception qui hérissaient le toit du véhicule. Ce simple détail avait suffi à susciter la méfiance de la demoiselle qui avait alors imploré son homme de ne pas repartir chercher l'argent.

La carrière d'Hyvert sera interrompue par un règlement de comptes au cours duquel il trouvera la mort.

Bien entendu, de nombreuses autres affaires de rapt ont mobilisé les services de police. Très vite, après quatre ou cinq enlèvements, l'OCRB a été en mesure de cerner la logique des ravisseurs dont la plupart finissaient dans ses filets. Toutefois, la France n'a jamais connu, au cours de ces années 70, la dramatique inflation dont les Italiens ont été les victimes. À l'exception de quelques cas isolés, on peut dire que les méthodes de la police française ont peu à peu découragé les ravisseurs en puissance.

9. La police buissonnière

Missions exotiques

L'Afrique, 1979.

Le 22 juin 1979, Robert Bossard et sa femme, un couple de Français installés à Libreville au Gabon, se préparent à partir pour l'aéroport Léon M'Ba où ils doivent prendre un avion à destination de Paris. M. Bossard, président de Diesel Gabon, vérifie que son boy a bien installé la dernière valise dans le coffre de sa Mercedes tandis que son épouse est déjà dans la voiture. L'industriel s'assied au volant, tourne la clé et c'est l'explosion. Quelques kilos de tolite viennent déchiqueter le véhicule et ses occupants.

L'affaire a un retentissement considérable dans la communauté française et les autorités locales demandent à la France de leur dépêcher des enquêteurs, autant pour découvrir les auteurs que pour rassurer nos compatriotes. Je rejoins rapidement le Gabon assisté de mon fidèle Jean-Paul Lesna. Le Gabon de cette époque, pays de cocagne dans une Afrique en voie de paupérisation, petit émirat équatorial gorgé de pétrole et de ressources stratégiques, était encore soumis à l'influence de divers réseaux issus de la période coloniale. On peut dire que le Gabon était dirigé non seulement par le président Bongo, mais aussi par les ambassadeurs successifs dont : Maurice Delauney, héros de la Résistance, membre éminent du RPR, ancien ambassadeur de France à Libreville et actuel maire de Cannes, et Maurice Robert, gaulliste historique, créateur et animateur des commandos en Indochine, ancien responsable du SDECE [1] en Afrique.

Sur place, je me rends rapidement compte que j'aurai du mal à tirer au clair ce mystérieux attentat qui fait suite à une série de « faits troublants » dans un pays et un contexte qui ne le sont pas moins. Les Français du Gabon ont, paraît-il, très mal vécu ce meurtre et il s'agit de les rassurer en démontrant que nous sommes confrontés à un crime de droit commun et non à un meurtre politique qui mettrait en ébullition la communauté. Et cela *personne* n'y tient.

Libreville me réserve un de ces accueils dont seule l'Afrique a le secret, donnant l'illusion au voyageur qu'il est ici chez lui, en terre amie. Je ne parle pas d'accueil officiel, mais de cette euphorie qui vous prend à la descente de l'avion quand la foule joyeuse et chamarrée vous entraîne dans le sillage de son indiscipline joviale. Toute cette humanité innocente – dont on oublierait presque parfois qu'elle peut, en une nuit, se muer en une force irrationnelle où le meurtre et la torture succèdent aux chants et aux sourires d'enfants – est une joie pour le voyageur européen. Une chose est certaine, je ne suis pas fâché de venir jouer les Hercule Poirot à des milliers de kilomètres de mon décor habituel. Contrairement à Lévi-Strauss je ne hais ni les explorateurs ni les voyages...

Ce soir, je dîne avec l'histoire. C'est en tout cas l'image qui me vient tout de suite à l'esprit quand je rencontre Maurice Robert et Maurice Delauney, au

1. Service de documentation extérieure et de contre-espionnage, qui sera remplacé par la DGSE.

bord de la piscine de l'ambassade, le premier jour pour une prise de contact. Ils sont parmi les principaux artisans de la politique africaine de la Ve République, deux personnages aux pouvoirs considérables qui connaissent mieux que quiconque les subtilités locales.

« Monsieur le commissaire, me confie Maurice Delauney qui va quitter le pays dans quelques jours, nous comptons sur vous pour faire toute la lumière sur cet attentat dont je ne vous cache pas qu'il a marqué les esprits de tous ici. »

Libreville était la version africaine d'une sous-préfecture de notre douce France. Tout se savait sauf, évidemment, l'essentiel. La nouvelle de mon arrivée s'était répandue comme une traînée de poudre et tous mes faits et gestes étaient observés par une communauté inquiète et curieuse. Visiblement, l'attentat semblait avoir traumatisé l'ensemble des Français d'ici, au point que chaque matin j'assistais au spectacle de ces coopérants n'osant plus mettre en marche leur voiture sans avoir prié au préalable le boy docile de vérifier que rien de suspect n'était accroché en dessous. Quelques-uns poussaient même le cynisme jusqu'à lui faire effectuer le démarrage !

Je logeais chez un ami, Alexandre Camus, ancien officier para et commandant de la Force de police d'intervention à Libreville (FOPI) dont une des tâches essentielles consistait à séparer les supporters des équipes de football. Les rencontres entre les Gazelles averties et les Éléphants sauvages ou Fokker 28 n'étaient pas de tout repos, surtout lorsqu'un des deux camps avait le mauvais goût de marquer davantage de buts que l'autre.

Jean-Boniface Assélé, directeur général de la Sûreté, ministre des Travaux publics et grand amateur de football, me reçut fort civilement.

« Bonjour, monsieur le ministre.

– Aujourd'hui, je ne vous rencontre pas en tant que ministre mais en qualité de commandant des forces de police nationale. Je suis général quatre étoiles, vous pouvez donc m'appeler " mon général ".

– Bien, mon général.

– Vous-même êtes commissaire principal, c'est-à-dire assimilé chez nous au grade de lieutenant-colonel. Je vous écoute, mon colonel !

– Que pouvez-vous me dire à propos de l'attentat dont a été victime M. Bossard, mon général ? »

En sortant de son bureau, j'étais lesté de deux nouvelles. Une bonne et une mauvaise. La bonne, c'est que j'allais pouvoir me faire donner du « colonel » pendant toute ma mission. Mon esprit facétieux se délectait par avance de cette promotion soudaine. La mauvaise, c'est que l'enquête promettait d'être difficile, pour ne pas dire impossible car, manifestement, les rivalités de clan allaient brouiller les pistes. Le président Bongo avait publiquement affirmé que cet attentat ne pouvait être l'œuvre d'un Gabonais : « Un Gabonais est incapable de faire ce genre de chose. Non seulement il en est incapable, mais il a horreur de ces histoires-là... », déclarait-il dans l'émission *Face au public*, tandis que dans la Police nationale on m'orientait plus ou moins directement vers son entourage.

Néanmoins, flanqué de Lesna, impavide, j'entreprends cette marche forcée dans la jungle africaine qui, par bien des aspects, n'est pas très éloignée des Ardennes de mes débuts tant les dénonciations anonymes et les rumeurs y sont nombreuses.

Au bout d'un certain temps, j'interpelle un vague suspect que je place en garde à vue. Le directeur de la police judiciaire locale, dont je suis théoriquement l'assistant, m'a assuré que la procédure était la même qu'en France.

« Il me faudrait rencontrer le juge pour la prolongation de la garde à vue », lui dis-je.

Qu'ai-je proféré de si hilarant qui provoque son éclat de rire tonitruant ?

« Oh ! là ! pas besoin de juge (il pleure de rire en se tapant sur les cuisses), vous pouvez le garder autant que vous voulez... »

Visiblement, en 1979, contrairement aux affirmations du directeur, la procédure n'était pas encore tout à fait la même que celle en usage chez nous.

Finalement, le suspect sera relâché, faute de preuves.

Les jours passent, et le portrait de feu Bossard se précise peu à peu. On découvre que le très respectable directeur de Diesel-Gabon menait des activités suspectes vers le Zimbabwe (ex-Rhodésie), alors en guerre, et l'Afrique du Sud, objet d'un embargo.

De plus, Géronimi, l'ingénieur du Laboratoire central spécialiste des explosifs, venu avec moi à Libreville, découvre que l'explosion est due à une charge de trois kilos de tolite placée sous la Mercedes des Bossard. La tolite est un explosif militaire particulièrement prisé par les armées occidentales et africaines. À partir de ce moment-là, l'enquête devient un bouquet de pistes : si Bossard livre du matériel à l'un des deux camps au Zimbabwe, l'autre de ces camps a pu dépêcher des gens pour faire cesser au plus vite ces livraisons. Quant au fait de contourner l'embargo sud-africain pour améliorer son ordinaire, c'est une pratique courante à cette époque, mais qui comporte néanmoins un certain nombre de risques. Bref, plusieurs personnes pouvaient avoir intérêt à ce que Bossard n'exerce plus ses activités parallèles.

Compte tenu de la charge, de la façon dont elle a été mise à feu et de la manière dont les auteurs se sont enfuis, mon regard s'oriente comme une baguette de sourcier vers la garde présidentielle, composée d'anciens officiers français dont certains ont été mercenaires, et que toute l'Afrique envie à Bongo.

La garde présidentielle est en ce temps-là la clé de voûte de la pérennité du système Bongo. Le président accorde toute sa confiance à ces hommes de guerre qui sont aussi, pour certains, des hommes d'argent.

Je n'ai pas le privilège d'être reçu par le général Martin, dit « Loulou Martin », qui ne trouvera pas un instant à m'accorder. C'est bien dommage car il est non seulement le chef de la garde, et donc un interlocuteur utile à l'enquête, mais aussi un personnage de légende comme on en croise rarement, un grand homme respecté de tous, plus un guerrier qu'un militaire. Depuis les FFI, en passant par l'Indochine et l'Algérie, ce seigneur avait été de tous les combats. Il est devenu un héros pour ses camarades légionnaires parachutistes du 1er REP et une référence pour l'ensemble des chefs d'État africains de la période postcoloniale qui cherchaient des « instructeurs » capables de former leurs armées flambant neuves.

Finalement, c'est le général Pinaton, son adjoint, qui sera chargé de répondre à mes questions. Moins prestigieux, mais sans aucun doute plus pittoresque.

J'arrive au palais présidentiel où il me faut montrer patte blanche une bonne dizaine de fois à des militaires vêtus comme des portiers d'hôtel avant de pouvoir accéder à l'ancien sous-officier des troupes de marine, l'ancien mercenaire du Biafra devenu général de brigade à Libreville. Lorsqu'il m'ouvre ses appartements privés, je me pose des questions ! Et s'il allait me faire une « proposition indécente » ? Mais le métier m'a appris à toujours attendre la suite.

« Assieds-toi, petit. On va parler boulot mais avant on va boire un coup.

– Oui, mon général. »

Un don ruinart généreusement servi brise la glace, et d'emblée le baroudeur me fait faire le tour du propriétaire.

« Viens voir ma chambre à coucher », me lance-t-il virilement.

Un peu inquiet je le suis.

« Regarde par la fenêtre. Tu vois, avec ma mitrailleuse je tiens tout le boulevard en enfilade. Personne ne peut plus bouger une oreille. »

Ouf ! Il sort de sous son lit un lance-roquettes et me dit :

« Tu vois, mon gars, avec ça, on ne viendra pas me chercher. T'en veux un ?

– Non... Non merci, mon général. »

Malgré le don ruinart j'étais encore assez lucide pour savoir qu'il m'était impossible de rentrer à Paris avec un lance-roquettes sous le bras.

Quand je me hasarde à lui poser quelques questions embarrassantes à propos de Bossard, Pinaton prend la mouche :

« Tu es en train de me dire que les gars de la GP auraient pu descendre ce type ? Tu racontes des conneries, petit ! Les officiers de la garde sont des gens très bien. Ils n'ont rien à voir là-dedans ! »

Message reçu cinq sur cinq, mon général. Il va falloir chercher ailleurs.

Je pris congé de Pinaton qui lui-même prit congé de la vie l'année suivante. Au printemps 1980, il démissionne de la GP et rentre chez lui à Morlaix. Deux mois plus tard, il meurt à l'hôpital du Val-de-Grâce. Empoisonné.

Certains ont très sérieusement avancé l'hypothèse d'une vengeance privée au moyen du redoutable « bouillon de 11 heures » que tous les Africains connaissent et qui consiste en un breuvage dans lequel la main vengeresse a pris soin de verser des moustaches de panthère finement coupées. Si telle était la vérité, cet aventurier aurait eu une mort bien romanesque.

L'enquête se poursuit au cœur de la garde présidentielle et me donne l'occasion de rencontrer D., alias « Le Grand », qui m'en voudra sûrement de le citer mais qui ne sera pas étonné, je crois, de ce signe d'amitié pudique.

Le baroud et les bringues africaines avaient buriné sa face tranquille. Il avait risqué sa peau plus d'une fois et cela se ressentait à travers la force sereine qu'il dégageait. Cet ancien adjoint de Bob Denard, rescapé de toutes les batailles, est l'un de ces hommes qui ont donné à l'autre plus vieux métier du monde, et je pèse mes mots, ses lettres de noblesse. Il était le prototype même du soldat de fortune, et donc d'infortune, qui a passé sa vie à se battre pour des causes souvent perdues. C'était l'un de ces idéalistes qui combattent un peu pour l'argent mais beaucoup pour l'aventure et pour leurs convictions, et qui n'ont hésité à aucun moment à mettre leur vie dans la balance.

La garde présidentielle était un État dans l'État, une citadelle impénétrable, mais je m'y connaissais en criminels et les mercenaires que j'avais rencontrés n'en étaient pas. Les hommes de Loulou Martin étaient pour la plupart des hommes d'honneur, certes des « particuliers » à la gâchette facile mais pas des meurtriers à l'instar des mercenaires balkaniques apparus depuis et dont la fâcheuse réputation n'est plus à faire.

J'ai revu Le Grand à plusieurs reprises et chacune de ces rencontres a été pour moi une plongée vivifiante dans un univers épique et romanesque. L'objectivité de principe eut-elle à souffrir de la sympathie manifeste que je nourrissais à l'égard de certains de mes interlocuteurs ? Non. J'aurais interpellé sans complexe quiconque aurait été reconnu responsable de l'attentat.

Après plusieurs semaines infructueuses, en dépit d'une vague conviction qu'aucune preuve ne me permettait d'étayer, il me fallut bien admettre mon échec. J'aurais pu, bien sûr, interroger la moitié de la communauté française et empiler des dossiers creux pour faire joli, mais à quoi bon ? Le Gabon n'avait pas voulu me livrer son secret mais la thèse du meurtre politique était définitivement écartée.

L'Amérique du Sud, 1980.

J'ai brièvement évoqué, à propos de l'enlèvement de Bernard Galle (une des rares affaires de rapt non résolues), ce séjour au Venezuela où certains avaient cru retrouver la trace du gendre de maître Chaîne, l'ami proche de Raymond Barre.

À partir d'un certain moment, c'est-à-dire après de longs mois de recherches, en l'absence de cadavre et de preuves, les rumeurs commençaient à circuler : Galle aurait pu organiser lui-même son propre enlèvement. Le profil psychologique de notre sujet nous avait fait éliminer depuis longtemps cette hypothèse rocambolesque. Voilà un homme dont la vie était parfaitement réglée. Il se levait tous les matins à la même heure, s'en allait travailler à l'étude de son beau-père. Il n'avait pas de passion avérée. Contrairement aux journalistes qui se plaisaient à envisager le scénario alambiqué de l'autorapt, nous considérions que ce citoyen au-dessus de tout soupçon n'était qu'une malheureuse victime.

Un jour, une lettre en provenance de l'ambassadeur

de France au Venezuela parvient au Quai d'Orsay qui dit à peu près ceci : « Selon des renseignements qui me semblent fiables, M. Bernard Galle aurait organisé son enlèvement et se trouverait au Venezuela dans la région de Puerto Cabello. »

À l'OCRB, la lettre est accueillie par des sarcasmes. « Ah ! Voilà un tuyau en béton qui mérite qu'on le vérifie ! » dis-je malicieusement à mon chef de l'époque.

Bien entendu, je n'en crois pas un mot. Comme tout le monde ici, j'ai la conviction que cet homme, hélas, repose depuis longtemps sous une couche de chaux vive, selon la méthode habituelle des voyous pour faire disparaître leurs victimes.

Quelle n'est pas ma surprise d'être convoqué le soir même par Maurice Bouvier, le directeur central de la PJ, et de m'entendre dire que je pars dès le lendemain pour Puerto Cabello via Caracas ! Les liens étroits que maître Chaîne entretient avec le Premier ministre ne sont sans doute pas étrangers à ces prolongations un peu vaines dont j'apprécie néanmoins le côté positif : un séjour en Amérique latine aux frais de la République, c'est toujours mieux qu'une filature du côté d'Asnières...

L'Amérique latine a ceci de paradoxal, c'est qu'on y perd très vite son latin.

Dès mon arrivée à l'aéroport international de Caracas, je suis pris en charge par deux inspecteurs de la police locale. Le colt 11,43 passé dans la ceinture et la mine patibulaire de ces deux membres du comité d'accueil ont le mérite de me plonger directement dans le vif du sujet. Ici, on ne badine pas avec la mort.

Une vieille Chevrolet m'ouvre ses portières et nous nous mettons en route vers le quartier général d'Interpol Caracas pour les formalités d'usage et quelques explications complémentaires. Dès demain nous nous rendrons à Puerto Cabello, situé plus au nord.

Mes hôtes se révèlent des êtres charmants qui, sous des dehors ombrageux, se métamorphosent pour la circonstance en guides touristiques avenants. Un tourisme un peu particulier puisque, contrairement à celui proposé par les agences de voyages, il ne me laisse rien ignorer de ce que l'on cache habituellement aux porteurs de shorts et de devises étrangères. Un peu comme si, au lieu de promener les Japonais le long des châteaux de la Loire ou des Champs-Élysées, on les trimbalait dans les quartiers nord de Marseille, à La Courneuve ou à Vaux-en-Velin. Ainsi, grâce à mes nouveaux amis, je découvre les bidonvilles qui poussent le long de la route, des *favellas* à la mode vénézuélienne baptisée ici *ranchitos*, et que la violence que nous connaissons en France fait figure de farce à côté de celle qui accable le Venezuela. Un de mes gorilles débonnaires illustre le propos :

« Il y a *dos dias* avant votre arrivée, *señor commissario, una mujer...* une femme, dans oune *autobùs,* elle s'est fait voler les bijoux qu'elle portait sur lo bras.

– Vous savez, en France aussi nous sommes confrontés aux pickpockets.

– *Si señor,* mais le bandit, il a volé les bijoux et lo bras...

– Vous voulez dire : les bijoux autour du bras...

– *No, señor.* Il loui a coupé lo bras et il est parti avec pour récoupérer lo bracélet autour... »

Il nous a fallu rouler un temps relativement long sur des routes défoncées et poussiéreuses avant de pouvoir atteindre Puerto Cabello, ce petit port marchand bâti par les conquistadores sur la mer des Caraïbes.

Une église catalane au centre, l'*hacienda* blanche de quelque notable et des maisons basses en torchis somnolent sous le soleil de plomb de ce pays sans hiver. Ici, les gosses sont sales, les chiens d'une maigreur squelettique, et les femmes grasses et taillées comme des sangliers. Au commissariat, une baraque en torchis bleu, je rencontre le maître des lieux, un type énorme affalé dans un fauteuil fatigué que l'unique pale en bois d'un ventilateur collé au plafond ne parvient pas à éventer. La chaleur étouffante et l'air rare rendent chaque volute tabagique un peu plus pénible. Dans un long monologue à travers lequel je cherche vainement un quelconque rapport avec mon affaire, le commissaire ventripotent m'affranchit de ses soucis, de sa condition précaire de licencié en droit que d'obscures raisons administratives ont poussé au fin fond de cette ville. Une demi-heure a passé quand j'ose enfin lui soumettre notre demande de coopération pour rechercher un homme qui correspondrait au signalement de Bernard Galle. Je lui montre les photos du disparu qu'il regarde d'un air las, puis qu'il me rend en s'épongeant le front trempé de sueur.

« *Muy bien.* Au revoir, monsieur le commissaire. Nous verrons tout cela demain. »

Quelque chose me dit que le mystère de la disparition du gendre de maître Chaîne n'est pas près d'être élucidé.

La suite me confirme ce pressentiment. Après une charmante soirée passée en compagnie du consul de France en poste à Puerto Cabello, qui me présente deux agriculteurs français installés ici depuis dix ans et connaissant la région et les gens comme leur poche, j'en arrive à la conclusion qui était déjà la nôtre à Paris : le fantôme de Bernard Galle n'a pas traversé l'Atlantique.

Le lendemain, le commissaire n'est pas dans une meilleure forme mais il accueille avec un soulagement visible ma décision de repartir tant est évidente l'absence totale de traces du Français recherché.

« Je vous contacterai à Paris si je vois quelque chose...

– Bien sûr. Allez, *hasta luego...* »

Cette mission au Venezuela devait s'achever par la visite en règle, sous l'aile protectrice de mes inspecteurs, de quelques lieux mal famés de Caracas auprès desquels nos bars louches de Pigalle ressemblent à des sacristies.

La Polynésie

« Vous vous souvenez de moi ? Nous étions ensemble en cours à Paris... »

Olivier Bréaud, vingt-six ans et déjà P-DG, écoute la voix langoureuse de la jeune femme qui vient bercer son réveil. Il a tout pour lui : un physique de play-boy, une belle épouse dont il attend un enfant et la promesse de succéder à son père, l'heureux et fortuné propriétaire du plus important élevage de perles de Tahiti.

« Non, excusez-moi, je ne vois pas. Vous voulez dire que nous étions à HEC ensemble ? »

La mystérieuse correspondante titille la curiosité de son ancien condisciple au point que celui-ci prend goût à ce jeu de devinettes. Bréaud aime sa femme mais ne déteste pas les autres. Et puis, à Tahiti, l'amour et le sexe font partie de la carte postale. On marivaude encore quelques longues minutes. Cette voix et ce prénom ne lui évoquent aucune de ses anciennes conquêtes mais il en a tellement connu que cet oubli est peut-être légitime.

« Nous pourrions nous rencontrer, si vous le souhaitez... »

Ce premier rendez-vous, fixé dans la matinée, tombe à l'eau. Olivier n'est pas parvenu à trouver l'emplacement de la maison où devaient avoir lieu les « retrouvailles ». Aux alentours de 17 h 30, il fait déjà nuit quand, après un autre coup de fil plus explicite, il roule dans sa Lancia bleue en direction du *faré* [1] où doit avoir lieu la rencontre. Il se gare, sort de la voiture au moment où deux ombres furtives surgissent dans son dos. Un coup brutal sur la tête le fait tituber. Il perd connaissance. Lorsqu'il recouvre ses esprits, il est entravé, couché sur la banquette arrière de sa propre voiture conduite par deux hommes. Au bout de quelques kilomètres, les ravisseurs changent de véhicule et continuent leur route avec leur otage.

Vingt-quatre heures de vol – Paris-Los Angeles-Papeete – c'est assez pour faire le tour du monde et d'un dossier. Tandis que les superbes hôtesses de feu UTA arpentent en paréo l'allée centrale du Boeing, je fais plus ample connaissance avec l'affaire Olivier Bréaud dont le rapt a, paraît-il, produit l'effet d'une bombe atomique à Mururoa. La population polynésienne de souche comme celle d'origine métropolitaine ne sont pas habituées à ce qui est devenu notre quotidien en France. Les gendarmes ont été saisis de l'enquête au détriment de la police de Tahiti qui veut néanmoins participer aux recherches et qui pour cela a sollicité le concours de la maison mère – la Direction centrale. Et c'est à la demande de Bouvier que je me suis envolé sur-le-champ pour apporter mon aide aux enquêteurs locaux.

La Californie est loin depuis longtemps quand l'aéroport de Faa déroule enfin son ruban d'asphalte sous notre train d'atterrissage. À l'arrivée, contre toute attente, ce n'est pas une ravissante vahiné qui me passe

1. Habitation locale.

un collier de fleurs autour du cou mais mon vieil ami, l'inspecteur Scotto, un ancien du GRB de Lyon devenu responsable de la Sûreté à Tahiti.

Après quelques visites protocolaires et l'enregistrement à l'hôtel, nous nous rendons à la gendarmerie où je constate, une fois de plus, que la guerre des polices ignore les distances. L'accueil est mitigé et il me faut faire preuve d'un grand sens de la diplomatie pour convaincre ces gendarmes exotiques que je ne viens pas leur donner des leçons mais tout simplement porter un regard neuf sur une affaire où le personnel local peut manquer d'objectivité. Bref, je ménage les susceptibilités.

En fait, l'enquête est pratiquement bouclée. Les gendarmes ont bien travaillé et ont très vite progressé. Il faut dire que tous les moyens ont été mis en œuvre pour cela. La gendarmerie, sitôt le coup de fil des ravisseurs à la famille, a mis en place un important dispositif. Le bureau du colonel Hullo a été transformé en salle opérationnelle où tout le personnel s'active vingt-quatre heures sur vingt-quatre pour répertorier, analyser et exploiter les renseignements qui parviennent. Un constat immédiat : les ravisseurs sont des amateurs. Ils demandent une rançon de 200 millions de dollars (le produit intérieur brut du Sénégal, au moins !) et multiplient les imprudences.

Quelques heures après mon arrivée, le corps d'Olivier Bréaud est retrouvé dans un fossé, sous un amas de pierres. Le meurtre est horrible. Les ravisseurs se sont acharnés sur le malheureux à coups de barre de fer et de pierres jusqu'à ce qu'ils aient l'assurance qu'il soit bien mort. Ils l'ont ensuite mutilé et ont tenté de brûler son cadavre. Pourquoi avoir sacrifié leur monnaie d'échange abandonnant ainsi tout espoir de toucher la rançon ? C'est la question qu'il convient de se poser pour espérer remonter aux criminels.

À partir de cette découverte, un vaste dispositif est déployé. La Marine nationale est mise à contribution pour sillonner la mer et les airs afin d'observer les éventuels mouvements de bateaux. Le haut-commissaire Paul Cousseran, chef du territoire, prévient les gouvernements des autres pays du Pacifique pour que la vigilance des forces de l'ordre soit renforcée. D'autre part, nous nous faisons communiquer la liste des habitants de l'île qui ont de graves difficultés d'argent et dont le profil nous permettrait de les considérer comme susceptibles de se livrer à de tels actes.

C'est en suivant les traces d'Olivier Bréaud, séducteur notoire et noctambule patenté, que j'ai découvert l'univers si particulier des nuits tahitiennes et le monde bigarré et libéré des fêtes tropicales.

« Arrête de faire ton Blanc. Tu veux coucher avec moi, oui ou non ? »

La beauté locale, plus que sobrement vêtue, vient de m'arrêter dans mon approche « européenne ».

« C'est comme ça ici. Dieu a donné un corps aux filles pour qu'elles s'en servent... Vous, les métropolitains, vous parlez de morale, mais c'est de l'hypocrisie et vous êtes tous des frustrés ! »

Je ne pouvais qu'acquiescer, à la première partie de son discours tout au moins, et ne me fis pas prier pour visiter en sa compagnie Papeete-by-night en retenant tout ce qu'un voyageur doit savoir des mœurs locales. C'est ainsi que j'ai découvert les *rérés,* ces travestis tahitiens qui dansent dans les bars ou deviennent des nounous attentionné(e)s au sein des familles. Ma vahiné m'expliqua aussi que les Blancs, des fonctionnaires pour la plupart, tombaient très facilement dans les « bras de l'amour » avec les filles d'ici.

La Tahitienne, du moins à cette époque, n'avait que faire de la monogamie appliquée sous nos latitudes et il lui était facile d'en convaincre le célibataire venu préparer l'arrivée de sa famille. Lorsque l'épouse débarquait à Tahiti, elle avait la surprise de recevoir le coup de fil d'une créature locale : « Tu sais, ton mari, il fait bien l'amour. Tu dois être contente, non ? Maintenant on va le partager... »

Le nombre de scandales et de scènes de ménage qui ont eu pour théâtre ce paradis terrestre est à la mesure de l'attrait des Tahitiennes. Quand le seuil de tolérance se trouvait dépassé, le Haussaire (le haut-commissaire) ordonnait le rapatriement à bord du DC8 de l'armée de l'air qui assurait la liaison hebdomadaire Villacoublay-Tahiti, liaison bien vite rebaptisée « Sex Air Lines ».

J'ai arpenté ainsi la nuit tahitienne, me familiarisant avec l'érotisme bon enfant que cette île sans tabous était parvenue à préserver. Je n'aurai pas l'hypocrisie de prétendre que ces périples étaient commandés par les besoins de l'enquête, mais presque. Un quidam trop ivre dans un bar qui parle plus que de raison, une fille à la langue bien pendue, un voyou qui veut se refaire une virginité, c'est la réalité de toutes les nuits de tous les pays du monde. L'avantage avec Tahiti, c'est que, malgré les apparences, on était encore en France.

Cette enquête de terrain très « ciblée » n'était pourtant pas incongrue. Tahiti était bien le pays de l'amour, mais ce que nous allions découvrir avec l'arrestation des meurtriers n'était qu'un avatar sordide de ce sentiment. Cinq jours après le coup de fil des ravisseurs à la famille de Bréaud, grâce à la localisation de la cabine téléphonique d'où provenait l'appel et surtout grâce au témoignage capital d'une personne intriguée par les allées et venues d'un trio relativement connu du voisinage, la villa des suspects est localisée par les gendarmes. Trente heures de garde à vue et une perquisition en règle de leur résidence leur permettent de confondre David Chellé, Yves Le Goff et Claude Le Goff, sa diabolique et très belle épouse et maîtresse des deux hommes.

L'apparente respectabilité de ce trio de commerçants, dont on découvrit néanmoins qu'il n'avait cessé de multiplier les dettes et les escroqueries, cachait en fait une jungle de perversités et de compromissions. Ces gens-là étaient connus du Tout-Tahiti pour organiser des partouzes endiablées où tout ce qui comptait à Papeete se rendait régulièrement. Ces amitiés particulières étaient sans doute à l'origine des facilités et des prêts bancaires dont avaient bénéficié le couple Le Goff et Chellé, des métropolitains installés à Tahiti pour monter des affaires commerciales précaires que leur casier judiciaire éloquent aurait dû interdire. En tout état de cause, la nouvelle de leur arrestation ne devait pas laisser insensible la gentry locale qui redécouvrait soudain les vertus de la fidélité.

Notre succès dans l'affaire de Corfou était encore présent dans beaucoup d'esprits et en particulier à l'ombre des cases du Club Méditerranée dont un des fleurons se situe à Moorea. Le chef de village se fit un devoir de recevoir dignement les représentants de l'OCRB.

« Messieurs, vous êtes ici chez vous. Vous pouvez demander ce que vous voulez. »

En fait, c'est plutôt le sympathique directeur qui a formulé l'exigence la plus marquante.

« Écoutez, j'ai un service à vous demander. Restez encore ce soir. Cela fait trois jours qu'il pleut et j'ai un contingent d'Australiennes sur les bras. Elles sont seules, elles tournent en rond sur la plage, elles sont en train de devenir folles. Je vous en prie restez ! »

Ce genre de proposition ne se refuse généralement pas, et la tentation était grande de passer de l'imperméable au paréo, mais Maurice Bouvier, le directeur central, nous attendait à Paris. Entre lui et les Australiennes du Club, nous n'avons pas hésité une seconde. Nous sommes rentrés.

Ces trois missions, dont on constatera qu'elles ne sont pas d'une difficulté policière extrême, ont eu néanmoins le mérite de me faire découvrir d'autres contrées en m'apportant une ouverture à la fois personnelle et professionnelle intéressante. Elles furent également une soupape salutaire à une époque où j'avais rayé le mot « vacances » de mon vocabulaire...

10. Croquis de mémoire

« Il n'est de richesses que d'hommes. »

Jean Bodin

L'OCRB a été une tranche de vie d'une intensité et d'une densité incomparables. Au cours de ces années, j'ai eu la chance de croiser des gens dont la personnalité ou le destin m'ont profondément marqué. Pour des raisons aussi diverses que contradictoires, pour le pire et le meilleur, qu'ils fussent connus ou non. Les juges Renaud et Michel, Claude Hanoteau, Honoré Gévaudan, Patrick Henry, Gaston Rucquois, le gros Sam ont gravé ma mémoire de façon indélébile. Et que dire de tous les autres personnages qui ont émaillé ma vie de policier? Grâce aux circonstances – ou à cause d'elles – qui devaient nous lier d'une manière quelconque, certains d'entre eux m'ont inspiré ces croquis de mémoire.

Aimé-Blanc

C'était un personnage riche, complexe, plissé de nuances. Un vrai héros de roman – noir bien sûr – qui frappait l'observateur dès le premier abord. Une séduction, un charme indéniable malgré une écorce plutôt banale enveloppaient son regard très bleu d'un mystère abyssal. Sous des allures de dilettante, c'était un poisson pilote en mouvement perpétuel.

Lucien Aimé-Blanc, le successeur de Le Bruchec à la tête de l'OCRB, était arrivé précédé d'une solide réputation qu'il devait à la manière efficace et musclée dont il avait dirigé l'antenne des Stups à Marseille.

C'était un Marseillais de la Belle de Mai – la pépinière de voyous et de grands flics.

Le premier de ses talents était sans doute d'être un conteur hors pair. J'ai toujours admiré chez les êtres doués de parole ce prolongement aigu de l'esprit qu'est l'éloquence. Lucien avait une facilité d'élocution et une besace pleine de riches images dans laquelle il puisait abondamment pour raconter – ou inventer – des histoires ou des coups fumants à plier en quatre son auditoire.

Musicien, amateur de jazz, il avait fait ses premières armes en toquant la guitare dans un célèbre cabaret marseillais. Il aimait la nuit et sa faune et avait une prédilection pour la couleur noire. Les bas noirs, les résilles et les bottines, le Black Label, les piano-bars tamisés et les créatures qui les peuplent. Autre paradoxe, l'homme de secret était aussi un exhibitionniste qui cultivait sa propension à conter ses prises nocturnes, même quand celles-ci tournaient au vaudeville.

Intelligent, brillant même, Aimé-Blanc parvenait à joindre en permanence l'utile à l'agréable tant il tirait de son goût pour la nuit une part certaine de son efficacité. Il était toujours celui qui avait les premiers tuyaux sur les affaires les plus obscures. En fait, il connaissait tout : le Tout-Paris, celui des strass et des voyous (c'est parfois le même) ; les hommes, ceux du Milieu et les autres ; leurs ressorts et leurs faiblesses, avec une intuition diabolique pour mettre le doigt sur leurs failles. C'était un merveilleux manipulateur qui aimait jongler, tirer les ficelles, et parfois monter lui-même ces coups qui lui permettraient de confondre des truands. L'excellent *Max et les ferrailleurs,* avec Romy Schneider, Bernard Fresson et Michel Piccoli (dans le rôle du flic manipulateur) semble être inspiré de la personnalité d'Aimé-Blanc et des affaires qu'il a traitées à l'époque.

Beaucoup de jaloux auraient bien voulu que nos deux personnalités et nos méthodes de travail, *a priori* contradictoires, génèrent un clash. Pourtant pas un conflit, pas la moindre discussion ne nous ont opposés. Les compétences étaient réparties selon le mode de fonctionnement de chacun. À lui, ce que je baptisais « la dialectique de la nuit » : le renseignement, la pénétration du Milieu, la manipulation des indics. À moi, la « mise en musique » des notes fournies, l'organisation, la formation, le suivi des affaires et les actions violentes.

Parmi toutes les affaires au cours desquelles notre tandem s'est illustré, il m'en revient une, sans doute pas la plus glorieuse, mais celle dont nous avons le plus ri par la suite.

Un soir, alors que j'étais dans le bureau de Michel Guyot, directeur central de la PJ, pour de vagues questions administratives, nous recevons un message : « L'auteur d'un hold-up à Sarcelles a pris une automobiliste en otage et s'est fait conduire au domicile de celle-ci à Montmorency. »

Branle-bas de combat. Je prends Guyot dans ma voiture et on fonce. Sur place, c'est le bal de la police : tout le monde est là, la BRI, le sous-préfet, le maire, le commissaire du coin, le SRPJ de Versailles, le chef d'antenne de la PJ d'Argenteuil. Il ne manque plus que le ministre de l'Intérieur.

De la villa cernée de bosquets où il s'est retranché avec son otage, le malfaiteur menace :

« J'ai une ceinture de plastic autour de ma taille, il y en a une autre autour de celle de l'otage. Si vous venez, je fais tout sauter ! »

Nous commençons à négocier. Le cérémonial habituel traîne en longueur. Je suis quant à moi très dubitatif au sujet des arguments avancés par le preneur d'otage. Et si son plastic était bidon... ? Je confie mes doutes à Aimé-Blanc qui entre-temps nous a rejoints :

« Si ça se trouve, ils sont complices. Je suis sûr qu'il n'a rien autour de la taille. Moi, j'en ai mare ! Ce soir j'ai un dîner, je n'ai pas envie de le louper, on va aller lui parler, au plasticien !

– OK, mais il faudrait être sûr qu'il n'a rien quand même...

– La seule façon de le savoir, c'est d'y aller. »

Sous le regard incrédule de nos pairs, nous nous engageons dans l'allée et entamons une marche prudente mais décidée jusqu'à la maison. J'interpelle les volets clos :

« Allez, rends-toi, fais pas le con ! »

À ce moment-là, un volet grince. Le canon d'une mitraillette est pointé sur nous.

« Si vous faites un pas de plus, je vous farcis de plomb ! »

Aimé-Blanc me regarde :

« C'est peut-être pas la peine d'insister, hein ?

– Je dirais même plus... »

Et notre duo de tourner promptement les talons à la manière d'une paire de Dupont-Dupond.

Broussard arrive un peu plus tard et se trouve saisi de l'affaire. Après quelques palabres sans résultat, le responsable de son Groupe d'intervention, l'inspecteur divisionnaire Roger Stella, à la tête de son équipe entre par une fenêtre et neutralise le bonhomme. Affaire terminée.

Pendant toutes ces années qui ont passé à la vitesse d'un TGV, Aimé-Blanc et moi avons formé le tandem le plus efficace qui soit – malgré Montmorency ! Une complémentarité qui, au fil du temps, s'est muée en une complicité qu'il m'arrive encore de regarder avec une pointe de nostalgie [1].

Alain Delon

Il est toujours très délicat de parler d'une célébrité. Alors que l'éloge est interprété comme une soumission à l'image au détriment d'un attachement à l'être, l'analyse critique peut être considérée, elle, comme une préciosité alimentée par la jalousie ou tout autre motif plus ou moins avouable. Cette ode à la prudence ne saurait me concerner et mes seuls amis, humbles ou puissants, sont ceux qui m'ont séduit par une personnalité exceptionnelle. Alain Delon fait partie de ceux-là.

Notre première rencontre remonte aux années 1975-1976, lorsque la guerre des casinos déchirait l'ensemble de la Côte d'Azur et que l'ouverture du

---

1. Lucien Aimé-Blanc deviendra, après Bellemin-Noël – et avant moi –, le patron de la 4e section. Il a, comme pas mal d'entre nous, assez mal vécu « la valse des patrons » de 1982 et plus encore sa nomination à la tête du SRPJ de Lille. Exil pour exil, il préférera la Guinée.

Rhul, un splendide établissement installé sur la Promenade des Anglais à Nice, commençait à susciter l'intérêt des services de police. Un jour, je reçois un « blanc » – ces fameuses notes confidentielles et anonymes – de l'antenne de PJ de Nice, informant l'OCRB que cette guerre est le fruit d'une tentative de Gaétan Zampa – le parrain qu'on ne présente plus – pour faire main basse sur l'industrie du jeu et qu'Alain Delon est très impliqué, puisqu'il aurait versé 5 millions de francs pour participer à l'administration du Rhul.

À l'époque, il était de notoriété publique que Delon entretenait certaines amitiés avec des gens du Milieu. Il ne s'en cachait d'ailleurs pas. Quelques bonnes âmes des médias n'avaient pas hésité à se demander si les rôles interprétés à l'écran par l'acteur n'étaient pas le prolongement de sa vie...

Le rapport expédié depuis l'antenne de la PJ niçoise n'était pas à prendre à la légère. Zampa et son « gang des Siciliens » étaient des gros poissons du Milieu, et Alain Delon, s'il était vraiment l'un des actionnaires du casino de Nice, ne pouvait l'ignorer. Je demande à un ami commun de me présenter Delon.

Je n'ai jamais agrafé aux murs de ma chambre ces photos de vedettes qu'on trouve chez toutes les générations d'adolescents. Mes deux seules passions, les femmes et les avions, m'ont permis de m'envoler souvent... et de me crasher parfois. Ce n'est pas à quarante ans que j'allais changer mon fusil d'épaule.

Pourtant, je dus bien admettre que la célèbre silhouette qui s'avançait vers moi possédait ce cadeau des dieux qui fait irradier les rares élus qui l'ont reçu. Ma surprise ne venait pas tant du fait que je me trouvais face à Alain Delon mais de constater son indéniable *présence,* c'est-à-dire son charisme d'homme en tant que tel. Il ne dégageait pas cette aura parce qu'il était connu, mais parce qu'il était lui-même.

Les présentations se réduisent à quelques mots et j'entre dans le vif du sujet en lui expliquant le contexte très sensible et les conséquences que pourrait avoir une quelconque implication de sa part dans cette histoire.

« Alors, voilà, monsieur Delon. Je n'irai pas par quatre chemins. Les informations que je reçois à votre sujet – elles sont extrêmement graves – sont, d'après mes informateurs, fausses. Mais je veux que, vous, vous me donniez votre parole qu'elles le sont. On vous dit un homme de parole. Alors je vous pose la question de confiance : avez-vous oui ou non effectué un versement de 5 millions de francs dans les caisses du Rhul ?

– Je vous donne ma parole que non. Je n'ai jamais mis un centime dans cette affaire et ne suis mêlé ni de près ni de loin à tout ceci. »

Sur la seule foi de ses propos, j'ai pris le risque de renvoyer l'antenne PJ de Nice à son manuel de police par une réponse assez sèche : « L'OCRB n'a pas besoin d'être alimenté de rumeurs. » Vraisemblablement, à un moment donné, la rumeur publique avait fini par intoxiquer la PJ locale qui, par la voix de son directeur Albert Mourey, présenterait plus tard ses excuses. Alain Delon avait effectivement participé à l'inauguration du Rhul de Nice, mais pour le reste on avait extrapolé sur la foi d'informations non vérifiées.

Cette affaire me donne l'occasion d'ouvrir une brève parenthèse sur ces fameux « blancs », ces notes non signées et non identifiables, diffusées en interne et censées alimenter la réflexion de la hiérarchie ou des autres services, que les usages commandent de détruire au bout d'un certain temps. Ils sont en réalité soigneusement conservés. Les blancs sont la mémoire cachée des services de répression contre le banditisme. Un blanc inexact est pire qu'une erreur, c'est une faute, car il peut envoyer les enquêteurs sur des pistes erronées et déboucher sur des désastres. Un ancien directeur central de la PJ était réputé pour posséder dans son coffre le plus grand nombre de blancs jamais rassemblés dans la Police nationale, blancs qu'il conservait précieusement, au cas où...

J'ai toujours été un peu choqué par l'établissement de ces notes et par l'usage qui pouvait en être fait. Certes, je ne me suis jamais posé la question de savoir si leurs détenteurs les avaient ou non utilisées pour un usage personnel, mais force m'est de constater l'exceptionnelle longévité de la carrière de ce directeur, longévité attribuée par beaucoup à l'existence de ces notes confidentielles, moyens potentiels de pression sur les politiques.

En apprenant le différend qui opposait Alain Delon à un journaliste se préparant à écrire une biographie non « autorisée », je ne pouvais m'empêcher de m'insurger contre la mode qui consiste à s'intéresser à la vie privée des hommes publics au prétexte fallacieux qu'ils appartiennent à tous.

Je suis, bien sûr, pour la liberté d'expression, mais chacun a droit à son jardin secret. Je veux donc simplement adresser un signe d'amitié à celui qui est aujourd'hui confronté à l'aigreur ou à la jalousie – ce sont les ressorts habituels – de ceux qui ne lui pardonnent pas son insolente destinée, ses bonnes fortunes, ses amitiés, ses amours et des prises de position souvent à contre-courant des idées en vogue.

Dès notre première rencontre, une sympathie réciproque s'est instaurée. Le Delon que j'ai connu n'a rien à voir avec la caricature qu'on en fait. Je n'ai jamais connu le personnage fat, le mégalomane brocardé à longueur d'année, pas plus que le caractériel, l'enfant gâté dont se plaignent parfois ses partenaires au cinéma ou les metteurs en scène. Avec moi, Delon n'a jamais joué d'autre rôle que celui de l'amitié. De lui, je garde l'image d'un seigneur un peu seul dans sa tour d'ivoire mais d'une profonde humanité. Je n'appartenais pas à l'univers du show-business, et sans doute appréciait-il mon refus des faux-semblants, ma vie au « premier degré » et surtout mon ignorance totale de toute flatterie.

Aujourd'hui, alors que nos chemins ont divergé, quand je le vois à la télévision ou que je lis ses interviews dans la presse, j'ai le sentiment que l'homme fougueux que j'ai côtoyé semble las de n'avoir plus rien à prouver à personne. Au bout d'un certain temps, les défis ne sont plus que des formalités qu'on répugne à remplir.

Pour moi, Delon n'est pas ce samouraï monolithique et abstrait qui évoluait dans l'univers figé de Melville. S'il est un rôle qui lui ressemble comme un frère, alors c'est sûrement celui de cet aventurier qui donnait la réplique au grand Lino Ventura dans le film du même nom. Panache et sens de l'amitié : ce rôle, c'est lui.

Le juge Michel

Ma première rencontre avec le juge Michel ne laissait pas augurer l'amitié qui devait nous lier ultérieurement.

Cette année-là, la Corse et Marseille sont secoués par une affaire de proxénétisme dans laquelle est impliqué le prestigieux 2e régiment étranger de parachutistes (2e REP) basé à Calvi et son « Pouf », la bien-nommée organisation « sociale » dont la vocation première est de fournir des prostituées aux légionnaires. Sans plus se soucier des mœurs et des traditions de la Légion étrangère, le juge Michel décide d'inculper le colonel Érulin, le héros de Kolwezi, pour... proxénétisme.

Cette décision m'avait profondément choqué et je n'avais pas pris de gants pour le faire savoir à ce « petit » juge lors d'une prise de bec au bar de l'OCRB.

« Comment pouvez-vous inculper pour proxénétisme un homme comme le colonel Érulin ? Vous ne faites plus la différence entre les héros et les voyous, maintenant ?

– Je me contente d'appliquer la loi ! Moi, quand je retrouve l'argent des putains dans les caisses de la Légion, j'en tire les conclusions que la Légion mange du pain de fesse.

– Mais c'est de l'hypocrisie : Vous ne pouvez pas ignorer la spécificité de la Légion ! »

Pendant de longues minutes incandescentes, nous avons confronté nos points de vue. Le mien était passionnel. On ne touche pas à la Légion. Le sien reposait sur la stricte interprétation de la loi. *Dura lex* pour tout le monde.

Comment sommes-nous devenus amis ? Le plus naturellement du monde. Michel n'était pas très éloigné du juge Renaud dans la conception de sa profession. Pour être crédible, il fallait « aller au charbon ». Il a fait plusieurs stages à l'OCRB, notamment à l'époque de l'affaire du hold-up de Saint-Denis. Michel avait été extrêmement impressionné par la violence de l'opération ; par la violence des truands qui avaient tiré les premiers, et par la nôtre qui avions riposté. À notre contact, il avait pris conscience de l'implication à la fois physique et psychologique que supposait notre métier. Je pense que ces stages ont été déterminants dans sa manière de conduire les affaires dont il a eu la charge.

Le « petit » juge véhément est vite devenu un grand magistrat au courage incontestable. Dans le domaine des Stups qui n'avaient plus aucun secret pour lui, Michel avait mis un point d'honneur à démanteler les filières de la French Connection. Pour ce faire, il n'hésitait pas à employer les méthodes chères à Renaud : il s'attaquait de front aux individus et à leur famille, et utilisait de manière récurrente la détention préventive. Tout cela assorti d'une certaine façon de procéder, injurieuse à l'égard des voyous et parfois de leurs avocats, qui peu à peu engendra une tension extrême entre lui et ses adversaires.

Le grain de sable de trop dans la « chnouf » lui a été fatal. Michel a été assassiné. Heureusement pour la justice, ses meurtriers avaient pris moins de précautions que ceux de Renaud et ils ont pu être identifiés, retrouvés et interpellés à la suite d'une longue enquête.

Comme Renaud, le juge Michel a été l'honneur de sa profession.

Nadine Vaujour

En 1985, je passais mon brevet de pilote d'hélicoptère près de Pontoise. Un jour, mon moniteur, Patrick Busquet, me demande : « Est-ce que cela te dérange si une élève monte en place arrière ? »

Non, cela me dérangeait d'autant moins que c'est l'usage, lorsqu'une place est libre, qu'un élève pilote vienne en observateur sur le siège arrière.

Une jeune femme plutôt chétive et timide rejoint notre tandem au pied de l'hélico. « Je te présente le commissaire Pellegrini », lui dit Busquet. Je me souviens du soupçon de crispation qui ferma un peu plus le visage de cette condisciple que je ne reverrais plus. Et pour cause.

Il s'agissait de Nadine Vaujour, la femme d'un complice de Mesrine surnommé « porte-avion » en raison de l'arsenal qu'il portait en permanence sur lui ; Nadine Vaujour qui, quelque temps après, ferait évader son homme en posant son hélicoptère de location sur le toit de la Santé.

De toutes les compagnes de voyous que j'ai connues, Nadine Vaujour est sans doute la seule pour laquelle j'ai ressenti une certaine admiration. Pour être moi-même pilote, je sais que son geste technique relevait de l'exploit. Je sais toute l'assiduité et la patience qu'il lui a fallu pour franchir les obstacles et pour passer inaperçue. Mais surtout, cette femme avait repoussé les limites de l'amour en prenant des risques considérables pour son homme. Cela ne manquait pas d'une certaine noblesse, une vertu plutôt rare – y compris chez les honnêtes gens.

Mesrine

Jacques Mesrine a fait couler beaucoup de sang. Beaucoup d'encre aussi. Trop sans doute. Sa « carrière », ses coups d'éclat, bref ses crimes ont alimenté la presse et l'édition jusqu'à l'indigestion, et ce n'est pas sans quelque réticence que je me vois à mon tour presque contraint d'évoquer l'ennemi public numéro un de jadis. Sans doute parce qu'il a lui aussi, pour le pire cette fois, marqué ma carrière.

Chacun braque son projecteur comme il l'entend sur un sujet, un homme ou un fait d'actualité. Chacun est libre de se forger sa propre idée de ce que doit être un héros. Pour moi, Mesrine n'était qu'un voyou doublé d'un salopard. Je ne l'ai jamais considéré autrement et, contrairement à certains qui trouvaient du dernier chic de l'arrêter en buvant du champagne ou en l'appelant, avec une pointe de déférence, « Le Grand », je n'ai jamais, à aucun moment de ma vie, ressenti le moindre respect pour cet homme qui n'avait même pas l'excuse d'être un enfant de la zone, une victime de la société ou du destin. Mesrine était un fils de petit-bourgeois, il n'avait jamais souffert d'aucun manque. La paresse, la lâcheté, le narcissisme et le goût de l'argent facile l'avaient transformé en icône. C'est assez symptomatique de l'époque...

Mon jugement sévère n'est pas celui du policier longtemps mis en échec grâce aux complicités dont Mesrine a usé et abusé, grâce aussi au manque de coordination entre les divers services de police, mais celui d'un citoyen de base.

Vingt ans après sa mort, je m'étonne encore que Mesrine, qui a écrit sa vie en lettres de sang, ait bénéficié de l'indulgence, et même de la sympathie, d'un si grand nombre de mes concitoyens.

Mesrine n'était pas un Mandrin moderne, un Arsène Lupin un peu *hard*. Il n'avait rien du bandit au grand cœur, défenseur des opprimés par une justice aveugle, rôle qu'il jouait pourtant avec beaucoup de complaisance. Il avait tué de sang-froid d'une balle dans la nuque deux gardes-frontières canadiens, attaqué des banques, pris en otage des vieilles gens, malmené des êtres sans défense et torturé un journaliste. Mais, au sein de quelques rédactions, Mesrine comptait des amis, dont un en particulier devenu presque son confident.

Je pourrais sans trop de difficultés faire le procès des intellectuels en chaise longue qui relayaient la « bonne parole » de Mesrine (lutte contre les quartiers de haute sécurité, etc.) en justifiant presque ses actes. Je pourrais aussi m'indigner de l'attitude de l'homme de la rue, qui, souvent, s'amusait de voir ce Guignol sanglant narguer le grotesque gendarme. Bref, je pourrais reprendre à mon compte ces vieux discours un peu vains qu'on lit parfois dans la presse de droite, mais à quoi bon ?

Mesrine fascinait par sa capacité à défier les systèmes établis. Il fascinait sur le plan technique car il était le meilleur dans sa catégorie. Il était imaginatif et hardi dans l'exécution de ses forfaits. L'anarchie de la police lui était également très favorable. Opérant dans toute la France, il savait jouer habilement des saisines diverses de plusieurs juges d'instruction qui veillaient jalousement sur leur pré carré. L'absence d'organisme centralisateur rendait tout cela extrêmement compliqué. Le SRPJ d'Angers, ceux de Rennes ou de Rouen avaient tous « leur » commission rogatoire et chacun gardait ses tuyaux livrant – bon prince – les renseignements foireux aux collègues.

Donc Mesrine était insaisissable parce qu'il était incontestablement habile et fort, mais aussi parce que le système judiciaire français l'aidait grandement à échapper à des recherches coordonnées.

En un an et demi, après l'attaque rocambolesque du casino de Deauville le 27 mai 1978, l'un de ses derniers exploits, la tentative d'enlèvement du président Petit et le rapt d'Henri Lelièvre, le « milliardaire de la Sarthe », transforment la légende Mesrine en mythe et les policiers en dindons de la farce. La hiérarchie s'émeut, les politiques aussi. Une scène particulièrement édifiante a lieu en Conseil des ministres lorsque le président Giscard d'Estaing, s'adressant au ministre de l'Intérieur Christian Bonnet, lui dit : « Monsieur le ministre de l'Intérieur, à part l'affaire Mesrine dont vous ne parlerez pas, qu'y a-t-il de neuf dans votre département ? » Une manière de tourner en dérision le ministre de tutelle de toutes les polices de France incapables de mettre la main sur l'ennemi public numéro un. La rumeur veut que, à la suite de cet affront public, Bonnet, furieux, ait convoqué Maurice Bouvier, le directeur central de la police judiciaire, pour qu'une solution soit enfin trouvée pour mettre un terme à la cavale de Jacques Mesrine.

Maurice Bouvier est nommé coordinateur de l'opération interpolices et obtient même d'avoir la gendarmerie sous ses ordres. Pour la première fois – et la dernière – les frères ennemis de la police allaient traquer, main dans la main, le truand qui, jusqu'à présent, avait su jouer de leurs divisions. Au 127 de la rue du Faubourg-Saint-Honoré, chez nous donc, les postes sont enfin branchés sur la même longueur d'onde. À l'intérieur des véhicules, l'impensable association d'un PP (préfecture de Police) et d'un SN (Sûreté nationale) est bien réelle. Au sommet, les chefs font en sorte de donner l'exemple en s'efforçant d'aplanir les rancœurs passées.

Deux méthodes se sont affrontées durant cette trêve. D'une part celle de Bouvier qui, ratissant large, lançait des appels au peuple, lequel lui répondait bien volontiers en expédiant à l'adresse indiquée des centaines de lettres de délation. (J'ai déjà évoqué la propension du Français à dénoncer son voisin mais, dans cette affaire, j'ai le sentiment que mes concitoyens se sont surpassés ; combien de haines recuites sous forme d'accusations mensongères nous sont parvenues...) D'autre part, la méthode d'Aimé-Blanc, toute de manipulation et de pénétration. Je crois que c'est l'affaire dans laquelle je l'ai le plus apprécié.

Aimé-Blanc comptait parmi ses relations un certain

Jacques Tillier, un ancien des commandos de marine puis de la DST, reconverti dans le journalisme. Il travaillait à *Minute,* l'hebdomadaire de la droite extrême qui, à l'instar du journal communiste *L'Humanité* ou de Jacques Derogy au *Point,* ne ménageait pas Jacques Mesrine et son prétendu « combat politique ». Tillier avait le contact avec un dénommé Christian Kopf, un second couteau proche de Mesrine. Ce dernier était une valeur sûre que s'arrachait la presse : *Libération* ouvrait volontiers ses colonnes au « héros » du jour tandis que *Paris-Match* exhibera plus tard en couverture un Mesrine un peu empâté mais armé jusqu'aux dents – un kalachnikov à la main, un pistolet et deux grenades à la ceinture. Tillier voulait le scoop, c'est-à-dire une interview exclusive ; Aimé-Blanc, lui, voulait Mesrine. De cet intérêt commun naquit une collaboration éphémère qui devait s'achever tragiquement.

En effet, pour seul scoop, Jacques Tillier récoltera trois balles dans la peau. Tillier lui-même a longuement raconté son calvaire dans un livre, cette scène de torture dans une grotte de la forêt d'Halatte où Mesrine et son complice Charles Bauer l'entraînèrent afin de le « corriger [1] ». Broussard conte également à sa manière – c'est-à-dire en ponctuant sa prose de piques à l'endroit de l'OCRB – cet épisode malheureux [2].

Dans deux lettres adressées à Jean Boizeau, le directeur de *Minute,* Mesrine expliquait son geste en ces termes :

« [...] Votre Tillier ne m'a pas trouvé. Je l'ai convoqué pour lui donner une leçon violente qu'il a reçue. Jacques Tillier, le double jeu... Il en a payé le prix. Il n'est pas mort parce que je n'ai pas voulu sa mort. Mais je suis allé à la limite de la violence. Une balle dans la

1. Jacques Tillier, *En première ligne*, Grancher, 1980.
2. R. Broussard, *Mémoires, op. cit.*

gueule pour les mauvaises paroles, une dans le bras droit à hauteur de l'épaule, une dans la clavicule en souvenir des écrits calomniateurs. Quant au coup de grâce, j'ai préféré le lui faire au flash ; belle photo d'un corbeau à terre. »

Le propos se passe, je crois, de tout commentaire. Mesrine, le « Robin des Bois des temps modernes » qu'ont cru percevoir quelques candides professionnels, était une crapule de la pire espèce. Il n'avait aucun scrupule et n'avait qu'un mérite : il annonçait la couleur. À Jacques Derogy qui le malmenait quelque peu dans *Le Point,* Mesrine avait adressé cette menace : « Rappelez-vous qu'un stylo n'a jamais servi de gilet pare-balles. » Tillier aurait dû s'en souvenir.

Tillier aurait été journaliste à *L'Humanité,* à *Rouge,* à *Libération,* au *Figaro,* au *Monde* ou au *Chasseur Français,* ma réaction serait la même. On ne saurait en dire autant de celle de certains de ses « chers confrères » qui n'hésitèrent pas à rendre publics leurs doutes quant à la volonté réelle de Mesrine de tuer Tillier. Trois balles dans le corps, une sévère correction, des humiliations ne suffisaient pas aux dubitatifs confortablement calés dans leur fauteuil le stylo à la main. L'affaire ne soulèvera pas le tollé d'indignation qui, d'ordinaire, accompagne toute obstruction faite aux porteurs de la liberté d'expression. Pis encore, le *Matin de Paris,* sous de pompeux prétextes déontologiques, osait même publier les photos de l'homme martyrisé, prises et adressées par Mesrine en personne, alors que tous les autres journaux s'étaient quand même interdit une telle ignominie. Mesrine évoluait bien dans un contexte nauséabond.

Le stage en enfer de Tillier n'aura pas été complètement vain. Il en revient porteur de deux indices déterminants dont il fait part à Aimé-Blanc : la voiture de

Mesrine, celle dans laquelle il est monté pour l'interview, n'est pas une Renault 5 comme le signalent les journaux, mais une Renault 14. Surtout, il a le signalement du comparse : cheveux longs, moustache tombante, mauvaises dents et accent marseillais. Nous recherchons les codétenus de Mesrine qui peuvent correspondre à ce signalement et soumettons à Tillier la galerie de portraits.

« Ça y est, c'est lui !

– Celui-là ?

– Non, l'autre, là... Le chevelu à moustache. »

Gagné ! C'est Charles Bauer, dit « Charly ».

Bauer était un multirécidiviste, leader de mutineries de prisonniers en 1975, abonné chronique à la prison et à l'évasion, et trafiquant de drogue patenté. Il avait faussé compagnie à l'administration pénitentiaire au cours d'une permission de sortie et nous n'avions pas la moindre idée de l'endroit où il pouvait se trouver. En revanche, nous avions le nom de sa maîtresse, Renée G., une ex-institutrice visiteuse de prison.

Dès lors, tout va très vite : dans la boîte aux lettres de l'ancienne adresse de Renée Gindrat à Caen, nous retrouvons, parmi les tonnes de prospectus et de factures impayées, un courrier de la MAIF, la mutuelle d'assurance des instituteurs. On interroge les assurances et nous découvrons que la dame assure deux voitures : une Ford Transit et une... Renault 14.

« On brûle, les gars ! Maintenant, il nous faut l'adresse des tourtereaux.

Ce n'est qu'après avoir exploité l'idée d'un de nos inspecteurs que nous retrouvons la trace de Bauer. Le numéro d'immatriculation de la voiture est mémorisé dans l'ordinateur central des contraventions de la préfecture de Police et, effectivement, nous apprenons que la Renault 14 a été verbalisée plusieurs fois dans le quartier de la gare Saint-Lazare.

Mercredi 31 octobre. Les grandes manœuvres commencent. Une centaine d'inspecteurs, toutes brigades confondues, sont placés dans le périmètre Trinité, Saint-Lazare, place de Clichy. Un soir, vers la fin du mois de novembre, un de nos hommes reconnaît la voiture et, à son bord, Bauer. La suite est un jeu d'enfant qui consiste à filer Charly jusqu'à son domicile, situé rue Saint-Lazare, dans cet immeuble décrépit où les cinémas pornos ont été remplacés aujourd'hui par une nouvelle FNAC.

Nous avons l'immeuble mais pas l'appartement. Nous plaçons donc sur écoutes tous les domiciles de l'immeuble en question. Dès le lendemain nous en éliminons les neuf dixièmes pour nous concentrer sur les deux ou trois lignes qui nous paraissent « porteuses ». vingt-quatre heures sur vingt-quatre, le casque en permanence sur les oreilles, les inspecteurs qui connaissent le mieux Mesrine, et surtout sa voix, écoutent les conversations. Un soir, Bauer reçoit un appel : « Alors, monsieur le directeur, on se fait une java ce soir ? » Mesrine ! Nous tenons enfin dans le creux de notre main le truand le plus recherché depuis Émile Buisson.

Nous mettons un dispositif de surveillance renforcée au domicile de la rue Saint-Lazare et nous attendons. Que Bauer sorte de chez lui pour rejoindre Mesrine ou, plus improbable que Mesrine vienne lui rendre visite. Le soir même, Bauer et sa maîtresse sortent, prennent leur voiture et nous mènent rue Belliard, où ils se garent et entrent, l'un après l'autre, dans un immeuble. Nous ne le savions pas encore mais nous venions de découvrir le logement de Mesrine et de sa compagne, que nous n'avions pas encore identifiée comme étant Sylvie Jeanjacquot. Ces derniers jours de planque et de filature sont particulièrement intenses. Mesrine et Bauer, accompagnés de leurs maîtresses respectives, sont ressortis de l'immeuble du 35-37 de la rue Belliard. Nous les avons suivis « à la culotte », ne les lâchant plus d'une semelle. Les deux couples ont fait des emplettes, sont entrés chez Roche et Bobois boulevard Barbès, ont remonté la rue Picpus.

Mesrine, Bauer et leurs femmes semblent en permanence sur leurs gardes. Mesrine plus particulièrement, comme si son fameux instinct de mort [1] était bien autre chose qu'une simple vue de l'esprit, paraît renifler le danger. Le moindre geste suspect de la part de l'un des nôtres et c'est l'hécatombe. Quand Mesrine et Sylvie entrent dans un magasin de chaussures, Bauer reste à l'extérieur, « en protection », à contempler la vitrine. Dans la rue, ils marchent en retrait l'un de l'autre. Plus tard, Sylvie Jeanjacquot révélera avoir pressenti le drame qui allait se jouer deux jours après [2]. Mesrine aussi, qui enregistrait son testament sur une cassette.

Nous ne l'interpellerons pas ce jour-là. La rue est le dernier endroit où l'on peut appréhender un homme constamment aux aguets, armé et muni de grenades, protégé par un autre également armé. Quand Mesrine s'appuie contre le fourgon de commandement totalement anonyme où je me trouve en compagnie de Broussard, le moment est intense mais mal choisi pour se manifester. Si Mesrine remarque que le fourgon bouge seulement d'un millimètre, il canardera à travers la tôle sans le moindre état d'âme. L'homme est en cavale depuis si longtemps, ses antennes sont aussi affûtées que celles d'un satellite.

Décision est prise de lever le camp. La fébrilité des

1. *L'Instinct de mort*, titre du livre qu'il publiait chez Jean-Claude Lattès en 1977.

2. Sylvie Jeanjacquot, *L'Instinct de vie*, Presses de la Cité, 1988.

deux voyous est trop tangible. Le dispositif est allégé maintenant que nous avons logé les « tombées » des deux hommes.

Aimé-Blanc et Broussard sont convoqués à la Direction centrale. En haut lieu où l'on suit l'affaire de très près, les esprits s'échauffent. Le ministre de l'Intérieur, pressé par l'Élysée de régler l'affaire Mesrine au plus vite, maintient une lourde pression sur Bouvier qui n'a lui-même d'autre choix que de nous faire part de ces vœux pressants. « Il faut en finir », confie-t-il aux deux policiers en présence d'une cohorte de « conseillers » plus ou moins compétents. Le « Il faut en finir », objet d'une fuite de la part d'un des participants, fera grand bruit...

La nouvelle a parcouru nos rangs comme une traînée de poudre. Pas les injonctions des politiques, qui ne pèsent pas bien lourd dans notre conscience, mais l'adresse de Mesrine. C'est le début de la fin pour lui. Tout le monde veut en être. Une armée de commissaires et d'inspecteurs rêve d'endosser le gilet pare-balles de l'ultime campagne.

Jeudi 1er novembre, jour des Morts. Mesrine a fait la fête toute la nuit avec Bauer dans une boîte de Pigalle. Il rentre vers les 3 heures du matin sous les yeux des inspecteurs en planque devant chez lui. « Planque », le mot est faible pour décrire la mission de deux d'entre eux au moins, des hommes de la BRI, l'un déguisé en clochard, l'autre cassé en deux dans la malle d'un triporteur. Peut-être ce jour-là aurions-nous pu l'arrêter sans problèmes, mais nous ne voulions prendre aucun risque.

La journée et la nuit se passent sans incident. Les mailles de nos filets ne laissent pas échapper le moindre fait ou geste de la part du tandem Bauer-Mesrine, ils restent calfeutrés chez eux. Nous en profitons pour élaborer le plan à venir. Grâce à nos renseignements et aux écoutes, nous savions que Mesrine possédait un appartement dans une luxueuse résidence à Marly-le-Roi, qu'il aménageait peu à peu. La visite chez le marchand de meubles la veille permettait de penser qu'il pouvait très bien se rendre à cette adresse pour le week-end et un dispositif avait été mis en place à Marly. De toute manière, la décision était prise : nous devions interpeller Mesrine aujourd'hui.

Je fais équipe avec Georges « Jojo » Querry, futur patron du service de sécurité de la Coupe du monde de football. C'est le chef adjoint de la BRI. Dans notre vénérable GS Citroën, nous écoutons de la musique classique. Nos « sonnettes » en planque rue Belliard avertissent tout le dispositif. Il est 15 heures, Mesrine et Jeanjacquot – et leur petit chien – montent dans une BMW chargés de bagages. Ça sent le week-end à la campagne. Sur le réseau, les inspecteurs qui nous décrivent la scène sont nerveux. Même cerné, Mesrine impressionne encore. Il ne quitte jamais cette sacoche ou ce sac qui renferment son arsenal. Mesrine est sur le qui-vive vingt-quatre heures sur vingt-quatre. La BMW sort de la rue Belliard. Tout le dispositif s'ébranle en douceur. L'OCRB et la BRI, répartis dans une quinzaine de véhicules, ne quittent plus la BMW des yeux. Ceux qui la suivent tournent au premier carrefour d'où une autre voiture surgira pour la filer à son tour, etc. C'est l'enfance de l'art, le b.a.ba du parfait « filocheur ».

Tout nous laisse penser que Mesrine et sa compagne se dirigent vers la porte de Clignancourt pour prendre le périphérique en direction de Marly. Un camion bâché dans lequel se trouve le matériel d'intervention et cinq inspecteurs dont le rôle sera, en cas d'interpellation, de protéger leurs camarades au sol, se dirige vers la porte de Clignancourt. La suite se fractionne en plans-séquences extrêmement brefs : par les hasards de la vie et de la circulation – à Paris, ils sont indissociables –, le camion se retrouve porte de Clignancourt, juste devant la voiture de Mesrine. Le trafic est paralysé. On roule au pas. À ce moment-là, je suis tout près de la BMW quand je vois la bâche du camion se lever comme un rideau de théâtre, laissant surgir quatre fusils menaçants :

« Police ! On ne bouge plus ! » hurle l'un des inspecteurs à l'adresse de Mesrine.

Panique sur son visage. Il ouvre la portière, se baisse pour attraper quelque chose mais la quadruple rafale interrompt son geste. Le pare-brise a éclaté sous l'impact des balles. Mesrine est mort. Nous nous précipitons vers la voiture. À ses pieds, la fameuse sacoche à l'intérieur de laquelle nous trouvons trois grenades dont l'une prête à l'emploi. Sylvie Jeanjacquot est touchée. Elle hurle de douleur. Le petit chien aussi est blessé.

Me croira-t-on si je dis ici que je n'ai pas aimé ces moments de disgrâce. Ce n'est pas la mort de Mesrine qui me chagrinait. Il avait souvent prévenu les policiers que ce serait à celui qui tirerait le premier. L'homme était un fou dangereux dont j'ai dit qu'il ne m'avait jamais inspiré le moindre respect. La grenade retrouvée dans la sacoche était une preuve supplémentaire de sa détermination meurtrière. Non. Ce que je n'ai pas aimé, ce fut le voyeurisme de la foule, l'avidité des photographes et l'autosatisfaction par trop évidente de certains. Cela avait quelque chose de déplacé, ou plutôt d'anachronique. Le bourreau brandissant la tête de sa victime sous les acclamations des gueux et des bourgeois en place de Grève, très peu pour moi.

Querry, moi-même et une équipe d'inspecteurs des

deux services, partons presque sur-le-champ. Il nous reste Charles Bauer à interpeller. Nous prenons avec nous le chien de Sylvie Jeanjacquot, que nous déposons dans une pharmacie sur notre trajet en direction du 101, rue Saint-Lazare, le domicile de Bauer toujours sous surveillance. Dans son autobiographie, le complice de Mesrine raconte qu'il était en train de faire des courses au Printemps lorsque les hauts-parleurs du magasin ont interrompu leur musique pour diffuser la nouvelle [1]. « Hébété », dira-t-il pour décrire son état d'esprit à ce moment très précis. Je le crois volontiers.

Nous avons attendu son retour pour l'interpeller « à l'avalanche », c'est-à-dire pour lui sauter à dix dessus sans qu'il ait le temps de sortir son arme. Nous montons dans son appartement. Derrière la porte, alors que nous sommes sur le palier, un chien aboie. Je hurle à l'équipe :

« Tirez à travers la porte et descendez ce chien !

– Non, non, non, ne tirez pas ! Il ne va rien se passer ! C'est mon chien, il est très doux... »

Je mets mon arme sur la tempe de Bauer :

« Si jamais ton clébard nous attaque, c'est toi que je descends en premier ! »

Bien évidemment, il s'agissait d'un bluff mais cela n'a pas empêché Bauer d'en faire état chaque fois que l'occasion lui en fut donnée, en particulier lors de la promotion de son livre.

Nous entrons pour perquisitionner. Sans manières, bien sûr.

« Vous perdez votre temps, ici il n'y a rien », nous dit l'agneau égaré.

Rien ? En effet. Jusqu'à ce que nous soulevions le matelas d'un lit d'enfant sous lequel nous trouvons son arsenal.

---

1. Charles Bauer, *Fractures d'une vie*, Le Seuil, 1991.

L'affaire Mesrine est définitivement bouclée.

Les plus jeunes ne peuvent pas savoir à quelles attaques – une litote – la police a dû faire face de la part de gens dont on peut se demander s'ils auraient eu la même attitude si l'un des nôtres était tombé sous les balles de Mesrine. *Libération* titrera : « Police : l'instinct de mort » et, plus inattendu, l'un de nos pairs, Roger Borniche, confiera qu'un « policier ne doit pas être un justicier ». La majorité silencieuse le restera et le cinéma s'emparera très complaisamment du personnage et de l'affaire, brouillant un peu plus les esprits...

Le bon sens et l'honnêteté viendront – pour une fois – du côté de *L'Humanité,* l'organe du Parti communiste, qui résume tout :

« On a les héros qu'on mérite. *Libération* vient de perdre le sien et se lamente sur trois pages de la fin de Mesrine, truand d'envergure, tueur, ravisseur. Il pleure " la mort du héros ", cet homme qui " goûtait les frôlements avec l'obscénité suprême qu'est la mort ". La mort des autres, à coup sûr... Le rédacteur de *Libération,* tout fier d'avoir sabré le champagne avec l'ennemi public numéro un, s'attendrit sur ses souvenirs : " Avec sa parka et sa barbe, on aurait dit un délégué syndical. " L'arsenal que le tueur avait toujours sur lui, sa volonté affirmée de s'en servir disent assez de quel syndicat il pourrait s'agir. Celui du crime. La décence la plus élémentaire ne permet pas de glorifier le banditisme, l'instinct de mort. Encore faut-il avoir un sentiment de cette décence qui fait défaut à quelques journalistes de ce pays [1]. »

---

1. *L'Humanité,* 4 novembre 1979.

11. De l'inconvénient d'être nié

La cellule (1892-1983)

« Souviens-toi de te méfier. »
ÉPICHARME

Paris, le 10 mai 1981. Tandis que la Bastille brûle de mille feux de joie érigés à la gloire des lendemains qui chantent, le Panthéon s'ouvre devant le pas grave et solennel d'un curieux livreur de fleurs : François Mitterrand entre vivant au Panthéon comme l'écrira peu de temps après l'iconoclaste Hallier. Sur le parvis, massés autour de la place des Grands-Hommes, les têtes d'affiche de Mai 68, qui semblent avoir oublié le « devoir d'insolence » professé jadis, communient dans une même ferveur.

Autant le dire tout de suite, l'euphorie collective, qu'elle salue le triomphe de la gauche sur la droite ou vice versa, n'embrase pas précisément mes sens. Depuis longtemps, mon individualisme ombrageux auquel s'ajoute quelques constats amers à propos de la politique française m'interdisent de partager les enthousiasmes grégaires de mes compatriotes. Après les années Giscard au cours desquelles j'avais découvert un président accordéoniste allant serrer la main des taulards, la grandiloquence de cette cérémonie panthéonesque ne m'inspirait rien d'autre qu'un peu d'ironie tempérée par mon indulgence naturelle.

En tant que citoyen, l'arrivée de la gauche au pouvoir, si elle ne me laissait pas indifférent, ne m'inquiétait pas outre mesure. Nous étions quelques-uns à connaître le cursus des nouveaux dirigeants et cela nous dispensait de nourrir la moindre inquiétude quant à l'instauration éventuelle d'un futur régime kolkhozien.

En revanche, ce séisme politique ne devait pas manquer de susciter un certain nombre d'interrogations parmi les forces de sécurité responsables, justement, de la sécurité du pays. Ni la police, malgré quelques éléments et pas les moins brillants, ni l'armée, ni la magistrature, malgré l'émergence du syndicat du même nom, n'étaient vraiment de gauche, et la présence de ministres communistes au pouvoir tracassait légitimement les hauts fonctionnaires chargés de l'ordre public, notamment ceux des services de renseignements, qui avaient tellement combattu, et combattaient encore, le bloc soviétique. Quant à moi, certains propos de Gaston Defferre en tant que ministre de l'Intérieur m'inspiraient quelque malaise. Où avait-il vu, comme il le confiait dans l'une de ses premières déclarations, que les forces de maintien de l'ordre tiraient sur les ouvriers ? Heureusement, Defferre changera assez promptement d'opinion, passant dans le registre inverse quand un jour, lors d'une distribution de fusils à pompe à des policiers, il n'hésitera pas à assurer ceux-ci de son appui total en cas d'ouverture du feu : « S'il faut tirer, je couvrirai les gens qui tireront ! »

L'OCRB dont j'étais devenu le patron n'avait pas, *a priori,* les faveurs du nouveau pouvoir. Les « cowboys », comme on nous désignait, avaient – à tort, je peux l'affirmer – la réputation d'un repaire de fachos et plus encore, aux yeux de l'intelligentsia, celle de mener une répression sans nuances – ce qui était également inexact.

La fin de Mesrine, en particulier, nous valait de solides inimitiés. Le fauve médiatique, le leader de la cause anti-QHS laissait derrière lui les orphelins de son combat, contribuant un peu plus à brouiller les esprits. L'amalgame « flic = facho » se portait encore assez bien et, pour la première fois, s'affichait parmi les nombreux reproches que certains acteurs du nouveau régime adressaient à ceux dont la mission était de protéger la société.

En février 1982, je suis nommé à la 5e section de la Direction centrale de la police judiciaire considérée partout comme le cimetière des opérationnels. Malgré quelques offices vivants dont celui de la répression des vols d'œuvres et d'objets d'art ou celui des vols de voitures, cette section traitait à elle seule 60 % des télex internationaux qui atterrissaient chaque jour à la Direction centrale dont l'une des charges consistait à dépêcher ses gens pour s'assurer que tel ou tel ressortissant étranger habitait bien à l'adresse indiquée. Passionnant ! Ma nature m'interdit les nostalgies stériles et douloureuses, mais cette affectation kafkaïenne me surprend à poser sur ma vie antérieure un regard comparatif d'où il ressort que, décidément non, je ne suis pas né pour être un rond-de-cuir. La chasse au voyou, le risque, la peur parfois, sont une ivresse à laquelle j'ai pris goût depuis trop longtemps et cette forme de sevrage ne me convient pas.

Au bout de quelques semaines passées à vouloir insuffler un nouveau moral à des troupes passablement démotivées et composées en grande partie d'administratifs, je me résigne sereinement à attendre une mutation rapide qui viendra m'extraire de cette situation. Malheureusement la fonction publique, entre autres inconvénients, a forgé sa réputation sur la lenteur. La pyramide des âges est ainsi faite que les fougueux et les impatients n'ont plus qu'à espérer qu'un charter rempli de supérieurs hiérarchiques explose en plein vol. Il importait peu à cet être froid et cynique – l'État – que je fusse ou non méritant, habile stratège ou fieffé courtisan ; son mode de fonctionnement me condamnait à une lente asphyxie.

Une lueur d'espoir se profile pourtant quelques mois plus tard avec le départ de Jacques Genthial de la 6e section pour le commandement de la Brigade criminelle. Je postule sur-le-champ. La 6e section, une section de documentation qui portait encore l'empreinte de Gilbert Thil, était sur le point de se doter d'un noyau opérationnel et je comptais bien la transformer en brigade de terrain, en véritable section antiterroriste. Je m'en ouvre donc à Pierre Richard, le directeur des Affaires criminelles, et pose ma candidature avant de partir en vacances pour la Corse. J'apprends à mon retour que, précisément en raison de ma corsitude, le poste a été confié à mon adjoint et ami Alain Tourre. Le dépit et le mois d'août, qu'il est inconcevable de passer à Paris, me poussent jusque sur la plage de Solenzara, chez moi où, au moins, on ne me reprochera pas mes origines.

Solenzara (Corse du Sud), août 1982. Chez Lina, le bistrot posé face à la mer turquoise, une langouste dans mon assiette me tend ses pinces comme une invitation au bonheur. Le vin rosé est à bonne température et le tube de l'été que crache la radio est un slow tout à fait audible. Le charme est rompu par un coup de fil de Paris. Christian Prouteau, le patron du GIGN, que je connais bien pour avoir effectué en sa compagnie plusieurs opérations et dont je savais qu'il avait été investi d'une mission d'audit sur la sécurité de l'Élysée, me dit alors : « Le président Mitterrand me propose de créer une unité spéciale chargée de le renseigner de façon précise sur les problèmes de terrorisme, d'aiguillonner les services traditionnels et, le cas échéant, de porter le fer chez l'ennemi. Moi, je ne me sens pas de taille à monter cette affaire tout seul. Si tu ne viens pas m'épauler, je n'y vais pas. »

Je connaissais la valeur de Prouteau. Nos « coups » respectifs avaient instauré entre nous un respect réciproque. Sa proposition, je l'avoue, flattait mon orgueil un peu mis à l'épreuve ces derniers mois. Elle demandait donc réflexion. Beaucoup d'arguments me retenaient. D'abord, je n'avais pas envie d'aller travailler directement sous les ordres d'un état-major élyséen. Ensuite, je pressentais que cette nouvelle unité, si elle voyait le jour, ne manquerait pas d'être confrontée d'entrée de jeu à l'hostilité des services traditionnels qui d'ordinaire se jalousent, et qui, vraisemblablement, rueraient dans les brancards à l'annonce d'une telle mesure. Enfin, il y avait le fait que Prouteau était commandant tandis que j'étais commissaire divisionnaire. Dans la parité hiérarchique police-gendarmerie, j'étais son supérieur. Bien sûr, sa nomination comme conseiller du Président était censée aplanir ces détails, mais j'appartenais à un corps, celui des commissaires de police, et, au-delà de ma personne, j'avais la responsabilité de faire respecter un certain nombre de principes.

Pour toutes ces raisons, je n'étais pas disposé à donner une réponse favorable. Un second coup de téléphone fut plus convaincant. Christian me garantissait que j'aurais les hommes que je voudrais et le matériel et les moyens de mes ambitions qui consistaient à pouvoir travailler à ma guise sur des objectifs précis. Ce programme engageant, auquel s'ajoutait la perspective de sept années à la 5e section et l'amertume d'avoir vu ma nomination à la 6e rejetée, me décide à accepter. Je donne donc mon accord de principe, sous réserve de venir à Paris discuter avec lui des modalités et du fonctionnement de cette cellule naissante.

Paris, août 1982. « Je veux six inspecteurs[1] avec moi, telles voitures, le matériel radio le plus performant, des armes... et surtout je ne veux pas que cette cellule ait une quelconque coloration politique, d'une part pour qu'on ne m'accuse pas d'aller à la " soupe socialiste ", et d'autre part parce que je ne veux pas que nous soyons une superbrigade du chef à la dévotion du président de la République. » Telles sont en substance les exigences que je formule auprès de Prouteau qui me rassure sur tout. Il m'assure, par ailleurs, que le président Mitterrand, dont il sait que je ne suis pas un partisan farouche, tient moins à une garde prétorienne qu'à une équipe « neutre » mais efficace. Ultime avantage de la formule proposée : j'ai l'entière liberté de m'en aller si le système ne me convient pas. De tels arguments viennent à bout de toutes les hésitations. J'accepte sans plus d'états d'âme ce *deal* qui m'offre l'opportunité de servir mon pays au plus haut niveau tout en restant indépendant des considérations politiques.

Les Irlandais de Vincennes

Chez moi, rue Mouffetard, je savourais ce coup de théâtre inespéré. Le 13 septembre prochain verrait l'affectation officielle du groupe que j'allais constituer

1. Avec les six gendarmes fournis par le GIGN, ils constitueront le GAM, Groupe d'action mixte, noyau opérationnel et fer de lance de la Cellule.

à la DGSE par le biais d'une mise à disposition administrative. Mais cette affectation signifiait bien autre chose qu'une simple étape professionnelle. J'étais chargé, en principe, d'assurer la liaison entre tous les services de renseignements, militaires et policiers, en matière de terrorisme, en France comme à l'étranger. La tâche était ardue mais passionnante et ambitieuse. Un véritable défi qu'il faudrait relever. Au bout du compte, ma plus grande satisfaction tenait au fait qu'on faisait appel à moi pour mes qualités professionnelles. Je n'avais jamais intrigué politiquement, je n'étais pas l'ami des gens qui font et défont les carrières des grands commis de l'État. Je n'étais pas un courtisan qu'on récompensait pour services rendus.

J'aurais pu passer la soirée entière à me laisser aller ainsi à une certaine autosatisfaction quand un coup de téléphone – un de plus – m'extrait de cette torpeur béate parfumée au cognac et au havane. Au bout du fil, je reconnais tout de suite le mince cheveu sur la langue et l'enthousiasme haletant de mon interlocuteur.

Paul Barril contient mal son excitation : « Viens vite, on a l'affaire du siècle ! Viens voir, de toute façon je sais que tu vas travailler avec nous ! » Prouteau, qui ne manque pas de qualités, est aussi pourvu de quelques travers dont celui de confier beaucoup de choses à ceux qu'il considère comme ses frères d'armes. Il n'avait pas perdu de temps pour apprendre à Barril, son commandant en second du GIGN, que j'étais désormais l'un des chefs de la fameuse cellule. Cette confidence, un peu trop précoce à mon goût, devait m'embarquer, si peu mais déjà trop, dans la vaste pantalonnade que fut l'affaire dite des « Irlandais de Vincennes » où la confusion des genres et le souci de bien faire allaient avoir pour conséquences de faire passer un trio de seconds couteaux révolutionnaires irlandais pour une dangereuse bande terroriste et provoquer une affaire d'État.

Un souk innommable. Telle est la première vision que je retiens du spectacle auquel j'assiste en arrivant. Un Barril surexcité, triomphant et enthousiaste, des gendarmes partout, en tenue et en civil, qui prennent des photos, qui scrutent des cartes d'état-major, du plastic, des détonateurs, des faux documents administratifs et deux ou trois pistolets qui jonchent le sol. Paul, sûr d'avoir mis la main sur des quidams du calibre de Carlos, me désigne une carte : « Regarde, voilà les points des attentats que les Irlandais doivent commettre. »

Je n'ai pas *a priori* à mettre en doute l'intime conviction de cet officier qui a fait ses preuves. Après tout, je ne sais rien du dossier et, en principe, je suis en vacances. Dans un vieux réflexe, je lui conseille d'alerter la Brigade criminelle dont la permanence était assurée ce jour-là par Claude Cances, un des hommes les plus compétents et des plus conviviaux de la PJPP dont il deviendra plus tard le directeur. « Ce sont eux qui sont saisis des affaires antiterroristes », lui dis-je. Barril me rétorque qu'il est prévu qu'à partir de maintenant la gendarmerie allait avoir son autonomie de saisine.

La manière dont Paul considère, la répartition des rôles me refroidit quelque peu. Je décide donc de m'éclipser, tout en prévenant à la cantonade : « Écoutez, vous ne m'avez pas vu, je suis en vacances, je m'en vais. » Je pars récupérer ma voiture dans la cour de la gendarmerie de Vincennes où je rencontre le commandant Beau, celui-là même à qui Barril a demandé de venir assurer la légalité de l'opération. Beau, à qui on me présente, me dit : « Je vous reconnais, je vous ai déjà vu en photo. » Nous ignorons encore tous les deux que bientôt sa propre photo ainsi que celles de Barril et

Prouteau feront la une des gazettes lorsque la presse s'emparera de l'abracadabrante balade irlandaise au cours de laquelle seront évoquées les entorses faites à la procédure. Cette même presse qui ne manquera pas – l'occasion était trop belle – de mentionner ce « mystérieux commissaire » à la fois présent sur les lieux et parti en vacances... Ce n'est que plus tard, quand viendra l'instruction – car je serai appelé à témoigner –, que l'on me demandera si les Irlandais étaient là pendant la perquisition. Pour être franc, je n'ai pas vraiment cherché à me rappeler s'ils étaient là ou pas. Je me rappelle les avoir vus peu après à Vincennes, où l'on venait de les transférer de leur domicile, en allant chercher ma voiture. « Ils étaient présents au moment de la perquisition », ai-je affirmé spontanément, loin de me douter que cette déclaration servirait plus tard de prétexte à quelques-uns pour m'impliquer dans une affaire qui n'était pas la mienne. À ce substitut, par exemple, tonnant au procès du haut de sa chaire qu'un commissaire divisionnaire – moi – avait fait une déclaration mensongère ; ou bien, auparavant, à Arpaillange, alors procureur général, triturant le droit dans tous les sens pour parvenir à m'inculper... Mais la vérité était limpide. Je n'étais pas dans cette affaire des Irlandais. C'était une affaire de gendarmes, qui a connu les développements que l'on sait et dont Prouteau a dû payer – très cher – le prix. Les fautes juridiques et de procédure qui ont été commises dans la précipitation ont pourtant masqué une réalité incontournable : les Irlandais, s'ils n'étaient pas de grands terroristes, n'étaient pas non plus d'innocentes victimes.

Après un court séjour en Corse où j'achève mes vacances, je reviens à Paris constituer cette cellule. Pour moi et mes hommes, après l'affectation à la

DGSE, j'ai souhaité que pour la tranquillité du fonctionnement de notre groupe nous puissions disposer de bureaux à l'écart de l'agitation élyséenne. Deux pièces – pas davantage – dans un cantonnement du GIGN à Satory, près de Versailles, nous sont généreusement, mais provisoirement me dira-t-on, octroyées. Quant aux demandes portant sur le matériel, il faudra attendre avril 1983 pour les voir honorées. À notre disposition : trois Renault 18 turbo équipées radio, une fourgonnette de surveillance, une grosse moto banalisée, sept pistolets automatiques et sept revolvers 38 Spécial Smith & Wesson, sept revolvers Manurhin, deux riot-guns, deux pistolets-mitrailleurs Uzi, sept fusils d'assaut, trois magnétophones, trois micro-cravates, un répondeur téléphonique à distance, un téléobjectif, une paire de jumelles à vision nocturne, sept gilets pare-balles, sept postes Motorola à codage alphanumérique et quelques machines à écrire. Pour quelqu'un habitué à pleurer misère dans les services techniques du ministère de l'Intérieur, c'était correct. Notoirement insuffisant pour les missions futures que nous espérions voir arriver, ce matériel nous permettrait quand même un début d'activité.

Nous avions complété notre « intégration » par un entraînement intensif à Étampes, au centre de formation du GIGN, où un programme adapté à notre condition physique nous avait été concocté, sans oublier la partie technique, de loin la plus intéressante. Une visite à nos amis de la DGSE basés un peu plus loin devait compléter l'adoubement. Il n'en fut rien. L'originalité de cette situation inédite qui voyait une équipe étiquetée de droite fonctionner au sommet avec un président de gauche, ajoutée à une totale imprécision quant au but de notre mission, portait en elle les germes de l'échec. Je n'étais pas, loin de là, un enfant de chœur, mais j'avoue avoir largement sous-estimé les difficultés que nous allions rencontrer et la résistance corporatiste de services que nous pensions être nos alliés naturels.

Je croyais pourtant avoir mis quelques atouts de notre côté en choisissant une équipe de policiers chevronnés, complémentaires et au tempérament bien trempé, tentés par l'aventure et l'air du large : un recrutement effectué dans un environnement professionnel immédiat auquel s'était joint un petit nouveau, l'inspecteur Marcel L. Je ne peux m'empêcher d'évoquer notre première rencontre tant elle résume à elle seule l'état d'esprit du groupe et de ses membres qui, oubliant d'entrée leurs opinions politiques personnelles, s'étaient mis sans arrière-pensée aucune au service de leur pays et des dirigeants que le suffrage universel avait placés à sa tête.

Je rencontrai donc cet inspecteur pour la première fois au Concorde La Fayette, porte Maillot, où je le vis arriver comme un Esquimau revêtu de peaux de bête dans un brunch branché du 17e arrondissement. Marcel était une « figure », un costaud au langage rustique, un homme de devoir, de fidélité et de parole qui venait d'une antenne PJ de banlieue.

Au terme de la relation que je lui fais de notre mission il me dit : « J'ai tout compris. On va créer une unité spéciale. On va aller sur des objectifs longs et difficiles. C'est très tentant, mais il faut que je vous pose une question : pourquoi ils nous prennent, *nous,* ces rigolos ? » Dois-je préciser que, dans sa bouche, « rigolos » était le vocable par lequel il désignait l'équipe au pouvoir ? Marcel n'était donc pas, on l'aura compris, un homme de gauche. Il me fallut déployer toute la pédagogie dont je suis capable pour lui faire comprendre que nous ne faisions pas de politique, que nous n'étions pas au service du Président mais à celui de la France et toute cette sorte de chose. Marcel finit par dire oui. Et quand Marcel avait dit oui, on pouvait compter sur lui.

Mais la difficulté d'être et de fonctionner devait pour le moment plus à nos pairs qu'à nos ennemis. Il était très difficile d'évoluer sereinement dans une atmosphère faite d'intrigues et de secrets où chacun se découvrait soudainement socialiste, où chacun essayait de promouvoir son service et où, à quelques rares exceptions près, tout le monde ne pensait qu'à étoffer son agenda particulier afin de faire fructifier les nouvelles et prestigieuses relations nées de cette proximité avec le sommet de l'État.

Au moment de la création de la cellule, Charles Hernu, ministre de la Défense, me reçut en présence de son conseiller, Jean-François Dubos, et de Paul Barril. Hernu, tout le monde le sait, aimait les femmes, les bonnes tables, les gendarmes et le champagne. J'ignore si l'ordre de ses préférences est respecté mais j'ai le souvenir d'un homme cordial et, pourquoi ne pas le dire, très sympathique. L'entretien qui se déroula ensuite sans Dubos dans le petit cabinet attenant à son bureau fut détendu, presque amical et... arrosé.

Après les brèves banalités d'usage, le ministre me dit : « Monsieur Pellegrini, j'ai un blanc des RG à votre sujet. » Cette entrée en matière me laissait perplexe. Les quelques ennemis que je comptais au sein des RG, dont en particulier leur directeur de l'époque, n'avaient pas perdu de temps. Celui-ci n'avait-il pas confié à l'un de mes amis cet énigmatique message : « Que Pellegrini mette la pédale douce, sinon il va avoir des ennuis ! » Je ne sais ni de quelle pédale ni de quels ennuis il s'agissait, toujours est-il que tant de défiance à mon endroit me pousse à déclarer à Charles Hernu :

« Monsieur le ministre, si vous pensez que ce blanc

peut être un obstacle au bon déroulement de mes fonctions...

– Si je le pensais, dit-il en m'interrompant, vous ne seriez pas là. »

La confiance et l'accueil du ministre, aussi réconfortants qu'ils fussent, ne devaient pas être relayés par ce colonel de la DGSE – dont par charité chrétienne je tairai le nom – lorsque, trois jours plus tard, je me présentai à la fameuse « Piscine », caserne Mortier. Même les premiers rejets des cœurs greffés par le professeur Barnard n'ont pas dû être aussi rapides que le mien par ce service qui, visiblement, n'était pas disposé à m'en rendre. Déjà, un ensemble de rumeurs sur mon compte circulaient dans Paris parmi lesquelles celle qui faisait de moi un informateur du *Canard enchaîné.* J'ignore toutes les autres turpitudes que l'on a pu m'attribuer, mais je sais en revanche que Pierre Marion, le récent directeur général de la DGSE, n'avait même pas été prévenu de mon arrivée. Cela donne une idée de l'ambiance. Un savant mélange de coordination bancale et d'animosité présidait donc à la naissance de cette cellule. Nous étions aux yeux des militaires de la DGSE des civils, avec tout ce que cette « qualité » revêtait de péjoratif.

Notre arrivée chez les gendarmes de Satory ne contribua pas vraiment non plus à gommer ces frontières invisibles. Avec nos cheveux longs et nos blousons de cuir, nous apparaissions au mieux comme les cow-boys décrits par la presse, au pire comme des voyous. Le vieux débat entre cheveux longs et idées courtes n'agitait plus depuis longtemps les rangs de la police qui avait d'autres chats à fouetter. Quant à notre aspect, il se fondait mieux dans l'univers où nous évoluions que n'importe quelle mise respectable. Sans doute par mimétisme, nos partenaires du GIGN au sein du groupe avaient pris quelques habitudes vestimentaires qui commençaient à déplaire à leur haute hiérarchie. Un de mes inspecteurs, Gérard B., le vérifia un jour qu'il se retrouvait dans l'ascenseur avec un général martial et renfermé :

« De quelle unité êtes-vous ? s'enquiert d'un ton rogue le militaire étoilé.

– Du GIGN, mon général, répond B. qui tient à rester discret.

– Effectivement, vous en avez tout l'air. »

Même au sein de ma propre maison, la police judiciaire, ma présence dans l'entourage direct de l'Élysée était, sinon jalousée, du moins fortement critiquée. Ce directeur de la PJ me donnant ostensiblement du « mon colonel » ne sait pas à quel point il a manqué un jour de prendre ma main dans la figure. Ma corsitude batailleuse remonte parfois à la surface de mes mœurs policées.

Malgré l'estime réciproque qui nous liait, je ne peux oublier les tensions et les incompréhensions entre Barril, Prouteau et moi-même, c'est-à-dire, au-delà de nos personnes, les rivalités qui opposent traditionnellement gendarmes et policiers. Prouteau et Barril, habitués par leur commandement à s'affranchir des règles habituelles, administratives et traditionnelles de la gendarmerie, voyaient dans cette accession auprès du Président l'occasion tant attendue de prendre une revanche sur la police. Revanche déjà dégustée à l'Élysée puisque la protection rapprochée du Président était assurée par des gendarmes parachutistes, parvenus à convaincre Charles Hernu que les policiers des Voyages officiels (VO) n'étaient pas à même d'assurer cette tâche.

Je ne peux pas dire que, malgré les efforts consentis de part et d'autre, la mayonnaise entre mes hommes et les gendarmes ait véritablement pris un jour. En réalité, malgré l'entraînement intensif au cours duquel policiers et gendarmes crapahutèrent de concert, malgré l'amitié, la convivialité et les missions communes, le choc des deux « cultures » ne devait pas accoucher du monstre d'efficacité que tout le monde attendait. C'est d'ailleurs à cette époque, pour avoir vécu à leurs côtés, que j'ai finalement compris comment fonctionnaient les gendarmes. Ce sont des gens droits, loyaux, fidèles mais trop souvent assistés. La gendarmerie les loge, les habille et les nourrit. Leur règlement, qui date pour l'essentiel du début du siècle (1903 pour être précis), est l'incarnation de l'assistanat à tous les niveaux – y compris dans la vie privée – qui fait du gendarme un élément auquel il est difficile de se mouvoir de manière autonome.

En face de l'entité homogène des six gendarmes jeunes, sportifs et courageux, nous apparaissions un peu comme des francs-tireurs. Mes hommes, tous issus des services de répression contre la moyenne et la grande délinquance, ne ressemblaient plus depuis longtemps à des premiers communiants ou à des officiers de l'armée des Indes. Leurs tics et leur langage n'étaient pas sans évoquer ceux de la population qu'ils avaient traquée sans répit tout au long de leur carrière. Mais, outre cet aspect somme toute superficiel, c'étaient des hommes droits et leur morale était intacte. Ils étaient rusés, dotés d'un esprit d'initiative exceptionnel, toujours à l'affût d'une idée. En fait, contrairement au « bloc » gendarmique, ils constituaient une équipe d'individualités bien affirmées, et cela nullement au détriment d'une cohésion que chacun souhaitait.

Il y avait un autre obstacle à cette cohésion. Les hiérarques de la gendarmerie ne voyaient pas d'un très bon œil la présence auprès des politiques de deux des meilleurs éléments de leur corps, Prouteau et Barril. Le sommet de la hiérarchie considérait avec sévérité ces deux électrons libres qui, à terme, selon eux, feraient le plus grand tort à l'arme dont la vocation première était d'être le bras séculier de la République et non un instrument au service de tel ou tel pouvoir. Prouteau et Barril, bien que couvés par la présidence, étaient donc, eux aussi, victimes des embûches et des traquenards tendus par leur propre camp. D'autant qu'ils jouissaient, comme je l'ai dit, de la faveur des hommes qui comptaient auprès du Président, dont certains collaborateurs gardaient de la gendarmerie, créée par François Ier, une vision « historique » et prestigieuse ; la police, en revanche, était considérée comme l'héritière de Vidocq, ayant eu le tort d'abriter en son sein un certain nombre d'activistes pro-OAS. François Mitterrand lui-même ne portait pas les policiers dans son cœur. Il semblait n'avoir toujours pas digéré les poursuites dont il avait fait l'objet dans l'affaire de l'attentat de la rue de l'Observatoire, au début des années 60. L'enquête avait été menée par le commissaire Bouvier, devenu directeur central de la police judiciaire. Le président Mitterrand avait beaucoup de qualités mais il était aussi particulièrement rancunier.

J'ai toujours mis un point d'honneur à préciser que je n'étais pas allé à « la soupe socialiste ». Pour autant, je ne saurais davantage cracher dans cette soupe. Même si sa digestion ne fut pas toujours facile. Je ne cultive pas l'amertume outre mesure et, quinze ans après, cette courte période à l'Élysée (une année effective) ainsi que la fréquentation des gens au pouvoir m'apparaissent comme une expérience que je ne suis pas mécontent d'avoir vécue. C'est donc davantage en observateur de la comédie humaine, en modeste ethnologue, que je veux me souvenir de quelques-unes des séquences et des hommes qui ont ponctué cette époque. Je pense d'ailleurs que les griefs ou les piques – ou les hommages – inhérents à cet exercice de style pourraient tout aussi bien s'appliquer à des gens de droite.

On se souvient que la victoire des socialistes ne fut pas un modèle de modestie. L'inénarrable Jack Lang saluant ce triomphe comme celui de la lumière sur les ténèbres trahissait bien l'état d'esprit général qui animait les vainqueurs. Pierre Mauroy, le Premier ministre de Mitterrand, déclarant sans rire que, désormais, les ouvriers passeraient plus droits et plus fiers devant les portes des usines, ne faisait que confirmer l'état d'euphorie dans lequel baignait tout le monde. Ce sentiment qu'une légitimité d'ordre quasi divin accompagnait chacun de leurs gestes ouvrait à ces hommes des perspectives illimitées tout en les confortant dans une bonne conscience triomphaliste et un tantinet revancharde. Enfin, ils détenaient les outils du pouvoir, avaient en main les structures du Renseignement – dont les fameuses écoutes.

À l'Élysée, la méfiance et l'hostilité à l'égard de tout ce qui pouvait ressembler de près ou de loin à la droite étaient telles qu'il m'arriva parfois d'être la cible d'attaques plus ou moins violentes de la part de quelques gardiens du dogme, qui s'inquiétaient de ma présence en ce lieu. Bien que farouchement indépendant de toute chapelle et nullement militant ou compagnon de quoi que ce fût, je traînais dans mon sillage une odeur de soufre que je devais, entre autres, à mon passé de cow-boy de l'OCRB. Ce parfum de scandale dont je ne parvenais pas à me défaire provoqua un jour l'ivresse d'un de ces hauts fonctionnaires à la vindicte facile qui pantouflaient à l'ombre du Président. « Votre présence ici est aussi justifiée que celle d'un cactus au milieu d'un parterre de roses », déclara le poète énarque. « Prenez donc garde de ne pas vous y frotter de trop près », répondis-je, plus ironique que menaçant, en continuant ma route.

Le président Mitterrand, quant à lui, fidèle aux nombreux portraits dont l'édition a rendu compte, s'il respectait la démocratie au niveau national se souciait fort peu de son bon fonctionnement à l'intérieur même du cercle de ses collaborateurs. Il ne faisait pas bon, que l'on fût de son bord ou pas, lui tenir tête ou passer à côté de ses « souhaits ». Aussi la race des valets était-elle quand même plus répandue que celle des seigneurs. Il n'était pas rare de voir ramper en première ligne certains de ces brillants esprits bardés de titres ou de diplômes, qui lui doivent tout et qui se posent aujourd'hui en « héritiers critiques » même « sourcilleux » du mitterrandisme.

Nul besoin d'être grand clerc ou fin psychologue pour se convaincre du recul qu'avait François Mitterrand à l'égard de son entourage. À quelques signes, que les années rendront encore plus lisibles, on décelait la jubilation qui était la sienne au contact de la cohorte courtisane faisant le siège de la présidence, lorsque certains de ces personnages « qui comptent » mendiaient un signe de reconnaissance, un poste, une intervention opportune ou, tout simplement, une marque d'affection. À quelques rares exceptions près, il posait sur les hommes, que sa finesse avait tôt fait de jauger, un regard indiscret qui, fort heureusement pour eux, leur échappait, le masque impassible qu'il s'était façonné demeurant indéchiffrable.

Si les plus ou moins grands de ce monde ou du microcosme parisien découvrirent sur le tard le peu de cas que le Président faisait de leur personne, certains, plus humbles, n'attendirent pas des années pour s'apercevoir qu'il goûtait fort peu les familiarités. On m'a rapporté, lors d'un périple en province, ce dialogue entre une militante frétillante de joie et le chef de l'État figé dans sa fonction :

« François, on s'est toujours tutoyés, on peut continuer, non ?

– Si vous voulez, madame... »

Chaque voyage présidentiel était le prétexte à un véritable cérémonial où la solennité flirtait avec le ridicule. Lorsque Mitterrand partait d'un aéroport, tous les collaborateurs ou invités qui l'accompagnaient se plaçaient en rang au pied de la passerelle. À la manière d'un Napoléon à Austerlitz – au point que certains n'étaient pas loin de penser qu'il allait tirer une oreille –, il s'arrêtait devant chacun, se fendait d'un mot aimable puis se mettait un peu à l'écart. Une fois dans l'avion, il jetait un regard derrière lui. C'était alors, pour les favoris et ceux qui désiraient le devenir – ou le redevenir –, le moment crucial du périple. Les regards étaient dignes, mais les cœurs imploraient le privilège suprême : s'asseoir en face ou à côté du président de la République. D'un geste sans parole, celui-ci désignait l'heureux élu qui, sans plus tarder, prenait place auprès de lui. Est-il besoin de le préciser, cette faveur suscitait les mines renfrognées, les frustrations rentrées du reste de l'assistance. Les exclus, dans une ultime tentative de séduction auprès du Président, grand lecteur devant l'Éternel, se voyaient condamnés à feindre de lire les âpres Jean Guitton ou Ernst Junger, auteurs de chevet du Président, pendant toute la durée du vol...

Les coulisses du pouvoir constituent le poste d'observation idéal d'où l'on scrute les péchés d'orgueil et la théâtralisation de la fonction. J'ignore, pour n'avoir jamais fréquenté d'autres politiques que ceux que ma mission m'imposa de côtoyer, ce qu'il en est à droite, mais je peux dire que chez certains familiers de l'Élysée l'art de paraître l'emportait allégrement sur celui de faire.

Régis Debray

Je n'ai jamais eu à l'égard de Régis Debray d'*a priori* négatif. Je peux même dire que le parcours de cet essayiste brillant, à la fois normalien et guérillero aux côtés de Che Guevara, me plaisait assez. Un intellectuel qui ose s'affranchir des normes de sa caste pour partir vivre ses idées en Amérique du Sud, un fusil à la main, impose le respect. François Mitterrand, sensible au romanesque des êtres autant qu'à leur intelligence, en avait fait une sorte d'éminence grise en charge des dossiers dits « sensibles ». Cette investiture ne devait pas être sans conséquences sur l'attitude de Debray qui, fasciné par tout ce qui touchait aux choses et aux hommes de l'ombre – sans en connaître le fonctionnement –, affichait en permanence la mine préoccupée de ceux qui détiennent les secrets les moins avouables, les clés de la marche du monde. Un front lourd de pensées et une moustache de plus en plus ténébreuse (à la manière de Nietzsche) lui valaient les sarcasmes des « baroudeurs » de la cellule qui, loin de le prendre au sérieux – surtout depuis le cas Jéga [1] dans l'affaire des Irlandais –, s'amusaient plus encore de le voir déambuler dans les bureaux de l'Élysée... en pantoufles.

1. Initiateur et informateur de l'affaire des Irlandais.

François de Grossouvre

François Durand de Grossouvre, plus qu'aucun autre sans doute, a cultivé les apparences de sa fonction de chargé de mission pour les problèmes de sécurité et de renseignements. Son suicide à l'Élysée n'a fait qu'accroître cette aura mystérieuse qu'il entretenait avec soin. De lui, je savais peu de chose. Je n'étais pas un de ses intimes à l'instar de Paul Barril. Une affection et une estime réciproques unissaient l'homme du GIGN et l'aristocrate lyonnais (sans parler de leur goût commun pour la gymnastique, comme l'évoque Barril dans son livre, qui les poussait parfois à faire des pompes côte à côte dans les appartements de la République...).

Grossouvre n'avait pas le profil d'un homme de gauche. Des historiens ont prétendu qu'il avait été un des responsables lyonnais du service d'ordre légionnaire du maréchal Pétain, formé à partir de la Légion française des combattants en 1942. D'autres biographes lui prêtent l'organisation, à la même époque, du maquis de la Chartreuse dans la région lyonnaise. À la tête, à partir de 1948, d'un réseau clandestin anticommuniste (la Rose des vents ou Arc-en-ciel, homologue du Gladio italien), ce médecin de formation – qui n'a jamais exercé – appartenait depuis toujours à l'entourage direct de François Mitterrand qu'il était l'un des rares à pouvoir tutoyer. Tour à tour directeur de presse (*Journal du Centre* et *Populaire du Centre*), conseiller international des avions Marcel Dassault, administrateur des fameux et explosifs bureaux d'études Urbatechnic et Gracco, et accessoirement marchand d'armes de collection, François de Grossouvre était depuis les présidentielles de 1974 celui qui prenait en charge l'organisation des voyages et de la sécurité de François Mitterrand.

Loin de moi l'idée de minimiser le rôle de ce conseiller occulte du chef de l'État. Sa mort tragique impose la décence que certains chroniqueurs n'ont pas eue à l'époque du drame, lorsqu'il était de bon ton de cultiver à son propos une dérision honteuse quoique défensive. Cela dit, le souvenir que me laisse ce personnage doit autant au comique qu'à la tragédie.

On l'a comparé au duc de Guise. En effet, tous ceux qui l'ont connu, ou simplement croisé comme moi, se souviennent de cette barbe soigneusement taillée qui allongeait élégamment son visage grave et sévère. Plus encore que Debray, Grossouvre, soucieux de l'image, cultivait un look parfois surprenant. Quand, par exemple, il lui prenait l'envie de troquer sa garde-robe en tweed de gentleman-farmer contre une cape noire. Le feutré conseiller se muait alors en un personnage étrange, tenant à la fois de l'espion du roi et de la créature des ténèbres, austère détenteur de vérités inavouables. Au début du septennat, il avait tenu à s'installer en face du domicile privé des Mitterrand, dans l'étroite rue de Bièvre où une vieille loge de concierge avait été mise à sa disposition. Une robe de chambre de lord sur le dos et un pistolet virilement accroché à la ceinture constituaient l'accoutrement qu'il s'était choisi pour veiller sur son président.

L'existence de Mazarine n'était sans doute pas totalement étrangère à cette attitude. La fille naturelle de François Mitterrand, on l'a su plus tard, mobilisait beaucoup d'énergie et de monde. Aussi incroyable que cela puisse paraître, j'ignorais presque tout de cette jeune fille. Les services, même au sein de la cellule, étaient si cloisonnés, et les gens si peu bavards entre eux, en dehors des futilités qu'engendre toute camaraderie, que seuls quelques-uns, à vrai dire, le GSPR [1], et donc une partie du GIGN, étaient dans la confidence, mais n'ont jamais trahi le secret. Grossouvre, qui aima comme sa propre fille la demoiselle au destin si romanesque, était au cœur de ce dispositif que Jean-Edern Hallier, à lui seul, justifiait.

François de Grossouvre recevait beaucoup dans son bureau de l'Élysée et à son domicile quai Branly : des journalistes de droite, voire d'extrême droite, des collectionneurs d'armes, des historiens, des policiers, des gendarmes. Une fois, il demanda à me voir. Une affaire d'État est-elle sur le point d'exploser ? Va-t-on m'expédier à l'autre bout du monde pour déjouer je ne sais quel attentat ? Pas tout à fait. En fait, il s'agissait de trouver, pour celui qui prétendait avoir la haute main sur les services secrets, une poignée de munitions pour son vieux calibre 92... Cette petite heure en sa compagnie devait m'apprendre ce que d'autres écriraient plus tard, François de Grossouvre, qui aimait et admirait Mitterrand et souhaitait le lui prouver, se sentait déjà sur la touche. Il voulait être au centre de la toile du Renseignement alors qu'il n'avait jamais cessé d'être à sa périphérie. On sentait chez ce fidèle une blessure secrète, un sentiment d'ingratitude que les prémices de la disgrâce présidentielle rendaient plus grand. Grossouvre n'avait pas l'âme d'un courtisan. Il était sans doute trop noble pour cela. Paradoxalement, son omniprésence avait fait de lui un élément du décor auquel nul ne prêtait plus attention. Autre paradoxe, conscient qu'il n'était pas indispensable, il devint gênant. Une autre manière d'exister. Ses remontrances au Président, ses entrevues de plus en plus fréquentes avec des adver-

1. Groupe de sécurité de la présidence de la République, formé en partie par des anciens du GIGN.

saires déclarés de Mitterrand ne plaidaient pas en sa faveur.

Je ne peux pas me targuer d'avoir connu Grossouvre. Qui peut le prétendre, d'ailleurs ? J'étais depuis longtemps parti de l'Élysée lorsque sa mort ébranla un peu plus encore l'édifice présidentiel. Sans doute les raisons pour qu'on le tue étaient-elles aussi nombreuses que les causes qui devaient le pousser à se suicider dans son bureau de l'Élysée. Il n'était probablement pas sans reproches, mais il appartenait à la race des intransigeants. Peut-être cet orgueil si peu partagé est-il la meilleure explication qui puisse exclure l'assassinat.

Charles Hernu

Charles Hernu était davantage un radical qu'un socialiste. Son faible pour la bonne chère, les femmes, l'armée et la vie en général faisait de lui un homme convivial, drôle et attachant. J'ignore s'il fut un ministre compétent mais, une chose est sûre, les militaires l'aimaient bien. À l'exception de certains qui le considéraient comme « un con glorieux », il faisait l'unanimité. Il avait une grande humanité et je pense qu'il aurait pu aimer aussi bien les agents des Eaux et Forêts ou les paysans s'il avait été ministre de l'Agriculture.

Quant à l'esprit de sérieux qui sévissait dans les rangs de ses amis, il semblait s'en soucier comme de son premier discours. Le général Saulnier en fut le témoin privilégié : un soir qu'il sortait du cercle Saint-Augustin, cantine parisienne des officiers, Charles Hernu, visiblement un peu gai, prend congé du chef d'état-major particulier du président de la République en lui adressant un salut peu socialiste agrémenté d'un guttural : « Je vous salue, *Herr General* ! » Sa suite fit semblant de n'avoir rien vu, ni entendu.

Je n'ai pas l'honneur d'avoir été le confident de ce personnage truculent. Hernu, agent de l'Est ? Les révélations de *L'Express* et les documents publiés sont indéniablement troublants et correspondent bien à la façon de procéder des services secrets de l'Est. Je serais plutôt tenté de les croire par défaut parce que je ne vois pas l'intérêt d'une telle manipulation *a posteriori.* Cela étant, comme tout bon policier, je dirai que ma méconnaissance du dossier m'empêche de donner un avis précis. Je connais en revanche le journaliste par qui le scandale arriva. Jean-Marie Pontaut est un enquêteur sérieux qui a fait ses preuves. Alors ? Alors, je pense que Charles Hernu, qu'on a également accusé d'avoir collaboré pendant l'Occupation, avant de se distinguer en épurateur zélé à la Libération, appartient à cette catégorie d'hommes inclassables qui, soit par opportunisme, soit par faiblesse de caractère ou encore par idéalisme, ont épousé toutes les causes de leur époque et se sont fourvoyés jusqu'à être dépendants de choix antérieurs. L'Est le tenait-il en raison de son passé sous l'Occupation ? A-t-il livré des secrets à une puissance ennemie ? Pour l'heure, nul ne le sait. Les archives sont des sabliers au débit si lent qu'on ne connaît jamais au moment opportun la vérité qui ouvrirait les yeux de la démocratie. Ce que je sais en revanche, c'est que Charles Hernu, sacrifié sur l'autel de la raison d'État de l'affaire du *Rainbow Warrior,* s'est conduit dignement. Il était, qui plus est, un patriote. C'est assez rare pour qu'on s'en souvienne.

Jean-Edern Hallier

Don Quichotte de tout et son contraire, fumiste, grossier, polémiste orageux, mythomane, mégalo, écrivain, bouffon, subtil, conformiste, voyeur non voyant, aveugle clairvoyant, mitterrandien, « castro-lepeniste », don Juan insatiable, mesquin, courageux, philosémite, antisioniste, lâche, majestueux, toxicomane, gauchiste de luxe, anarchiste, hobereau ruiné, Jean-Edern Hallier, éparpillant les mille et une facettes de son âme éclatée avec la générosité qui sied aux quêteurs d'absolu assourdis par les trompettes de la renommée, fut tout cela à la fois. Et, à le bien relire, la plus belle page de littérature qu'il écrivit jamais demeure cette existence baroque menée tambour battant au rythme de ses coups fumants et souvent fumeux.

Comme beaucoup de romanciers, Hallier était lui aussi captivé par l'ombre et le pouvoir. On a prétendu que son acharnement à vouloir détruire la légende Mitterrand était né de sa rancœur de n'avoir point été nommé ambassadeur, ministre de la Culture ou directeur d'une chaîne de télévision. Son engagement à l'ultragauche en 68 – un gauchiste qui se rendait aux meetings en Ferrari –, son amitié avec le futur président et son soutien « critique » au PS pouvaient nourrir ces ambitieuses illusions. Ce n'est pas improbable mais ce n'est pas certain. La volonté permanente de Hallier de se trouver au centre du monde en général et de la littérature en particulier, d'être à la fois personnage et auteur de ses propres romans l'emportait, je crois, sur tout autre considération. Il voulait construire sa propre légende en détruisant celle de Mitterrand, se prenant à la fois pour Victor Hugo harcelant Napoléon III et Beaumarchais qu'il paraphrasait souvent.

Le cinglant portraitiste s'était mis en tête de publier un pamphlet dans lequel il révélerait les failles, réelles ou supposées, du Président. Jean-Edern Hallier et moi-même étions convenus d'un rendez-vous dans l'une de ses cantines où il avait ses habitudes. Nous nous retrouvâmes au Balzar, rue des Écoles, vieille brasserie toujours à la mode. Engoncé dans une vieille parka, comme collé au mur, J-EH m'attendait, l'air tourmenté.

Il avait le charme suranné et un peu convenu des play-boys littéraires qui fascinent les jeunes filles. Je découvrais dans ce visage buriné par l'alcool, cabossé par trente ans de nuits blanches, des réminiscences du Dr Frankenstein. La belle voix de gorge entretenue par la consommation effrénée de Gitanes sans filtres débitait un discours fumeux en coq-à-l'âne dans lequel il était question de « journalisme de combat », d'« honneur de la presse », de Chateaubriand, de Voltaire, de Cioran, de Victor Hugo, tous mobilisés pour servir sa « croisade » pour la liberté.

J'assistai, incrédule, au numéro de Hallier qui me conta sa saga aristo-kitch à grand renfort de clichés ampoulés. Il aimait se raconter et n'hésitait jamais à répéter plusieurs fois la même trouvaille verbale qu'une fulgurance isolée lui avait inspirée. Dans son monologue halluciné, auquel il ne semblait pas croire plus qu'à autre chose, il comparait la France à une femme trompée, violée par ceux-là mêmes qui prétendaient la défendre et décochait ses plus belles flèches à l'endroit de François Mitterrand en personne qui, quelques années auparavant, avait dit de lui qu'il était l'écrivain « le plus doué de sa génération ».

« On » m'avait demandé, à l'Élysée, de rencontrer Hallier dans le but de savoir ce qu'il « avait dans le ventre ». « Beaucoup de vodka », aurais-je pu me contenter de répondre tant sa soif était grande et la

« menace » qu'il était censé représenter dérisoire. En tout cas, elle ne me semblait pas proportionnelle aux inquiétudes de l'Élysée. Giscard lui-même avait eu affaire au trublion qui n'avait pas manqué de lui adresser une *Lettre ouverte au colin froid* [1], insolente missive dans la tradition des pamphlétaires français – Léon Bloy, Céline ou Jacques Laurent – qui désignent les maîtres comme les cibles idéales de leur courroux. Pour autant la DGSE n'avait pas été mise à contribution. Pour moi, comme pour pas mal de gens qui ignoraient à l'époque le fond de l'affaire et l'enjeu réel du problème Hallier, on manquait d'humour face à un écrivain plutôt inoffensif.

Toujours est-il que, durant cette soirée plutôt arrosée, Hallier me fait part de ses soucis. Son projet de sortir ce livre dans lequel il parlera de Mazarine, de l'Observatoire, de la fameuse francisque, etc., ne parvient pas à me convaincre du danger qu'il incarne aux yeux de l'Élysée. Et cela en raison de mon état d'esprit de l'époque, très critique vis-à-vis de Hallier, que je soupçonne de vouloir faire parler de lui au prix de n'importe quel mensonge, et à cause des précédents du personnage qui n'a jamais fait en sorte qu'on le prenne pour un individu sérieux.

Mazarine, donc. Le bruit court en effet, dans Paris, que le Président aurait une fille adultérine. Seulement voilà, c'est une rumeur et François Mitterrand, dont la réputation d'hommes à femmes n'est plus à faire, est l'objet de tous les ragots. Pour beaucoup, la mystérieuse « fille de Mitterrand » n'est donc qu'un potin de plus. En tout cas, je ne veux pas croire qu'on mobilise des gens du contre-terrorisme pour une considération aussi dérisoire.

L'histoire de l'Observatoire ? Voilà bien l'exemple

---

1. Jean-Edern Hallier, *Lettre ouverte au colin froid,* Albin Michel, 1979.

type du scoop éventé ! Depuis 1959, tout le monde sait et la presse de droite ne manque jamais de se faire plaisir en évoquant régulièrement cette affaire.

Reste la francisque. Hallier, durant notre entrevue, se borne à relater quelques bribes d'informations puisées, une fois de plus, dans les journaux d'extrême droite qui ne sont pas un modèle d'objectivité. Tout en excès et outrances, il tente de convaincre « l'agent de l'Élysée » que je suis à ses yeux que « mon » Président est un ancien « terroriste d'extrême droite ». Ni plus ni moins.

Tous ces « secrets d'État », me dit-il, « sont une épée de Damoclès au-dessus de la présidence ». « C'est la raison pour laquelle on en veut à mon intégrité physique, monsieur l'agent », me glisse-t-il, pathétique et complètement ivre, entre deux gorgées d'un liquide non identifié. Je lui précise que je suis commissaire divisionnaire et non pas « agent » et lui demande sur quoi il fonde de telles craintes. Il me parle alors de menaces au téléphone, « d'intimidations » sur ses éditeurs, de « chantages », bref un vrai roman d'espionnage. Mais pas de la meilleure veine.

Pourtant, certains ne ménagèrent pas leur peine pour bâillonner le bavard caractériel qui appliqua à la lettre la fameuse phrase de Beaumarchais : « Sans liberté de blâmer il n'est d'éloge flatteur » dans son brûlot *L'Idiot international.* En 1989, le harcèlement du pouvoir contre Hallier est tel que l'académicien Jean Dutourd vient à sa rescousse dans une chronique :

« Il y a une haine du pouvoir contre Jean-Edern Hallier, qui dépasse de beaucoup la persécution traditionnelle qu'infligent les gouvernements aux téméraires qui les attaquent. Ce gouvernement que nous avons, et qui est si mou, si hésitant semble, pour une fois, habité d'une vraie passion : celle de ruiner un homme de fond en comble, de le réduire à l'état de loque sociale, de le tuer s'il se peut. [...] Avec l'énergie que met le gouvernement à anéantir J-EH, on pourrait conquérir un empire colonial ou régenter l'Europe. Le pouvoir a le pouvoir. Cela ne lui suffit plus. Il lui faut encore la respectabilité. Il ne supporte pas qu'un homme de lettres le picote. [...] Le gouvernement est en train de le transformer en Diogène, en Beaumarchais, en Léon Bloy. Les tribunaux le condamnent. Mais il y a un autre tribunal qui lui accordera de formidables dommages-intérêts. Malheur à qui persécute un homme de lettres. Napoléon III ne s'en est pas encore remis. Et Napoléon III, c'était quand même autre chose que ce qui règne aujourd'hui. »

La cellule obéissait à une logique de cloisonnement puisque d'autres, sans doute plus fiables que moi politiquement, connaissaient tous les tenants et aboutissants du dossier. Paul Barril qui, contrairement à moi, est resté à la cellule après 1983, époque à partir de laquelle Hallier commence à avoir de gros problèmes, a pris fait et cause pour lui. Il l'a protégé et aidé, lui a conseillé parfois de se faire oublier et de transiger avec les plus forts. François de Grossouvre qui savait tout a, dans une certaine mesure, plongé Barril dans cette aventure dont, dit-il, il a bien failli ne pas se relever tellement les pressions de toute nature furent nombreuses.

Jean-Edern Hallier a fini par faire paraître des extraits du manuscrit de *L'Honneur perdu de François Mitterrand* [1] – à l'époque, dix-neuf éditeurs l'ont

1. Jean-Edern Hallier, *L'Honneur perdu de François Mitterrand,* Le Rocher, 1996.

refusé ou, soumis à des pressions, ont renoncé à le publier – dans *L'Idiot international.*

Pierre Péan, dont on prétend qu'il fut celui par qui le scandale arriva, ne se manifesta que fort tard. *Mitterrand, une jeunesse française,* pavé orné du fameux cliché où le Président est reçu par le maréchal Pétain, date de 1994 [1]. François Mitterrand était, on le sait, un malade en sursis et ne tenait pas à ce que la réalité historique de son destin sorte sans son aval, c'est-à-dire après sa mort. Il a non seulement autorisé cette biographie tardive, mais il y a également contribué en répondant aux questions de Péan. N'ayant plus rien à perdre ou à défendre d'autre que son honneur, le Président a remis les faits, les hommes et les changements de cap dans leur contexte historique. D'où il ressort qu'on pouvait être à la fois résistant et pétainiste, que cela participait de la stratégie dite de « l'épée et du bouclier », Londres et Vichy ayant leurs mérites respectifs.

Mais la cellule de l'Élysée n'a pas été pour moi qu'une galerie de portraits, un salon mondain au sommet de l'État où l'on vide sa coupe en compagnie d'un ministre, l'occasion de croiser quelques personnages qui, peut-être, resteront dans l'Histoire. Cette structure informelle m'a également donné l'illusion, à deux ou trois reprises, que la mission pour laquelle Christian Prouteau avait fait appel à moi pouvait être menée à bien. C'est-à-dire, pour résumer, lutter de manière efficace contre un terrorisme à multiples facettes. Action directe, le Proche-Orient (avec, entre autres, le traumatisme de l'attentat de la rue des Rosiers) justifiaient à eux seuls l'existence de notre groupe, le Groupe d'action mixte.

---

1. Pierre Péan, *Mitterrand, une jeunesse française,* Fayard, 1994.

Carlos

Le 24 décembre 1982. Pour la première fois depuis des années, toute ma famille est réunie dans notre village pour fêter Noël. À peine suis-je arrivé en Corse dans notre maison que le téléphone sonne. À l'autre bout du fil, Gilles Ménage, mon principal interlocuteur à l'Élysée en dehors de Prouteau, me presse de rentrer sur-le-champ à Paris car une opération d'envergure m'y attend. Je décline poliment mais il insiste. Il a absolument besoin de moi. J'essaie d'argumenter en lui expliquant que les cimetières sont remplis de gens indispensables mais il ne semble pas très sensible à mon humour. Un accord est trouvé lorsqu'il m'assure que si l'opération est menée à son terme dans la soirée, il mettra un avion du GLAM à ma disposition pour que je sois de retour en Corse le soir même avant minuit.

Je repars donc pour Bastia prendre l'Airbus d'Air France qui m'avait amené. À Paris, on m'explique qu'il s'agit de réunir mon groupe et de me rendre au plus vite à Orly où, me dit-on, le fameux Carlos est sur le point d'arriver depuis le Liban via Tunis. Le tuyau est on ne peut plus sûr puisqu'il émane de l'antenne de la CIA de Paris, relayé par la CIA de Damas et de Berne. Autre précision : le terroriste vénézuélien doit rejoindre une maîtresse en Suisse à bord d'une voiture spécialement aménagée pour passer un arsenal d'armes et d'explosifs.

L'insistance de Ménage valait le déplacement. Carlos, qui défie depuis des années toutes les polices d'Occident, est un gros gibier et sa capture n'est pas un défi devant lequel je songerais à me dérober, même si je reste assez dubitatif quant à sa venue à Paris. Je suis encore plus sceptique sur notre capacité à l'intercepter, compte tenu de l'absence de photos récentes et de la propension des Américains à arroser un petit peu partout un ensemble de tuyaux plus ou moins crevés. Il est de notoriété... secrète que le Pentagone et la CIA gardent souvent pour eux-mêmes les informations les plus rentables.

Je rencontre Ménage à l'Élysée et lui demande de m'indiquer la finalité de l'opération ; en bref, que faire de Carlos si effectivement nous le coinçons ? Il me dit : « Attendez-moi deux minutes », disparaît dans le labyrinthe élyséen et revient. « Ne prenez aucun risque. Si vous y êtes contraint, tuez-le », lâche-t-il tranquillement. Je manifeste ma surprise par un blanc de quelques secondes, et l'assure qu'il sera fait au mieux. Après tout, ne puis-je m'empêcher de penser, la raison d'État est prioritaire et la sanglante carrière de Carlos justifie largement l'absence de circonstances atténuantes.

Je n'ai jamais tué de sang-froid. Cela dit, Carlos ne m'inspirait aucune sympathie. Ce terroriste au standing de milliardaire semait la mort depuis trop longtemps pour susciter en moi des états d'âme. En revanche, sa « neutralisation », selon la nature des ordres, posait quelques problèmes techniques. Je me voyais mal abattre Carlos au milieu de centaines de gens en plein aéroport...

Je forme mon équipe et nous nous rendons à Orly où je suis reçu par le commissaire divisionnaire Lejeune, de la police de l'air et des frontières, qui ne cache pas sa surprise de nous voir là. En effet, dans le bureau d'à côté, une équipe de la DST est déjà présente. Le commissaire B. et trois ou quatre de ses hommes, la mine aussi fermée que leurs dossiers, font les cent pas sans me donner la moindre explication. Je demande donc à B. ce qu'il fait là.

« Je ne peux pas vous le dire ! répond-il sèchement.

– Comment ça, vous ne pouvez pas le dire ? Vous voulez que le scénario de la rue Toullier se reproduise ? »

La rue Toullier, cruel souvenir pour la DST, quand Carlos avait abattu trois de ses agents venus se jeter sans armes dans la gueule du loup puisqu'ils ignoraient l'identité du quidam qui se cachait dans cette planque.

« Eh bien, moi, je suis là pour intercepter Carlos ! dis-je.

– Vous venez de trahir un secret ! » me lance B. à qui je demande de se calmer.

Le ton monte, puis s'apaise, et je quitte en compagnie de mon équipe le bureau de Lejeune pour aller attendre l'atterrissage de notre objectif. Un de nos hommes parti pour Tunis avait pris l'avion dans lequel était censé se trouver Carlos. Lorsqu'il arrive à Orly, selon le code prévu, il nous adresse des signes. Hélas pour tout le monde, sa gestuelle ne traduit que le doute. Pour la bonne règle, nous interpellons une ou deux personnes susceptibles d'être Carlos déguisé, en vain. Le terroriste, fort de ses complicités internationales, de la formidable logistique et des taupes dont il dispose un peu partout dans le monde, a une fois de plus échappé à la police. C'est un joli pied de nez qu'il nous adresse et un fiasco assez retentissant en ce qui me concerne.

J'ai longtemps repensé à cet ordre de tuer Carlos si nous l'avions intercepté. Pendant des années, j'ai cru que c'était le président de la République lui-même qui avait donné cet ordre. Il faut dire que François Mitterrand avait une prédilection pour ces histoires de l'ombre, au point que nous l'appelions parfois entre nous « le vieux Carbonaro » du nom de cette société secrète et politique au sein de laquelle se réunissaient les disciples de Garibaldi qui luttèrent pour l'unification de l'Italie au XIXe siècle. Ce n'est qu'en 1992, un soir où je dînais en compagnie du préfet Yves Bonnet après une émission qui nous avait réunis sur LCI, que j'ai su le fin mot de l'affaire. Bonnet, à qui je racontais l'histoire, me dit : « Détrompez-vous. J'étais présent dans le bureau du ministre de l'Intérieur ce jour du 24 décembre 1982 quand votre interlocuteur de l'Élysée a téléphoné au ministre. J'étais alors directeur de la DST. » Le ministre de l'Intérieur en question n'était autre que Gaston Defferre qui avait coupé court à la surprise de Ménage en rétorquant : « Je suis en charge de la sécurité du Président. Ce terroriste menace la sécurité du Président. S'il se présente, tuez-le ! » Gilles Ménage avait pris sur lui de tempérer l'ordre ministériel.

L'opération Carlos, ou devrais-je dire l'opération « sans Carlos », n'en reste pas là. Nous sommes toujours le 24 décembre et, comme promis, Ménage a mis un avion à ma disposition afin que je regagne au plus vite la Corse quittée quelques heures plus tôt. Toutes sirènes hurlantes, je rejoins Villacoublay où, sur le tarmac, un Mystère 20 m'attend.

Bien que nous soyons à la veille de Noël, l'équipage, prévenu au dernier moment, me fait bonne figure. L'avion beaucoup moins, puisqu'au-dessus de Lyon, en raison de ce que les pilotes appellent un « effet de masque », l'un des réacteurs s'éteint. Le commandant m'annonce que nous allons peut-être devoir nous poser à Lyon si le problème n'est pas résolu dans les minutes qui viennent. Je ne lui cache pas ma déconvenue, arguant d'une mission importante et urgente – dont je ne lui précise pas la nature, et pour cause – qui m'attend à Solenzara. Par chance, le réacteur se rallume et nous nous posons en Corse à 23 h 45 sur la base militaire illuminée comme pour l'arrivée du Père Noël. Un officier de la Sécurité militaire m'apprend qu'il a reçu l'ordre de se mettre à ma disposition. Je lui demande seulement de m'accompagner jusqu'à la sortie de l'aéroport et de me laisser seul ensuite car cette « mission secrète » dont tout le monde est désormais averti suppose que « quelqu'un » doit venir me chercher.

Comme prévu, on m'attendait sur la route avec une voiture et, à minuit pile, je rejoignais ma famille en haut du village où nous pouvions enfin déguster le repas de Noël en toute tranquillité.

Cette arrivée nocturne et précipitée en jean et sac de treillis sur une base militaire sous le prétexte d'une « mission secrète » fera par la suite couler beaucoup d'encre, et accessoirement du sang, quand le FLNC, qui a de grandes oreilles, tentera de me construire une légende de barbouze. Difficile, en effet, d'imaginer qu'on puisse mettre à la disposition d'un agent de l'État un Mystère 20 sous l'impérieux prétexte que la dinde de Noël va refroidir s'il n'est pas rentré à temps à la maison... Je me félicite d'avoir enfin rétabli une précieuse vérité.

Les agapes de Noël à peines achevées, un nouvel ordre de mission m'est donné : je dois me rendre en Suisse où, une fois encore, Carlos est censé se trouver en compagnie d'une de ses nombreuses maîtresses.

Gstaad, n'est pas exactement l'incarnation du paradis rouge tel que le conçoit le catéchisme marxiste cher à Carlos. Havre hivernal de la jet-set internationale et des têtes couronnées, cette station suisse offre la vision paisible – et inaccessible – de la fortune tranquille. Avec ses chalets cossus, ses milliardaires, ses comtesses en fourrures et ses comptes en banque fournis, cette montagne est aux antipodes des idéaux successifs que le mercenaire terroriste prétend défendre. Et pourtant, d'après les sources dont nous disposons, c'est bien là que le révolutionnaire salarié entend résider pendant quelques jours. Un peu comme un chef d'entreprise surmené désireux de décompresser. Après tout, tuer n'est pas de tout repos et il faut parfois savoir s'arrêter...

Gilles Ménage m'avait chargé d'évaluer la possibilité d'une opération contre Carlos en territoire suisse. Ce que je ne savais pas, c'est que le Président, qui avait l'habitude de mettre deux ou trois fers au feu, avait confié la même mission à la DGSE. Nous étions donc deux services à Gstaad au même moment, investis de la même mission. La cellule rédige son rapport. L'officier de la DGSE fait de même [1] et, malgré un ton plus pessimiste que le nôtre, parvient aux mêmes conclusions, à savoir qu'une opération à Gstaad est particulièrement risquée et délicate tant du point de vue humain que diplomatique. L'affaire en restera là. Évidemment, par la suite, certains membres de la DGSE ne manqueront pas de nous accuser de torpiller leur travail, d'être toujours là où nous ne devrions pas être, etc.

Encore une fois, la cellule était donc dans la ligne de mire. Et ce d'autant plus que notre rapport parut incomplet aux yeux de notre hiérarchie qui réclama avec insistance des renseignements sur cette fille, la maîtresse de Carlos. Un deuxième séjour en Suisse ne nous en apprendra pas davantage. Carlos et la fille étaient-ils réellement présents ? Mystère. Personnellement, je crois plutôt que cette histoire était soit une intox de la CIA, soit le moyen de se débarrasser d'un renseignement auquel elle ne croyait pas beaucoup en refilant le bébé à un service européen. D'un autre point de vue, ce nouveau coup d'épée dans l'eau traduit bien l'état d'esprit qui régnait à l'intérieur de la cellule : une motivation profonde mais une organisation défaillante.

Nous étions, je le pense vraiment, des profession-

1. Il me l'apprendra plus tard, lors d'un entretien privé.

nels, mais la façon dont nous étions utilisés démontrait à l'évidence que l'idée de base, c'est-à-dire celle de faire de notre cellule un service de sécurité hors normes ayant pour vocation d'animer et d'aiguillonner, était inapplicable. À quoi pouvions-nous être utiles s'il nous fallait trois ou quatre signatures pour obtenir la consultation du moindre fichier à la DST ? Quel était l'intérêt d'être à l'Élysée si aucune priorité ne nous était accordée dans la gestion du renseignement ?

Tempêtes en Corse

Lorsque j'ai intégré la cellule en 1982, le problème corse était revenu à la une des journaux, et à la face du gouvernement qui ne bénéficiait plus, après quelques mois d'exercice, de ce fameux « état de grâce » dans lequel s'inscrivait la trêve des actions en Corse, intervenue à la faveur de l'élection de François Mitterrand. Malgré quelques gestes de bonne volonté de la part des socialistes – la libération d'une quarantaine de militants corses en août 1981 et la suppression de la Cour de sûreté de l'État –, le FLNC n'entendait pas en rester là. La trêve des attentats, annoncée le 3 avril 1981 par le FLNC alors que François Mitterrand tient une réunion à Ajaccio, est rompue une première fois dans la nuit du 11 au 12 février 1982 par l'assassinat d'un caporal-chef de la Légion étrangère au camp de repos de Sorbo-Ocagnano, et par une vingtaine d'attentats commis en Corse même et dans les Bouches-du-Rhône. Quelques jours plus tard, dans la nuit du 16 au 17 février 1982, une « nuit bleue continentale » se traduit par dix-neuf explosions à Paris.

La trêve est rompue une deuxième fois dans la nuit

du 19 au 20 août 1982 avec une nouvelle nuit bleue en Corse revendiquée par le FLNC, à la suite de laquelle l'organisation annonce « la reprise de la lutte armée ». Jusqu'à la fin de l'année, le FLNC multiplie les attentats (huit cents !) contre les biens des continentaux et contre ceux refusant de payer l'impôt révolutionnaire. Le Dr Lafay, un continental, vétérinaire à Corte, sera blessé par balle le 31 décembre de cette même année. L'attentat ne sera pas revendiqué. L'année 1983 s'ouvre aussi dramatiquement pour des continentaux installés en Corse, victimes à leur tour de plastiquages.

La dissolution du Front de libération nationale de la Corse (FLNC) est décidée en Conseil des ministres le 5 janvier 1983. Trois jours plus tard, le président de la République déclare lors d'un entretien télévisé : « La loi républicaine est la sanction du crime, dans le respect du droit, et cela dictera la politique du gouvernement. » Gaston Defferre, le ministre de l'Intérieur, enfonce le clou en commentant la mesure : elle réaffirme, soutient Defferre, « la volonté du Président, du Premier ministre et du gouvernement de rétablir la légalité et la sécurité en Corse ». Et comme si cela n'était pas assez clair, le ministre d'ajouter : « On prend notre respect de la liberté pour de la faiblesse, alors nous allons maintenant rétablir la situation. Et nous avons bonne conscience pour prendre des mesures allant dans ce sens. »

Tel est donc le contexte.

En tant que Corse – à l'époque, j'étais un partisan avéré du maintien de l'unité républicaine –, certaines dérives du mouvement nationaliste me paraissaient inadmissibles. Aujourd'hui encore, je ne puis tolérer que le meurtre soit considéré comme une réponse à un problème politique et culturel. Mais justement, pour bien connaître mon île et ses habitants, les mesures que le gouvernement venait d'annoncer en ce début d'année 1983 ne me disaient rien de bon. C'est en confiant mes doutes à Gilles Ménage que, peu à peu, je me suis retrouvé immergé au cœur même d'une série noire, d'un drame à la fois politique, professionnel et personnel.

En ce début d'année 1983, mon expérience corse, d'un point de vue professionnel, se limite à peu de choses : l'accueil et l'hébergement à l'OCRB du Dr Edmond Siméoni après le drame d'Aléria en 1975, et l'interpellation de Marcel Lorenzoni lors de l'occupation de l'hôtel Fesch à Ajaccio en 1980.

Le 21 août 1975, un commando de plusieurs dizaines d'hommes, mené par le créateur de l'ARC (Action régionaliste corse, *Azzione per a rinascita corsa*), occupe la ferme Depeille, du nom d'un colon pied-noir auquel on reproche ses pratiques de chaptalisation à outrance et une aide de l'État dont ne bénéficient pas les Corses. En fait, cette action fait suite à de multiples revendications, non satisfaites, de la part des mouvements corses qui, depuis le début des années 60, combattent les ravages de la modernité, la désertification des villages et la disparition des terroirs, le jacobinisme français, la compétition déloyale, l'exil forcé des jeunes, les spéculateurs immobiliers qui voudraient transformer l'île en plate-forme de béton pour touristes, bref cette tendance de la part de Paris à vouloir diriger la Corse selon ses propres paramètres.

Contre le commando d'Aléria, le ministre de l'Intérieur, Michel Poniatowski, et son chef de cabinet, Michel Aurillac, ne trouvent pas d'autre solution que d'envoyer deux escadrons de gendarmes mobiles. Là où il convenait de négocier « à l'orientale » – isoler les occupants, tenter de les convaincre par la discussion de revenir à plus de mesure –, Poniatowski (qui semble ne pas aimer les Corses [1]) donne son feu vert pour un assaut. C'est bien mal connaître mes compatriotes que de les imaginer s'incliner devant une démonstration aussi provocatrice de l'autorité de l'État. Les insurgés résistent. Deux gendarmes paient de leur vie cette action intempestive, un militant a le pied arraché par une grenade. Edmond Siméoni, lui, est arrêté et transféré à Paris à la 6e section antiterroriste. Les individus convaincus de terrorisme subissaient alors leurs interrogatoires rue des Saussaies, au siège de la 6e section, mais leur garde à vue s'effectuait à l'OCRB, au 127 de la rue du Faubourg-Saint-Honoré. Cette année-là, en tant que chef adjoint de l'OCRB, j'ai donc reçu Edmond Siméoni. Malgré nos opinions différentes, j'ai traité mon compatriote avec toute la considération que l'on doit aux hommes qui se battent pour leurs idées. Nous en avons parlé longuement. Il assumait tout : l'organisation et les conséquences du drame d'Aléria.

« Docteur, lui dis-je, c'est très généreux d'endosser toutes les responsabilités, mais faites attention à ce que vous direz durant les interrogatoires, car cela risque d'être traduit à votre détriment quand vous passerez en jugement.

– Mon sort personnel importe peu. La survie de la Corse est plus importante. »

Indiscutablement, l'homme avait de la classe et, par son attitude, renforçait la légitimité de sa cause.

Transféré directement de Corse depuis le cœur de l'action, il était démuni de tout. J'ai eu le plaisir de lui fournir son premier « paquetage » de prisonnier.

---

1. Lorsqu'il était ministre de l'Intérieur, Michel Poniatowski n'a jamais manqué de prendre les Corses à rebrousse-poil. Il alla même jusqu'à demander que soit mise sur pied une liste répertoriant tous les malfaiteurs d'origine corse...

En 1980, des nationalistes corses avec, à leur tête, Marcel Lorenzoni retiennent en otage plusieurs personnes à l'hôtel Fesch à Ajaccio. L'OCRB et le GIGN sont envoyés sur l'île. Les nationalistes sont délogés par le GIGN et c'est à moi que revient la tâche d'interroger Lorenzoni au SRPJ d'Ajaccio.

Il refusait que son procès-verbal soit rédigé en français. C'était un paysan de chez nous, il aurait pu être mon ami ou mon parent (nous le sommes tous un peu). Nous avons donc conversé en corse pendant une heure et, finalement, un *modus vivendi* a été trouvé. À l'époque, les terroristes étaient transférés à la Cour de sûreté de l'État, au fort de Saint-Denis. Nous sommes partis d'Ajaccio dans un de ces vieux Noratlas qui ont largué tant de générations de parachutistes. Lorenzoni était lui-même un ancien para. Assis à même le plancher dans ce vénérable coucou tremblotant, nous avons discuté tout au long du trajet. L'homme ne me paraissait pas une menace pour la République. Apparemment il voulait simplement « son coup d'éclat » qui lui apporterait une reconnaissance officielle.

Lorsque l'avion s'immobilise enfin sur le tarmac de Villacoublay, une armée de gendarmes mobiles en tenue de maintien de l'ordre cerne l'aire d'atterrissage et attendent de pied ferme que les « dangereux terroristes », Lorenzoni en tête, descendent de l'appareil. Je pense que cela a suffi à donner à Lorenzoni et à ses hommes la dimension qu'ils revendiquaient tant. Je les ai regardés et ils ont pensé si fort que j'ai cru les entendre : « C'est pas possible, c'est pour nous tout ça ? Mais alors, si on mobilise tant d'hommes, c'est qu'ils ont peur de nous ! » Et moi qui lui avais parlé de son transfert comme d'une simple formalité : « On boit un café, je vous amène au fort de Saint-Denis et demain vous vous débrouillez avec vos juges » ! Voilà qu'il se découvrait « affaire d'État » !

Il est clair que la gestion psychologique de cette affaire a été menée par des gens qui ne comprenaient rien ni à la Corse, ni aux événements qu'ils étaient censés maîtriser. Ce cas, hélas, s'est vite généralisé quand les politiques de tous bords ont donné à des factions corses des pouvoirs et des moyens qu'elles n'étaient pas capables d'assumer.

Ce furent là mes deux seules expériences professionnelles en Corse. À aucun moment je ne devais, au sein de la cellule élyséenne, intervenir dans ce dossier, et ce d'autant moins que dans ces années-là je me consacrais avec enthousiasme au Moyen-Orient. Il se trouvait en effet qu'une partie de ma promotion d'élèves commissaires à Saint-Cyr-au-Mont-d'Or était d'origine tunisienne et que, fort de ces contacts que je n'avais jamais rompus, je disposais au sein de l'OLP, de la Ligue arabe et du pouvoir tunisien de relations privilégiées à une période où le terrorisme arabe faisait les ravages que l'on sait.

La situation « explosive » en Corse, la mauvaise gestion du problème par les gens qui en avaient la charge et mes contacts fréquents avec Gilles Ménage qui semblait disposé à m'écouter m'ont peu à peu ramené vers l'île.

Ménage, comme beaucoup de gens de l'Élysée au début des années Mitterrand, n'était pas précisément socialiste. Un parcours administratif réussi lui avait valu ce poste de conseiller technique auprès du Président, qui préférait souvent les gens efficaces aux militants dévoués et l'avait chargé, entre autres, des affaires de police et de renseignements.

Peu de temps avant la dissolution du FLNC, je me souviens de cette conversation où j'avais exposé à Ménage que l'État ne devait en aucun cas se lancer dans des campagnes de répression en Corse car c'était le meilleur moyen d'alimenter le cycle répression-provocation, de réanimer les associations d'aide aux prisonniers et de mobiliser la sensibilité populaire. Je lui expliquai également que l'établissement de l'État de droit (le serpent de mer encore aujourd'hui !) en Corse passait par une action permanente et sereine consistant simplement à s'assurer que les gens paient leurs PV, leurs charges sociales et leurs impôts, et que pour cela il n'était point besoin d'expédier des unités lourdes de maintien de l'ordre. Ménage se montrait plus réticent quand je lui disais que de toute manière, un jour ou l'autre, la Corse devrait accéder à une certaine forme d'autonomie. Et puis nous sommes venus à parler des services de police qui travaillaient en ordre dispersé. Ménage souhaitait la réactivation de la fonction de « coordonnateur », un poste qui avait existé par le passé. Je lui conseillai plutôt de nommer un préfet, qui ne soit pas seulement un coordonnateur mais qui ait autorité sur l'ensemble des services.

« Qui verriez-vous à ce poste ? me demanda-t-il.

– Pierre Richard, l'actuel sous-directeur des Affaires criminelles à la Direction centrale de la police judiciaire. C'est un homme de convictions, de caractère, un Breton têtu. Il peut parfaitement réussir. »

Richard, celui-là même qui m'avait écarté de la 6e section, avait aussi été le maître d'œuvre de la longue traque ayant abouti à l'arrestation du gang des Lyonnais à mes débuts à l'OCRB. Ce n'était pas le seul résultat de sa brillante carrière en police judiciaire, mais cette illustration de sa légendaire opiniâtreté demeurait ancrée dans ma mémoire. Je le vois encore arpenter le front à grandes enjambées : général en chef de sa bataille contre le crime, planquant la nuit de Noël en tenue camouflée dans le cimetière de Grenoble et partageant à minuit quelques huîtres et un peu de vin blanc sur les pierres tombales gelées. Je le savais en même temps capable de souplesse. Oui, Richard me paraissait l'homme de la situation.

Huit jours après, Ménage me convoque à l'Élysée :

« Bon, puisque vous connaissez bien Richard, allez lui demander ce qu'il pense d'une éventuelle nomination de préfet de police en Corse.

Je vais donc trouver Richard qui, un peu surpris que la proposition émane de moi, me prie de lui accorder un temps de réflexion, puis accepte.

« Le ministre de l'Intérieur annoncera sa nomination dès le début de l'année 1983 », me confie Ménage quelque temps après.

J'ignore tout des raisons qui ont empêché cette nomination imminente. Le poste fut proposé à Robert Broussard par Joseph Franceschi, alors secrétaire d'État à la Sécurité publique. Ce dernier avait avancé un argument de poids pour justifier son choix, à savoir qu'il fallait à cette place un homme à la fois professionnel et médiatique. La déception de Pierre Richard serait compensée par une nomination ultérieure à Marseille en qualité de préfet de police.

Broussard fut donc nommé et envoyé à Ajaccio comme « commissaire de la République délégué pour la police » car, selon ses dires, il aurait refusé vertement à Franceschi la casquette de préfet qu'on lui proposait : « Mais je n'en ai rien à faire de votre casquette ! » écrit-il dans ses mémoires [1].

Je ne ferai aucun commentaire sur cette nomination qui eut effectivement pour conséquence de provoquer un séisme médiatique en Corse. La seule remarque que je pense pouvoir m'autoriser, c'est que Broussard était un homme de répression du banditisme, l'homme de

1. R. Broussard, *Mémoires, op. cit.*

l'affaire Mesrine, et que cette image donnait à sa nouvelle fonction une connotation de droit commun qui me paraissait aller à l'encontre de la problématique politique que le futur préfet de police devait développer en Corse.

Cette affaire signifie-t-elle que Gilles Ménage n'avait pas l'influence que lui prête la légende ? Les arcanes du pouvoir sont plus complexes que cela. Ménage avançait, comme beaucoup, en terrain miné. Il était coincé entre Hernu et Defferre, amis intimes de Mitterrand, en charge de la sécurité de l'État, et sa principale fonction consistait à trier parmi tous les propos et les actions projetées le bon grain de l'ivraie, de rejeter les propositions souvent inapplicables qui arrivaient sur le bureau du Président. Plus délicate encore était sa mission de coordonner toutes les opérations, et notamment celles de la cellule.

Flâneries élyséennes

Mes conseils ou mes suggestions concernant la question corse ne traduisaient absolument pas un désir de travailler dans l'île de Beauté qui était plutôt la chasse gardée des gendarmes de la cellule, en particulier de Paul Barril. N'avait-il pas noué des relations cordiales avec certains membres éminents du FLNC, après un affrontement physique à la prison de Fleury-Mérogis lors d'une mutinerie ? Paul est un personnage dynamique qui force la sympathie. Je dois tout de même reconnaître que le côté imprévisible de son engouement pour les dossiers les plus divers me dépassait parfois un peu. Pour autant, je pensais que les contacts privilégiés qu'il entretenait avec certaines personnes de la mouvance nationaliste pourraient faire avancer les choses. Mais, aux yeux de Ménage et de Franceschi, qui misait sur Broussard pour une éradication des violences, Barril apparaissait comme un électron libre qui venait contrecarrer la stratégie de l'ancien patron de la BRI. D'ailleurs, l'un et l'autre se sont renvoyés la balle en réglant leurs comptes par le biais de leurs biographies respectives [1].

J'avais, moi aussi, des contacts privilégiés dans l'île. Comment pouvait-il en être autrement ? Je suis cependant un vrai Corse : je reste humble quant à la connaissance que l'on peut avoir de mes compatriotes aux comportements si compliqués. La Corse est un tapis d'œufs frais et l'on ne peut s'y aventurer qu'avec une grande circonspection.

Contrairement à ce qui a pu être dit à l'époque, je n'ai jamais conduit en Corse des opérations destinées à lutter contre les indépendantistes. Et afin de tordre le cou à toutes les rumeurs qui ont pu courir çà et là, je précise sans crainte d'être démenti par quiconque que je n'ai effectué que deux missions en Corse avec mon équipe : l'une pour une surveillance nocturne dans le sud de la Corse en vue de valider un renseignement que nous présumions douteux, l'autre lors de la visite du président Mitterrand en juin 1983.

J'ai, en revanche, souvent eu l'occasion de m'y rendre seul, tant pour des motifs familiaux que pour des missions dont certaines furent plutôt folkloriques. Il en est une, en particulier, dont je garde un souvenir amusé.

On me demande de me rendre en Castagniccia, dans le Nord-Est, pour y rencontrer deux personnages qui auraient la prétention d'infiltrer les « durs » du séparatisme corse. Le motif est donc sérieux et la source m'est

1. Paul Barril, *Guerres secrètes à l'Élysée,* Albin Michel, 1996 ; R. Broussard, *Mémoires, op. cit.*

garantie sûre ! Les deux hommes, qui ont été préalablement approchés par le chef de la brigade locale et par un officier supérieur de la cellule, réclament de l'argent, des armes et la bénédiction des autorités pour commettre quelques plastiquages, histoire de démontrer aux autonomistes qu'ils en sont. Je m'exécute et me rends au-dessus d'Orezza, village thermal réputé. En bon Corse, mais aussi en policier à qui on ne la fait plus, je ne mets pas longtemps à débusquer derrière ces deux compères des faisans de la plus belle eau : quelques renseignements éculés gracieusement fournis à la brigade locale devaient leur permettre, pensaient-ils, de pouvoir mener en toute impunité leurs petites affaires personnelles tout en bénéficiant de la manne des fonds secrets destinés aux informateurs privilégiés. Je n'ai jamais su avec certitude si le tandem en question était des provocateurs envoyés par le FLNC ou simplement des escrocs opportunistes. Toujours est-il que je me suis empressé de mettre un terme au recrutement de ces « informateurs ».

On dit souvent qu'en Corse tout se sait, parce que notre île est très faiblement peuplée et que le bouche à oreille y fonctionne admirablement. En réalité je ne crois pas que tout se sache : tout s'interprète, plutôt ; plus qu'ailleurs, l'expression américaine qui illustre le phénomène de rumeur qui s'amplifie – *a bumble bee in the drum* (un bourdon dans le tambour) – s'impose dans le cadre de la Corse. L'île, à l'époque, c'était vraiment le bourdon dans le tambour. Les informations les plus extravagantes circulaient. Les unes soigneusement téléguidées par des manipulateurs émérites, les autres nées spontanément de l'imagination populaire, rapidement déformées puis amplifiées.

Dans ce contexte délétère, la cellule, ou du moins sa partie « civile », devait naviguer au plus près en s'efforçant de ne pas s'échouer sur les brisants qui surgissaient de partout. Cette structure, constituée d'individualités performantes, dotée de moyens importants et d'une autonomie incomparable – « suspecte » disaient les obsédés du complot –, souffrait de plusieurs maux : d'un manque de coordination évident, de l'obstruction de la part des autres services et des antagonismes dont Ménage faisait aussi souvent les frais. La presse – et notamment *Le Canard enchaîné*, l'hebdomadaire satirique paraissant le mercredi –, ne manquait jamais d'épingler notre groupe. Sans parler de ceux qui ne voyaient pas d'un très bon œil une pareille clique de mercenaires entourer le Président. Car nous étions des mercenaires, en effet, payés exactement comme par le passé et toujours au service de l'État. Nous n'étions pas de gauche, mais nous savions que tout dérapage de notre part pouvait avoir des répercussions importantes sur l'image du Président et nous y étions attentifs.

Du sang et des larmes

Mon passage à la cellule aurait pu se limiter à ces anecdotes un peu dérisoires si une série de faits n'était intervenue qui allait lui donner une tournure dramatique. Aussi bien politiquement que d'un point de vue personnel.

La visite du président de la République en Corse doit avoir lieu aux alentours du 14 juin. Le printemps sur l'île est une bénédiction des dieux. À cette époque de l'année, le soleil généreux n'a pas encore carbonisé la nature et les touristes, peu nombreux, n'encombrent pas les routes. Sans cacher à Gilles Ménage mon vœu de profiter de ces bienfaits et de passer quelques jours au calme, j'avance néanmoins l'argument selon lequel une mission supplémentaire, avant et pendant la visite du Président, ne serait peut-être pas superflue pour sa sécurité. Ménage acquiesce et met un avion à notre disposition. L'ensemble du groupe, gendarmes et policiers, se prépare ainsi pour sa deuxième mission en Corse.

Mon beau-frère, Félix Rosso, se trouvait justement à ce moment-là à Paris, et s'apprêtait à retourner en Corse.

« Fais-toi rembourser ton billet Paris-Bastia, lui dis-je dans le restaurant où nous avons nos habitudes et où nous nous retrouvons par hasard. Viens avec nous, ce sera plus sympa. On atterrit à Solenzara dans une heure et demie. Dans deux heures, tu es chez toi. »

Rosso adopte l'idée et s'envole avec nous pour la Corse. Nous arrivons à l'heure prévue sur la base militaire. Parmi les employés civils de la base, je sais qu'il y a des informateurs du FLNC et il est clair que j'ai sous-estimé ce paramètre. Que purent bien penser ces gens, en effet, en nous voyant débarquer d'un Transall d'une unité spéciale de l'armée de l'air ? C'est sans aucun doute à ce moment précis que le FLNC a collé à mon beau-frère une étiquette d'agent de renseignements, ce qui était, d'une part, inexact et, d'autre part, complètement à l'opposé de sa culture.

Bien entendu, ces réflexions n'interviendront que plus tard. Le séjour en Corse se déroule tout à fait normalement. Notre mission, qui consiste en une protection éloignée du Président, est, comme prévue, de tout repos. RAS.

Le 16 juin, l'équipe repart comme elle est venue. Je prends quant à moi l'avion d'Air France avec quelques journalistes. Dès le lendemain éclate le drame qui, à travers une série de malentendus et de coïncidences, va mettre le feu à l'île, embraser les esprits, ensanglanter les corps. Il existe un mot en corse, *foli*, qui signifie chimères, n'importe quoi. Nous rentrions dans l'ère du n'importe quoi.

L'affaire Orsoni qui a défrayé la chronique à l'époque est un dossier très sensible dans lequel j'ai été impliqué bien malgré moi, ce qui ne serait rien si certains de mes proches n'avaient été, eux aussi, victimes de cet imbroglio. Pour des raisons évidentes, je n'ai pas envie d'ouvrir des plaies qui ont mis beaucoup de temps à cicatriser. C'est pourquoi je n'entrerai pas dans le détail de cette affaire qui a déjà été longuement évoquée par d'autres auteurs.

Le 17 juin, Guy Orsoni, un militant nationaliste, disparaît à bord de la voiture qu'il a empruntée à son oncle, entre Sartène et Porto-Vecchio. Au même moment, Gilles Ménage me demande de retourner en Corse pour tenter de savoir si, oui ou non, quelqu'un au gouvernement, a versé un million de centimes à une faction nationaliste afin d'acheter momentanément la paix. La presse se fait le relais de ces rumeurs et parle de Franceschi comme étant celui qui aurait amené cette somme sur l'île. Defferre défend bien entendu son secrétaire d'État bec et ongles. Je passe donc plusieurs jours en Corse en quête du moindre indice. En vain. Rien ni personne ne me démontrera que ce million de centimes a vraiment été amené et versé. Ni le contraire d'ailleurs. Je n'en saurai jamais rien, malgré les légendes les plus cocasses qui ont couru sur ce pactole qui, d'après certains, aurait été déposé sur un plateau du nord de l'île par hélicoptère...

La disparition du militant, en revanche, commence à faire des vagues. Une semaine après l'enlèvement, les policiers de Broussard mettent la main sur six truands de la bande dite « du Valinco », qui avouent avoir enlevé Guy Orsoni et l'avoir éliminé. Les malfaiteurs donnent le commanditaire du rapt – Jean-Marc Leccia, truand influent du Milieu corse – lequel a pris la fuite, se trouvant désormais en Sardaigne ainsi que son complice.

Si les policiers ont pu mettre aussi rapidement la main sur les ravisseurs, c'est qu'ils les soupçonnaient depuis longtemps de vouloir commettre un hold-up et avaient mis en place un dispositif de surveillance. Par le plus grand des hasards, ils avaient relâché leur vigilance le jour même où Guy Orsoni se faisait enlever. Négligence impardonnable pour la famille nationaliste tout entière qui rejette violemment la thèse du crime de droit commun, conclusion à laquelle Broussard, en charge de l'enquête, est parvenu. Dès lors, la version qui prévaut dans toute la Corse est la suivante : les tueurs sont des barbouzes à la solde du pouvoir qui n'hésite pas à utiliser des « droits communs » pour ses basses œuvres. « Le feu vert a été donné après la visite de Mitterrand en Corse ; le plan de liquidation physique de certains militants, parmi les plus gênants, a été enclenché [1]... »

Cette théorie, largement propagée en direction des militants sincères qui ne voient aucune raison d'en douter, enfle dangereusement pour devenir de plus en plus absurde. On nage dans le non-sens absolu. Quelques Machiavel du cru instrumentalisent à l'envi la mort du malheureux militant et orchestrent ces rumeurs qui deviennent bientôt la seule version autorisée en Corse.

À l'Élysée, l'heure n'est pas à l'euphorie. Barril n'est plus en odeur de sainteté. En outre, il est hospitalisé à la suite d'un accident à l'entraînement.

L'été 1983 s'annonce donc particulièrement chaud.

---

1. Communiqué de la Consulte des comités nationalistes.

Cela ne n'empêche pas de me rendre sur l'île, comme tous les ans au mois d'août, pour quelques semaines de vacances. Le climat est explosif mais je tente de me préserver de toute cette agitation en restant tranquillement dans mon fief. Mais on n'échappe pas à son destin. Le 24 août, alors que la mer était déjà bien formée, je décide de sortir mon Zodiac en compagnie d'un ami. Cette témérité trouve son épilogue quand un énorme rouleau en bordure de plage retourne notre embarcation comme une crêpe, m'envoyant le réservoir plein d'essence dans les reins. Je gis inconscient sur la plage, au milieu d'une trentaine de personnes. Je me réveille la bouche collée contre celle d'une opulente Allemande aux seins nus qui met consciencieusement en application ses connaissances de secouriste. Les meilleures choses ont une fin et je suis rapidement transporté à la clinique de Porto-Vecchio où l'on diagnostique une fracture de la colonne vertébrale. Belle fin de vacances.

Pour des raisons diverses, je souhaite être rapatrié. Je m'en ouvre aussitôt au permanent du service qui me répond au téléphone :

« Pas de problème, je te fais rapatrier demain, mais un accident de Zodiac sur une plage, cela ne fait pas très sérieux. On va dire que tu as eu un accident de voiture...

– Si tu veux... »

Dès le lendemain je suis effectivement transféré par avion, puis hélicoptère, au Val-de-Grâce dans le service de neuro-chirurgie de mon ami le professeur Desgeorges. Le soir, Jean-Claude Bourret, sans doute en l'absence d'informations plus intéressantes, avertit les Français de ma mésaventure au journal de 20 heures. Ce n'était utile ni aux Français ni à moi-même. Surtout pas à moi.

La série noire ne faisait que commencer.

Le 11 septembre 1983 vers minuit, mon beau-frère

Félix Rosso est assassiné dans son restaurant d'une balle dans le dos tirée depuis la plage toute proche. D'autres se sont chargés de relater ce drame et je n'ai aucune envie d'y revenir. Qu'on sache simplement que si Félix avait pris autrefois des chemins de traverse, il y avait définitivement renoncé. Dans le contexte de folie que traversait l'île à l'époque, il a payé un sens certain de l'hospitalité, mais aussi son ignorance des manipulations dont il était l'objet de la part de ceux qui se disaient ses amis.

Quarante-huit heures après le meurtre de Rosso, c'est au tour de Pierre Massimi d'être exécuté. Le sous-préfet, secrétaire général de Haute-Corse, est froidement abattu d'une balle dans la tête alors qu'il rentrait chez lui.

La Corse est à nouveau aux prises avec ses vieux démons : l'engrenage de la violence, la spirale infernale. De mon côté, les choses se gâtent. Depuis deux jours, mon nom apparaît à la une de toutes les gazettes. Pour l'homme de l'ombre que je suis censé être, une telle publicité n'est pas bienvenue. Cela ne serait rien si cette médiatisation à outrance ne s'accompagnait de commentaires délirants, et surtout inexacts, qui commencent à m'empoisonner sérieusement l'existence. On me prête des « missions secrètes », des « pénétrations en profondeur » des milieux indépendantistes. Mon accident de Zodiac devient alors un accident de la route. Qu'on en juge : « Nous sommes aujourd'hui en mesure d'affirmer que ce jour-là, Charles Pellegrini se promenait sur une route corse lorsque, pour une raison " inconnue ", sa voiture a quitté la route [1]. » Jacques Tillier ne faisait pas preuve d'une prudence scrupuleuse dans l'exercice de son métier de journaliste. C'est ainsi que, bien vite, à tra-

1. *Le Journal du Dimanche*, 18 septembre 1983.

vers une presse à l'imagination déchaînée, mon accident de Zodiac devient un « attentat à la voiture piégée », une course poursuite sur les routes corses ; voiture en feu, balle dans le dos, tout y passe. Le chef du service politique de *France-Soir,* qui est de mon village, me sort un jour :

« Pas mal, ta manipulation.

– Quelle manipulation ?

– Ce que je lis dans les journaux.

– Justement. Ce que tu lis est faux et je n'y suis pour rien. Ce sont tes confrères qui racontent n'importe quoi. »

Le premier, il rectifiera le tir. Cela n'empêche pas Tillier de persister dans son délire : « Les avions du GLAM transportent à l'étranger le tout nouveau flic de choc [...]. Pellegrini est de tous les coups durs... Pour lui, l'objectif est simple. Il suffit d'appliquer la vieille recette policière : si les truands (autonomistes) s'agitent, d'autres truands vont les calmer. En contrepartie, les " truands " amis bénéficieront de protections et de " condés ". Cela veut dire que la police ferme les yeux sur certaines activités illégales comme les machines à sous, la prostitution, etc. [1] »

C'est à qui trouvera les « meilleurs titres ». Feu *France-Soir Magazine* ne craint pas de m'exposer un peu plus (il lui en coûte à peine quelques gouttes d'encre) en affirmant sans ambages à mon propos : « Traqueur impitoyable (l'efficacité pour l'efficacité et le souci majeur du résultat), il excelle dans les subtilités de la " pénétration ", infiltre les milieux qu'il combat, joue les hommes et les réseaux sans se préoccuper de la casse, préfère les zones d'ombre des pistes secrètes et sinueuses aux lisières de la légalité qu'il jalonne de

1. *Idem.*

pièges, prêt à porter ou à subir tous les coups bas qu'impose la lutte antiterroriste [1]. »

Ce n'est plus Alexandre Dumas, c'est Ponson du Terrail, et cela pourrait être risible si toute cette littérature ne constituait pas un véritable appel au meurtre. Il faudra bien un jour trouver le moyen d'engager la responsabilité de ce genre de plumitifs.

Peu à peu, la thèse « barbouzarde » prend forme. Nous – les gens de la cellule – aurions joué le Milieu contre les indépendantistes. Cette théorie, tout à fait vraisemblable, est archifausse en ce qui nous concerne mais elle arrange tout le monde, et surtout elle a le mérite de dispenser de chercher ailleurs.

Les autres services de sécurité ne voient pas d'un mauvais œil notre structure s'enliser dans le bourbier corse. Après tout, nous n'avons que ce que nous méritons. Notre autonomie et le fait que nous n'ayons de comptes à rendre qu'au Président à travers son chef de cabinet n'ont jamais été acceptés par les services « classiques » dont nous sommes les « renégats ».

La presse politique enfin, toutes tendances confondues, n'est pas en reste. Chacun, selon son bord, se réjouit des turpitudes corses de l'Élysée. On les déplore aussi parfois. Mais dans tous les cas, la cellule est désignée coupable.

Dans ce véritable thriller politico-policier, chacun écrit ce qu'il a envie d'écrire sans se soucier des conséquences que ces extrapolations échevelées peuvent avoir sur la vie privée des individus.

Dès lors, l'intox menée par le mouvement nationaliste et les affabulations de la presse me valent de me retrouver dans la ligne de mire de beaucoup de gens. De certains nationalistes sincères, en particulier, convaincus de la thèse selon laquelle je serais une barbouze –

1. *France-Soir Magazine,* Pierre Darcourt, 18 septembre 1983.

ils me le raconteront bien plus tard – à la solde des différents services du ministère de l'Intérieur et de la Défense.

Je reçois des menaces de mort que je prends très au sérieux. Bien entendu, je suis armé en permanence mais je suis bien placé pour savoir que cette précaution n'est pas suffisante. Très officiellement, je demande donc une protection qui, je pense, ne saurait m'être refusée. Personne n'a jugé bon de me répondre. Je décide alors de me débrouiller par mes propres moyens, et avec l'aide d'amis, disons « marginaux », j'entreprends de convaincre les nationalistes de l'époque que je n'ai fait que mon travail dans le cadre de la plus stricte légalité. Le message sera long à passer, mais les entretiens que j'aurai avec eux plusieurs années plus tard démontrent qu'eux aussi ont pris du recul et analysent avec plus de sérénité cette époque qu'aujourd'hui je préfère oublier.

L'automne 1983 entretient l'humeur maussade et funeste qui prévaut depuis la fin de l'été. Les feuilles tombent, les têtes aussi. On réclame la mienne qu'on placera dans quelque placard. La cellule est mise en sommeil. Cela m'arrange plutôt car je suis convaincu qu'elle ne pourra jamais effectuer les missions pour lesquelles elle a été créée et que, par ailleurs, la couverture médiatique dont nous faisons l'objet nous expose chaque fois que « nous mettons la tête hors de la tranchée ». La mort de mon beau-frère, mon accident et ces menaces de mort ont eu raison, momentanément, de ma volonté d'action. Plus personne ne veut entendre parler du GAM, le noyau dur de la cellule. Les six gendarmes sont réincorporés dans leur unité d'origine ; quant à mes six policiers, je m'assure auprès de Gilles Ménage qu'ils bénéficieront du reclassement qu'ils méritent. La cellule n'a plus de service action, plus d'existence officielle. Seuls restent les administratifs : Prouteau, Orluc, Gilleron, Esquivié.

Quant à moi, je ne demande rien. J'attends.

Le préfet Pierre Verbrugghe, directeur général de la Police nationale, grand commis de l'État, me reçoit à quelque temps de là. Je lui explique la situation et lui fais un compte rendu assez noir des dernières semaines. En outre, je l'informe des attaques dont je suis victime de la part de certains de mes collègues, de cette influence qu'on me suppose, notamment dans les nominations policières, et de l'envie que j'ai de prendre du champ.

« Un conseil, monsieur Pellegrini, ne démentez jamais les pouvoirs qu'on vous prête ! Pour le reste, je vous prends à mon cabinet. Vous vous occuperez des nouveaux matériels de la police en attendant un poste qui vous convienne. »

Cette mission n'était pas aussi fade qu'on a bien voulu le dire puisqu'il s'agissait, entre autres activités, de lancer des programmes d'acquisition de matériels cryptés, ce qui m'a beaucoup intéressé. Cela n'a pas empêché quelques bons amis d'écrire ici ou là : « Le commissaire Pellegrini, dans un placard, s'occupera du matériel », ce qui, d'ailleurs, était techniquement exact.

J'ai accepté ce poste. Du jour au lendemain, je suis passé sans états d'âme des Mystère 20 au métro et des lambris dorés de la rue du Faubourg-Saint-Honoré à la patine vieillotte d'un bureau étriqué. Cette nouvelle affectation, où j'ai eu la chance de bien connaître Pierre Verbrugghe mais aussi son directeur de cabinet Gilles Sanson, aujourd'hui directeur central de la Sécurité publique, ne devait pas calmer les esprits chagrins de la « grande maison » que j'avais réintégrée.

Il me fallait vraiment changer de métier, du moins provisoirement. L'occasion se présente quand Verbrugghe m'apprend que Jacques Mayoux, président de la Société générale, cherche un collaborateur qui ne vienne pas uniquement s'occuper des contraventions de son comité de direction. Il a pensé à moi. À l'époque, la Générale connaissait de gros problèmes de banditisme et d'agressions dont le nombre croissait dangereusement. Jacques Mayoux avait demandé au préfet Grimaud de lui trouver un commissaire qui fasse l'affaire. D'un préfet l'autre... C'est un havre dont j'ai besoin, et ce poste en est un. J'ai envie de me mettre un peu à l'abri des malveillants. J'accepte.

Huit jours après mon acceptation, *Le Figaro* se fait l'écho d'une nouvelle rumeur : « Le PS limoge ses grands flics. » L'écho est tendancieux et, bien sûr, erroné. Je ne manque pas de le faire savoir. Gaston Defferre, encore ministre de l'Intérieur, est averti de ma prétendue mauvaise humeur et me convoque. Il nasille mon nom et me prie de m'asseoir. La scène est surréaliste et ne dure pas plus de deux minutes.

« Alors, monsieur le commissaire, qu'est-ce que j'apprends ? Vous n'êtes pas content ? »

Je reste interloqué. Il reprend :

« J'ai donné des instructions pour que vous soyez content. Si on me dit que vous n'êtes pas content, c'est que mes instructions n'ont pas été suivies. Je prendrai des sanctions.

– Mais non, monsieur le ministre... Pas du tout... Je suis extrêmement content. C'est moi qui ai demandé le poste, personne ne me l'a imposé...

– Eh bien alors, tout va bien. Au revoir, monsieur le commissaire et bonne chance ! »

Je ne suis pas certain que l'Histoire retienne ce dialogue. Moi, si.

J'ai passé Noël 1983 dans mon village corse, entouré de deux gardes du corps, mes vieux camarades Jean-Pierre et Frédéric venus à leurs frais m'éviter le sort désagréable que l'on me promettait. Paranoïa aiguë ? Je n'en sais rien. Dans le contexte de l'époque, mieux valait prévenir. Un des principaux dirigeants nationalistes d'alors, présent dans tous les comités décisionnels, m'assurera, il y a seulement quatre ou cinq ans, qu'il n'avait jamais été question de m'abattre. Je ne sais pas encore si je dois vraiment le croire.

Pour autant, cet aspect très noir des choses faisait partie des risques du métier. Le monde du renseignement est passionnant mais cette passion a un prix dont le plus douloureux est celui des conséquences sur la famille. Je parle bien sûr des orphelins, mais aussi des parents et amis de toujours qui me voyaient accusé de toutes les turpitudes. Étais-je vraiment ce « flic de choc qui ne craint pas la casse » que décrivaient les journaux, ce « flingueur » revenu chez lui pour verser du sang corse, ce manipulateur sans scrupules ? Ces questions – on ne me les posa jamais mais je les lisais dans les yeux de beaucoup – m'ont fait plus de mal que les manœuvres qui se tramaient dans mon dos, les mises au placard ou les commentaires peu amènes de certains collègues.

Cette dramatique affaire corse ne faisait que confirmer les dysfonctionnements de la cellule de l'Élysée, qui n'avait pas su se garder des chausse-trappes mises en place par les uns et les autres et se trouvait prise au piège par une presse qui ne lâcherait plus sa proie.

Nous n'étions pourtant pas aussi « nuls » qu'on a bien voulu le dire, mais notre groupe n'a jamais vraiment fonctionné en tant que tel. Comme des solistes sans chef d'orchestre, nous avons tenté tant bien que mal de jouer notre partition et, bien entendu, très vite la cacophonie a prévalu. Je dois dire que les malheureux événements de Corse ont précipité ma décision de quitter la cellule qui, contrairement à ce que m'avait assuré Prouteau, était en train de devenir un outil à l'usage quasi exclusif de François Mitterrand.

J'ai toujours admiré, avec le recul nécessaire, l'art de cet homme, né sous le signe du scorpion, à manipuler son entourage. Personnage extrêmement intelligent, doué d'une psychologie aiguë, connaissant parfaitement les ressorts intimes des gens, mieux que quiconque, le Président savait sur quels boutons appuyer pour faire fonctionner ses collaborateurs même les plus éminents, ses courtisans et ses amis comme ses ennemis politiques.

J'ai compris aussi assez rapidement son souhait de jouir d'un outil à son entière dévotion. Il savait que d'avoir à sa disposition une garde prétorienne totalement indépendante des services, des nominations hiérarchiques, des ministres et des pressions, représentait un avantage considérable, que ce soit pour éradiquer le terrorisme à l'autre bout de la planète ou pour régler ses affaires personnelles.

Je n'ai jamais eu à me poser de problème de conscience au cours de ma mission. Greenpeace, Jean-Edern Hallier, Mazarine, les « écoutes » sont des épisodes intervenus après mon départ, et je n'ai aucun jugement à porter sur ces affaires. Ce n'est pas mon rôle. Entre le service de l'État et celui du Président, la frontière est souvent très mince et il n'est pas toujours facile de la discerner. La tentation peut alors être forte de la franchir, surtout une fois que l'on est happé par le système. Quoiqu'il en soit, celui qui a choisi de servir l'État à ce niveau doit savoir garder pour lui certains des secrets dont il est dépositaire et certaines des actions qu'il a été amené à conduire.

Le reste de ma carrière est sans importance. J'ai troqué depuis longtemps mon habit de policier pour celui d'analyste de risques. *Risk Manager* disent nos concurrents anglo-saxons, bien en avance sur nous dans ce domaine où j'ai pu constater, une fois de plus, l'incapacité structurelle de la haute administration française à se remettre en cause. Il n'y a aucune raison de penser que l'européenne fera mieux.

La fréquentation assidue des pays dits « émergents » m'a en tout cas convaincu d'une chose : à une époque où l'on ne parle que de loisirs et où le riche Occident développe un assistanat déculpabilisateur, il est temps de réhabiliter quelques vertus ancestrales, dont celle du travail.

Parviendrons-nous un jour à maîtriser ce monde où les dangers se multiplient ? En français, *Inch Allah* se dit *À Dieu vat !*

Post-scriptum

À la relecture, ces mémoires m'apparaissent jonchés de trous. Des trous de mémoire bien sûr. Il me paraît donc important d'ajouter quelques pages, non pour délivrer un quelconque message, mais pour m'interroger à voix haute sur ce qui me tient le plus à cœur : la Corse.

Fils de ma terre, de ses ruines et de son sang, je porte mon île ancrée au plus profond de mon âme. Profondément français, je n'en suis pas moins viscéralement corse avec toutes les contradictions et les paradoxes que cette complémentarité, cette schizophrénie diront certains, implique.

Les paraboles peuvent bien hérisser les toits de nos maisons et le XXe siècle tenter d'incruster nos mentalités, la Corse demeure cette terre rebelle, violente et chaleureuse à la fois, fière et lâche parfois, qu'elle n'a cessé d'être depuis que les armées de César, des Génois ou celles du roi de France tentaient de la mettre au pas.

Le Corse peut être homme d'honneur et de parole ; il peut être aussi le bandit le plus impitoyable.

La Corse est le pays de l'hospitalité ; il est aussi celui du racket.

Les Corses n'aiment pas toujours cet État français qui a du mal à admettre la spécificité de notre identité.

Pourtant 24 000 hommes de chez nous ont donné leur vie pendant la Grande Guerre, au service de leur patrie.

Les Corses se méfient – à juste titre – de cette Europe de Maastricht, technocratique et uniforme, qui massacre les identités et les terroirs, mais ils ont aussi compris les avantages financiers qu'ils pouvaient tirer, par le biais des subventions, de cette manne généreuse.

Il faut savoir assumer ces contrastes.

Je ne suis pas un théoricien du séparatisme. Une tendance à ne rien prendre trop au sérieux, une méfiance de paysan – car comme la majorité des Français je suis de souche paysanne –, le pressentiment, depuis le début, que quelques dés sont pipés, tout cela m'interdit d'adhérer à la cause indépendantiste.

Je suis un Corse de ma génération. C'est-à-dire un écolier de la république de Jules Ferry, de Clemenceau ou de Jaurès, mais aussi un fils de Pascal Paoli. Pendant longtemps, j'ai été français d'abord, et corse ensuite. Aujourd'hui, je revendique sur un pied d'égalité ces deux appartenances. Sans dogmatisme aucun, mais fermement et de manière réfléchie. Pourquoi maintenant ? Pour toutes les raisons qui, je pense, sont celles d'une majorité de mes compatriotes.

Il faut avoir vu Bonifacio accroché à ses falaises, marché dans les forêts de mousse qui surplombent Porto-Vecchio, embrassé du regard, depuis le monte Cinto, l'immensité du maquis, arpenté nos villages posés comme des bijoux dans un écrin végétal pour comprendre notre attachement à cette terre. Il faut avoir coupé le raisin à la saison, tué le cochon, écouté nos vieux le soir à la veillée, il faut entendre notre langue pour saisir notre âme.

La Corse est demeurée ce cocon protégé depuis des siècles de ces voies de communication qui balafrent les paysages, bouleversent les microsociétés, grignotent *l'esprit des lieux.* La Bretagne, l'Alsace, le Pays basque n'ont pas eu cette chance.

Incontestablement, la pérennité de notre culture doit beaucoup à notre situation géographique. Une île, qui plus est montagneuse, est le meilleur rempart contre les invasions. Quelles qu'elles soient. Ou presque. Le jacobinisme français qui uniformise, standardise, nivelle et gomme les particularismes régionaux sous prétexte qu'ils sont des aspérités est, en quelque sorte, une invasion. La modernité matérialiste qui considère les hommes comme des consommateurs, les bienfaits de la nature comme des produits et le monde comme un marché ne saurait nous convenir.

Faut-il accepter que les promoteurs immobiliers, les bâtisseurs de cages à poules viennent bétonner nos côtes vierges ? Faut-il accepter de voir la Corse se transformer en Baléares, en « destination soleil » pour Européens au bout du rouleau ? Faut-il accepter que la Corse devienne une région de fonctionnaires ou d'assistés alors que cette île renferme des trésors économiques – à l'exception notable du pétrole ?

Le nationalisme corse perdure aussi à cause de cette tendance de l'État français à négliger le respect qu'il devrait lui inspirer. Les peuples cessent de respecter lorsqu'ils cessent d'estimer. Et vice versa. C'est vrai qu'il faut restaurer l'État de droit en Corse. Mais avant de stigmatiser cette île, n'oublions pas qu'à une demi-heure des Champs-Élysées, la police n'ose souvent plus se rendre dans ces vraies zones de non-droit que sont certaines banlieues.

La violence est sans issue. L'Irlande en proie à une guerre civile larvée depuis plus d'un demi-siècle en a compris l'inanité. Il ne reste donc plus que la pédagogie, le travail quotidien, l'abandon de l'assistanat et la prise en main par les Corses eux-mêmes de leur destin, un destin qui ne peut se réaliser, pour le moment, qu'au sein de la République.

Plus tard, quand les armes se seront définitivement tues, que les États se seront fédérés, voire intégrés au sein d'une Europe qu'il leur appartiendra de rendre respectueuse de l'histoire de chacun, alors seulement pourront émerger les régions culturelles, économiques, administrativement autonomes.

C'est, à mon avis, la seule voie à suivre pour que la Corse, un jour, acquiert son autonomie au sein de la République française et retrouve enfin la paix et le respect de tous.

Table des matières

Nous remercions les Éditions Robert Laffont de nous avoir autorisés à citer l'ouvrage d'Alphonse Boudard, *La Fermeture* (1986).

Cet ouvrage a été réalisé par la
SOCIÉTÉ NOUVELLE FIRMIN-DIDOT
Mesnil-sur-l'Estrée
pour le compte des Éditions Anne Carrière
104, bd Saint-Germain 75006 Paris
en mars 1999

Imprimé en France
Dépôt légal : avril 1999
N° d'édition : 143 – N° d'impression : 46222